Competition Mathematics

竞赛数学问题解决的

理论研究与案例解析

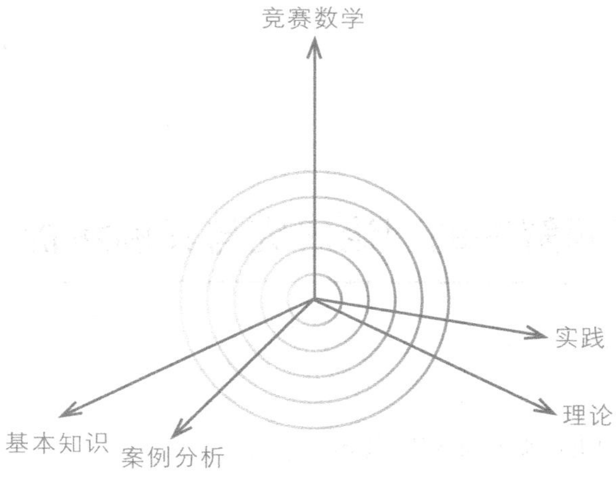

韦宏 编著

中国出版集团
世界图书出版公司
广州·上海·西安·北京

图书在版编目（CIP）数据

竞赛数学问题解决的理论研究与案例解析 / 韦宏编著. —广州：世界图书出版广东有限公司，2016.6（2025.1重印）

ISBN 978-7-5192-1290-2

Ⅰ. ①竞… Ⅱ. ①韦… Ⅲ. ①小学数学课—教学研究 Ⅳ. ① G623.502

中国版本图书馆 CIP 数据核字（2016）第 095053 号

竞赛数学问题解决的理论研究与案例解析

责任编辑 张梦婕
封面设计 楚芊沅
出版发行 世界图书出版广东有限公司
地　　址 广州市新港西路大江冲 25 号
印　　刷 悦读天下（山东）印务有限公司
规　　格 787mm × 1092mm　1/16
印　　张 17.125
字　　数 275 千字
版　　次 2016 年 6 月第 1 版　2025 年 1 月第 2 次印刷
ISBN 978-7-5192-1290-2/O · 0050
定　　价 88.00 元

前言

竞赛数学有助于数学能力的提升。竞赛数学也称奥林匹克数学，内容广泛涉及数学竞赛的基本方法与基本技巧，以其命题的新颖性和方法的创造性吸引着无数喜爱数学的青少年朋友们。竞赛数学学习可以激发他们探索数学奥秘的兴趣，培养他们的创造性思维。从1956年开始，在著名数学家华罗庚的倡导和推动下，我国在北京、天津、上海和武汉四大城市成功举办了全国第一届数学竞赛，此后数学竞赛成为一项影响深远的群众性活动。竞赛数学作为生动活泼的课外教育，对于发展学生的思维能力、培养对数学的兴趣和创新意识、发现数学优秀人才起到了一定的推动作用。

竞赛数学对数学能力的提升是一个过程。竞赛数学的根本目的就是为了培养青少年对数学的兴趣，锻炼他们的数学探索技能，培养他们的求知精神，提高他们的数学素质，以适应未来社会发展的需求。基本的数学思想、数学方法是形成和发展数学能力的基础。竞赛数学就是将数学思想和数学方法通过训练和比赛的形式教授给学生，所以，数学竞赛是提高学生数学能力的核心手段。数学解题能力是学生对基础知识、解题方法和解题规律的一种综合运用能力，包括数学运算能力、空间想象能力、逻辑思维能力以及分析和解决实际问题的能力。在解题过程中如果能够对题目进行深入的研究，并发现其中的解题方法和规律，将能够大大地激发学生学习数学的兴趣与激情，同时还能极大地增强他们的自信心。引导学生从生活实际出发，不断提高生活观察、思维创新和信息归纳能力等，养成用数学的思维方法观察现实生活的习惯。数学基础知识是学生解决实际问题的必备储备，缺失完整的知识体系，则很难提高数学解题能力。数学解题能力的提升并不是一蹴而就的，需要长期的努力，需要经过从小学、中学到大学逐步培养和发展的过程。笔者经过14年的跟踪研究，发现四百多个孩子经过系统的全程性的学习，他们的数学能力得到提升，最终考入理想的大学。孔令昊学习竞赛数学9年考入南开大学，龚舜杰学习竞赛数学8年考入华南理工大学，李思万学习竞赛数学6年考入洛阳解放军外国语学院，黄芊芊学习竞赛数学6年考入陕西师范大学，叶尤青学习竞赛数学6年考入湖南大学，张程学习竞赛数学5年考入宁波诺丁汉大学，林劼学习竞赛数学3年考入中山大学……因此，数学能力是可以通过后天的学习、训练逐步培养的。

今天，我们正大力提倡“素质教育”，强调培养学生运用数学知识解决实际问题的能力，培养学生逐步学会分析、综合、演绎、归纳、概括、抽象和类比等技能和方法，同时，重视培养学生的独立思考和创新能力，培养学生终身学习的理念，使所学知识受益终身。本书所讲“解决问题”的数学能力，实际就是把数学知识应用于现实生活中，解决实际问题，拓展数学科学本身的功能和实用性。对数学学习结果和过程采取正确的评价，多关注学生学习的经验与过程、关注他们在数学活动中所表现出来的情感与态度，促进学生学习能力的提高，使竞赛数学成为发现和培养数学优秀人才的重要途径。

作　者

2015年10月29日

目　录

上　篇　竞赛数学问题解决的基本知识与案例分析

上篇

竞赛数学问题解决的基本知识与案例分析

第一章　竞赛数学问题概述

竞赛数学是一门学科，数学竞赛则是一项活动；竞赛数学是伴随着数学竞赛而产生的。竞赛数学推动了数学的发展，促进了现代数学教育的改革。本章主要探讨竞赛数学问题的内涵、意义与发展。

第一节　竞赛数学问题的内涵

一、竞赛数学问题的含义

关于数学问题的含义，各位学者仁者见仁，历来有不同的观点：一是现实生活中形成的数学问题。正如戴再平在《数学方法与解题研究》中指出的那样，数学其实是客观世界的数量关系和空间关系的科学。从数量关系或空间关系去认识客观世界时，会形成各种各样的问题，这些问题有的以数学为内容，或者虽然不以数学为内容，但必须运用数学概念、理论或方法才能解决，这些问题都称为数学问题。张奠宙在《数学教育概论》中指出："数学问题是指数学上要求回答或解释的疑问。广义的数学问题是指在数量关系和空间形式中出现的矛盾，例如几何问题、复数问题、四色问题等。狭义的数学问题则是已经明显地表示出来的题目，用命题的形式加以表述，包括证明类的问题、求解类的问题等。"波利亚在其著作《数学的发现》中指出某个人"有问题"是"有意识地寻求某一适当的行动，以便达到一个被清楚地意识到但又不能立即达到的目的。解决问题指的是寻找这种活动"。如果"有问题"中的问题是关于数学方面的内容，那么这个问题就是数学问题。

数学家们提出的有关数学问题的各种观点本质上是同一个意思不同方式的表达，有其合理性。1988 年的第六届国际数学教育大会“问题解决、模型化及应用”课题组指出一个数学问题是一个问题情境，是具有智力挑战特征，没有现成的直接的方法、程序或算法的、未解决的问题。如果这个数学问题是在竞赛活动中展现的，那么这个问题就是竞赛数学问题。

综上所述，本书定义的竞赛数学问题是指：一个对人具有智力挑战性的关于竞赛类的未解决的数学问题情境。竞赛数学问题是因人而异的。根据人的认知不同，心理发展的不同，同一的数学情境，可能对于 A 来说是一个数学问题，对于 B 来说就不同了。1500 年前，我国数学家孙子在《孙子算经》中记载了这样的一道题：“今有雏兔同笼，上有三十头，下有七十足，问雏兔各几何?”其意即：有若干只鸡和兔在同一个笼子里，从上面数，有三十个头，从下面数，有七十只脚，问这个笼子里的鸡、兔各有多少只？对于学过方程的 B 同学来说，这个数学问题情境就对智力不构成挑战性，不算数学问题；但是对于不理解方程的 A 同学来说，就是对其具有挑战性的未解决的数学问题情境，就是一个数学问题。

二、竞赛数学问题解决的内涵

有问题的存在，就有问题的解决。解决问题是人类普遍的行为。大至人类进步，小至个人发展，都离不开各种各样的问题及问题解决。数学领域同样如此。那什么是竞赛数学问题解决呢？让我们先来谈谈数学问题解决。什么是数学教育中的“问题解决”，数学教育从事者们给出的定义不一。美国《21 世纪教育纲要》认为：“问题解决是应用以前获得的知识投入到新的不熟悉的情境中的一个过程。”英国 *Cockcroft Report* 认为：“问题解决就是那种把数学用于各种情境的能力。”而在我国课程标准总目标和学段目标中，问题解决是重要部分之一。问题解决最终达到思维目的、认知目的、教学目的。

综合上述观点，我们认为：

（1）问题解决是一种过程；

（2）问题解决是一种能力；

（3）问题解决是一种目的。

此外，我们还认为问题解决是一种创造性的活动、是一种技巧，也是数学解题的活动。

美国的数学家哈尔莫斯指出，问题是数学的心脏。数学家的主要工作就是解决问题，而数学问题和数学问题的求解是数学的组成成分。解决问题简称为解题，也就是寻找出数学题的答案。因此解题就是一种找出问题的解的活动，而解题研究中最关键的就是对解题过程的分析。

学者们普遍认为解题能力是逻辑思维能力、运算能力、空间想象能力的综合体现。其中数学的解题能力指的是能够阅读、理解问题材料，能够综合运用所学知识、思维和方法解决目标问题。自20世纪80年代以来，解决数学问题逐渐被认为是数学教育的核心问题，是数学教育界所要研究的重点课题。

因此，我们在这里定义的数学问题解决就是综合性地、创造性地运用各种数学知识去解决那种非单纯的练习题式的问题，包括实际问题和源于数学内部的问题。当数学问题是竞赛类数学问题的时候，这样的数学问题解决就是竞赛数学问题解决。竞赛数学问题解决指的是综合性地、创造性地运用各种数学知识去解决对人具有智力挑战性的关于竞赛类的未解决的数学问题情境。

广义地说，数学问题解决是一个系统：提出问题、解决问题、拓广问题。狭义地理解，数学问题解决即指上面提到的“解决问题”部分，这与心理学中“问题解决”的概念是相同的。本文研究的是狭义的问题解决。在问题解决的过程中，体现更多的是学生的解题能力。而对学生解题能力的影响主要来自外界和学生个人，大体分主观因素和客观因素。下文将为读者详细分析学生解题能力影响的因素体系。

三、竞赛数学与数学竞赛的区别与联系

数学竞赛是在数学学科中进行的一项考查智力的竞赛活动，是通过数学内容进行的活动，它只是一种手段，并不是教育的目的。数学竞赛的开展，可以达到激发学生学习兴趣、挖掘和培养杰出人才、促进教育改革等多项功能。

竞赛数学是根据数学竞赛的各种试题和培训中所涉及的数学知识、方法和技

巧，以此提炼出精华的部分，使其发展成为一门重要的学科。竞赛数学不仅有重要的教育功能，而且还有研究的特点，它是正在形成之中的数学，是数学教育的重要的新分支。

数学奥林匹克与奥林匹克数学两者之间既有区别又相互联系，其区别在于：第一，本质不同：数学奥林匹克实质是数学竞赛，属于数学活动范畴；而奥林匹克数学则是一种竞赛数学，是数学中的一类特殊分支。第二，产生时间不同：从历史发展角度看，数学奥林匹克产生在先，当其发展到一定阶段时奥林匹克数学才产生。同时，数学奥林匹克与奥林匹克数学之间又相互联系，奥林匹克数学以数学奥林匹克的题目为主要研究内容，而人们对奥林匹克数学的研究则推动了数学奥林匹克的发展。①

第二节　竞赛数学的意义

一、竞赛数学的教育价值

竞赛数学也称奥林匹克数学。竞赛数学教育是依照数学竞赛的模式开展的数学教育活动。

对于竞赛数学的教育性质，罗增儒先生在《论中国数学竞赛的教育性质》中给出了界定：竞赛数学教育是较高层次的基础教育、开发智力的素质教育、生动活泼的业余教育、数学文化的普及教育。②

沈文选教授认为奥林匹克数学具有其独特的教育价值，他指出：竞赛数学活动的教育价值在于发现、选拔和培养数学人才，它强化了数学能力培养的教育导向，培养了学生开拓、探索的智力与能力，从本质上激发了学生对数学科学的浓厚兴趣，有利于学生形成发展的认知结构。让人值得注意的是，小学竞赛的数学教育由于学生数量实在太大、低龄化等原因而被公众所关注。竞赛数学教育应更

---

① 刘芳. 小学奥林匹克数学培训中的问题、原因及对策研究［D］. 华东师范大学，2012，4.

② 罗增儒. 论中国数学竞赛的教育性质［J］. 数学教育学报，1996，5（3）：71－74.

重视对学生思考问题、解决问题及创新能力的培养，而不应过多地看重选拔功能。在很大程度上，学习竞赛数学，不仅有利于拓宽学生的学习思路，培养学生的观察能力以及动手实践能力，而且对课堂教学也起到比较好的铺垫作用，极大地促进了数学课堂的教学，与此同时，在小学大班制背景下，是对实现因材施教教学方法的补充，也实现了尊重学生的个性发展。

孙名符、刘海宁教授在《论奥林匹克数学教育的时代价值》中结合现阶段的课程改革总结了奥林匹克数学教育的时代价值，认为奥林匹克数学教育是创新教育的重要阵地，奥林匹克数学教育是素质教育的重要阵地，奥林匹克数学教育是素质教育的重要内容，是中小学数学教育改革的试验阵地。

学者熊光波在《在淡化功利性基础上充分挖掘奥数的教育价值》中提到，我们不要盲目推崇奥林匹克数学，应该理性与科学地认识其的教育价值。无疑，奥林匹克数学有其独特功能，它是思维活动的“艺术体操”，对开放小学生的智力、培养小学生的探索精神、锻炼小学生的思维等方面都有很大的助益。①

刘叔才认为，数学竞赛的教育价值分为三个方面：个人性价值、社会性价值和教育性价值。其中，个人性价值包括：竞赛数学教育有利于激发学生对科学的浓厚兴趣，有利于完善学生人性、形成创造性和发展提高数学综合能力；社会价值包括：竞赛数学教育有利于发现和培养数学人才，有利于发展中学数学教育，有利于普及数学文化；竞赛数学教育对教育以外的系统以及对教育本身也有着重大的意义。

这些论述较好地诠释了竞赛数学教育及其教育价值。如果说，在数学的发展历程中，解析几何是初等数学通往高等数学的桥梁，那么仅从数学的教育功能这个角度而论，在科学技术飞速发展的今天，竞赛数学就是从初等科学文化素质跃升到现代科学文化素质的桥梁。

竞赛数学凭借它独特的数学美吸引学生，激发学习的兴趣，培养数学素养，提高逻辑思维、创造能力。因此，得到过竞赛数学教育锻炼的人，无论是在数学领域里，还是在各个学科领域里都可以做出一些卓越的贡献，这就是竞赛数学教

① 熊光波. 在淡化功利性基础上充分挖掘奥数的教育价值［J］. 教育学术月刊，2010（5）：79－80.

育最重要的功能之一。

二、竞赛数学与中小学教学

著名数学家、数学教育家张景中院士就曾指出，健康有序地开展数学竞赛活动给数学问题的宝库注入新鲜血液，将一些数学成果从学术形态转化为教学形态。如早期的竞赛试题就有不少进入了我们的数学教材，成为习题或例题。由此可见，竞赛数学与教育教学是可以相互联系，相互促进的。朱华伟研究员也指出，竞赛数学教育是现代数学知识向中学数学课程渗透的重要桥梁，有效地促进了中学数学课程内容的改革，在竞赛数学中，很多热点问题和解决方法走进了我们中小学的数学课堂。数学竞赛活动的开展，在开发学生智力、开阔学生视野、促进教育教学改革、提高教师教学水平、挖掘和培养数学人才等方面，都起着巨大的作用。这项活动也激发了青少年学习数学的兴趣，在不断地探索中，提高学生的创新能力。尽管竞赛数学没有完整的知识体系，严密的逻辑结构，但可通过命题和解题将许多具有创造性、灵活性、探索性和趣味性的知识、方法综合在一起，侧重学生兴趣和数学思维能力的发展。① 数学课程是竞赛数学的基础，竞赛数学是数学课程的拓展。尽管竞赛数学有一定难度，但是，也是以中学数学的内容为基础、为起点，层层深入，淘汰旧知识，挖掘传统内容的精华，并在此基础上加以改造，注入新的表现形式，渗透现代数学的思想和观点，通过普及和传播，促进了中学数学的课程改革。

通过对比分析中、高考中的数学题及竞赛数学试题，有研究表明，有很多中、高考的试题都有竞赛数学试题的影子。如以费马点为素材命制的2009年湖州的中考题与2002年全国初中数学竞赛题几乎一样。以下为中考题和竞赛题题目：

（2009湖州，25）若点P为△ABC所在平面上的一点，且$\angle APB=\angle BPC=\angle CPA=120^\circ$，则点P叫作△ABC的费马点。

（1）若点P为锐角△ABC的费马点，且$\angle ABC=60^\circ$，$PA=3$，$PC=4$，则

---

① 周阳．中考数学命题中的竞赛数学背景研究［D］．广州：广州大学，2012，5．

PB 的值为__________；

（2）如下图，在锐角△ABC 外侧作等边△ACB′，连接 BB′。求证：BB′过△ABC 的费马点 P，且 BB′ = PA + PB + PC。

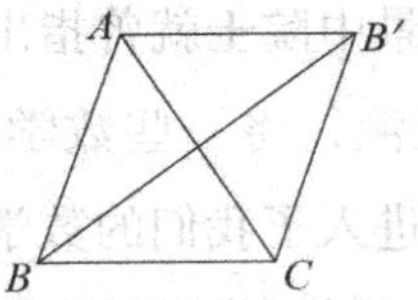

（2002 年全国初中数学竞赛）如下图，在△ABC 中，∠ABC = 60°，点 P 是△ABC 内的一点，使得∠APB = ∠BPC = ∠CPA = 120°，PA = 8，PC = 6，则 PB = __________。

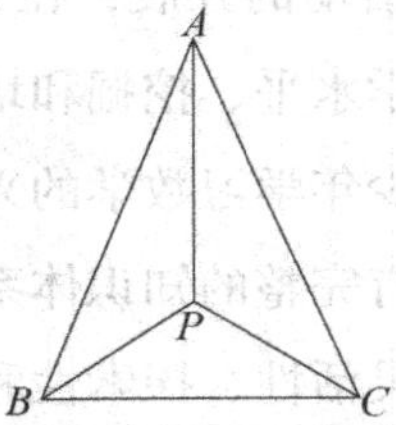

高考数学试题的一个比较明显的特征，是倾向于融入竞赛数学的思想和方法。高考试题就一些数学竞赛中的特例，适当地将其变形，得到适合高考的试题。如在 2008 年高考全国卷 I 中有一道选择题为：一环形花坛分成 A、B、C、D 四块，现有 4 种不同的花供选种，要求在每块地种 1 种花，且相邻的 2 块种不同的花，则不同的种法总数为（　　）

A. 96　　B. 84　　C. 60　　D. 48

而这道题的背景则源于 2001 年全国数学联赛的一道题：在一个正六边形的六个区域栽种观赏植物，要求同一块地种同一种植物，相邻的两块种不同的植物。现有 4 种不同的植物可供选择，则有（　　）种栽种方案。

由此可见，竞赛数学对中考数学、高考数学是有辅助性的影响的。

三、竞赛数学与大学数学教学

大学数学课程的教学目标是培养学生的数学素养以及数学文化素养，其中包括抽象思维能力、逻辑思维能力、推理能力、综合应用数学知识解决实际问题的能力等。而实际上，由于种种原因大学数学课时减少、教学进度加快，使得把高等数学思想教给学生的时间逐渐缩短。另外，全国大学生数学竞赛的主要目的是为培养优秀人才、促进高等学校数学课程改革，极大地提高了大学生学习数学的热情，培养了大学生解决数学问题的能力，有利于选拔创新型的人才，为大学生们的发展提供了一个展示数学知识以及思维能力的大舞台。在一定程度上，全国大学生数学竞赛在这一方面起到促进作用。2009 年以前，《竞赛数学》几乎是中学的选修课程。而在 2009 年之后，随着大学生数学建模竞赛规模的扩大，《竞赛数学》成为本科生的课程。《竞赛数学》有着广泛的背景与资源，对大学生数学竞赛有着积极的影响和促进作用。

对于高校师范生来说，未来要成为合格的中小学数学教师，不但需要能担任中小学的教育工作，而且要有从事数学"第二课程"的教学本领，有组织中小学生参加数学"活动课程"相关活动的能力，能承担起数学竞赛的辅导工作。因此，高等师范院校数学专业开设竞赛数学是将师范生培养成合格的中小学教师的一项有力的措施。2003 年 11 月在北京首都师范大学召开了《竞赛数学教程》教材修订工作会议，参加的高校有华中师范大学和东北师范大学等 21 所师范大学。会议中提到的《竞赛数学解题研究》和《竞赛数学教程》两本教材在全国范围内五十多所师范院校试用，是中小学骨干教师培训班、数学竞赛教练员培训班的必选书。

第三节 竞赛数学的发展

竞赛数学最初为数学竞赛服务，后来逐渐发展为对数学爱好者具有重大教育影响的一门学科。它是在国际、国内数学竞赛活动持续发展和深入改革的过程中形成的。在我国，"数学竞赛""数学奥林匹克"其实是同一个意思，"竞赛数学""奥数"以及"奥林匹克数学"这三者的内容亦是相容的。

一、竞赛数学的发展

竞赛数学，集中体现了素质教育的思想，它不同于传统教学，它以新颖性、创造性和开放性的思维模式，吸引了无数渴望探究数学迷宫的孩子。同时，竞赛数学又有力地补充了传统数学教学，起到激发兴趣、扩展知识、开阔视野、培养思维、提高能力等多重作用。其中，解决数学问题的两个关键条件——技能和思维，它们之间相互联系，相互作用。数学思维能力的培养对于学生学习非常重要。竞赛数学训练与思维的培养密不可分。本文从以下几个方面阐述了竞赛数学训练与学生思维培养的关系：首先介绍了竞赛数学的历史及特征；接着从学生的数学能力和思维培养两个方面论述了与竞赛数学训练的重要关系。竞赛数学训练是一种基于教材内容，又高于教材内容的训练，它不仅提高了学生的运算能力、空间想象能力、逻辑思维能力及分析和解决实际问题的能力，同时，对学生思维的培养也起到了很好的促进作用。

数学竞赛的历史悠久，而现实意义上的数学竞赛大约是一百年前在匈牙利开始的。在 1934 年以及 1935 年，苏联在列宁格勒和莫斯科这两个地方举办中学的数学竞赛，并称其为“数学奥林匹克”。数学竞赛是智力竞赛，它强调执着追求的参与精神，世界各国都有被称为“奥林匹克”的数学竞赛活动。

国际数学奥林匹克是一项以中学生为对象，以数学为内容的国际性竞赛活动，简称 IMO（International Mathematical Olympics）。其中，1959 年 7 月 22 日，国际第一届数学奥林匹克在罗马尼亚的古都布拉索夫隆重举行，当时的参赛者都是来自于东欧的七个不同国家。至今，IMO 已成为一项国际上最有影响力的学科竞赛，它拥有 57 年的历史，是公认水平最高的中学生数学竞赛。在 1985 年 7 月，我国第一次派出两名选手参加了在芬兰举行的这一活动。1990 年 7 月 8 日至 19 日，我国在北京成功地举办了第三十一届国际数学奥林匹克竞赛，[①] 代表中国队参加竞赛的 6 名选手取得了五枚金牌、一枚银牌、总分第一的优异成绩。

众所周知，“奥数”是奥林匹克数学竞赛的简称。真正的“奥数”是指中学生数学奥林匹克。在我国，早期的数学竞赛是由数学大师华罗庚发起，并亲自主持的，始于 1934 年和 1935 年。我国于 1956 年开始，在华罗庚的倡导下，在北

---

① 罗志敏. 数学思维的模式结构及分类 [J]. 漯河职业技术学院学报，2008，7 (2)：113 - 114.

京、上海、天津、武汉四大城市举办全国第一届数学竞赛。① 他亲自担任了北京市竞赛委员会主席，并亲自主持了命题工作。傅种孙、苏步青、江泽涵等数学家也为数学竞赛工作做出过贡献。② 从1981年开始，中国中学生数学竞赛以各省市联合竞赛的方式开展，1985年发展到初中，1990年延伸到小学。自1986年起，一年一度的全国中学生数学冬令营于当年一月份，由中国数学会和南开大学联合举办。自1991年起，冬令营被定名为"中国数学奥林匹克"（简称CMO）。它的竞赛的方式、试题的难度、选手的水平等都与IMO相同或相近，CMO的优秀选手经过培训与选拔组成中国国家队参加IMO，中国参赛选手逐渐走向世界，参加国际的角逐。

到目前为止，数学竞赛已成为一项十分广泛的群众性活动。中小学生参加的全国性竞赛主要有"迎春杯""小学奥林匹克竞赛""走进美妙的数学花园""华罗庚金杯少年数学邀请赛""希望杯"等。其中，"希望杯"受欢迎的程度最高。"希望杯"是从1990年开始，至今已举办26届。在2002年前，"希望杯"只有初、高中学生参加，到2003年终于增加了小学组，当年参加的学生人数就达到23万，至今为止参赛学生累计已超过1000万。"华罗庚金杯"少年数学邀请赛于1986年开始举行，其参与者是高年级小学生与初一学生，它的试题难于"希望杯"。另外，我国比较高级别的数学竞赛还有很多，比如"全国初中数学联赛""全国高中数学联赛"等。"全国初中数学联赛"在1981年开始举办第1届，经过三年的实践，于1984年规定每年四月的第一个星期天举行。在初中阶段，它是最重要的竞赛之一，方式比较规范，很多高中入学考察都需要它。而"全国高中数学联赛"是中国高中数学比较高等级的数学竞赛，它的地位远远高于各个省自己组织的数学竞赛。它的作用是选拔有数学特长的同学，让他们进入全国著名的高等学府，或者选拔成绩比较突出的同学进入更高级别的竞赛，直到进入国际数学奥林匹克（IMO）。通过竞赛的方式，培养高中生对学习数学的兴趣，让他们爱好数学，学习数学，激发他们的钻研精神、独立思考精神以及合作

① 屈军礼．奥数竞赛与训练教学［J］．陕西教育学院学报，2000，16（2）：96－97．

② 单墫．数学竞赛史话［M］．广西：广西教育出版社，1992．

精神。

就目前的发展趋势而言，举办数学竞赛有两个主要的目的：一是发现优秀人才，一是开拓数学的新未来。实践发现，数学竞赛为数学领域培养了大批出色的人才，他们为数学学科的发展做出了巨大的贡献。我国著名数学家华罗庚就是一个典型的例子，他曾是数学竞赛的参与者和积极的倡导者。

我国数学竞赛无论是命题水平还是解题水平都位于世界前茅，国内的数学竞赛专家和教练都为此付出了辛劳，做出了巨大贡献。单墫、常庚哲、李成章、裘宗沪、罗增儒、黄玉民、夏兴国、王建伟、吴伟朝、黄宣国、陈永高、冷岗松、李胜宏、熊斌、朱华伟、冯跃峰、陶平生等对数学竞赛解题与命题工作都有很好的研究，对 CMO 命题做出了很大的贡献。

二、竞赛数学与“奥数热”

竞赛数学于 1980 年代中后期兴起，其中极具代表的是“华罗庚金杯”少年数学邀请赛（简称“华杯赛”）。“华杯赛”在 2009 年达到高峰，成都曾在一年中因“华杯赛”而创造 10 至 12 个亿的商业价值。

由于一些民办学校招生，拿不出衡量、选择学生水平的标准，还有的重点中学为选拔学生进行成绩测试，因报名人数较多，学校为了优中选优，在出题时则会选择一些“奥数”题目以拉开学生间的距离。因此，家长给孩子报各种各样的奥数兴趣班，以期用奥数成绩为孩子敲开名校之门，以便获取优质教育资源。

自从“奥数热”出现到现在，奥数已深入人心，甚至渗透到社会的每一个角落，进而形成了一个规模庞大的教育产业，各种培训班目不暇接，书店里的奥数教材琳琅满目。据报道，在 2003 年，北京城区超过一半的小学，有一半以上的学生在学习奥数。[①] 但近几年，特别是 2005 年以来，来自不同阶层和群体、不同领域的专家针对竞赛数学教育发表了不同的观点和看法，其中以批评的意见居多。北京理工大学文学院的杨东平教授认为“竞赛数学之害远胜黄、赌、毒”，国际数学大师丘成桐先生在清华大学演讲的时候也曾经指责竞赛数学，认为竞赛

① “奥数”班热度不减［N］．光明日报，2004－02－13．

数学在扼杀天才。大家纷纷声讨竞赛数学。2005 年，北京、广东、浙江和江苏等部分省市教育部门纷纷出台政策，禁止举办各种形式的奥数班。在奥数教育热了多年后，此举引发很大反应，尤其是在基础教育领域。奥数班该不该被叫停?人们众说纷纭。多数人认为，大面积、低龄化的奥数培训热，误导了学生的学习目标，扭曲了学生的数学思维，不符合学生学习数学的基本规律，也给学生增加了学业的负担。虽然我国在国际学生评估项目、国际数学和科学评测上获得了好的成绩，但是学生学习的积极性和兴趣方面都不是很高。于是，在 2010 年，竞赛数学逐渐淡出官方组织，导致现在的数学竞赛多是由民间营利性组织举办。

近些年，我国出现的“奥数热”有其深层的社会与教育原因。首先是家长们认为自己的孩子如果不学奥数，就会跟不上形势，自己的孩子就会少了一个“技能”，可能会在以后的竞争中落后于人；人家的孩子学了，自己的孩子不学，就觉得自己的孩子不如人家。在这种你追我赶的气氛下，全社会燃起了奥数热潮。其次是教育的原因，长期以来，我们的教育是应试教育的模式，总以为考试考得好才是好学生，才有可能有出息。奥数作为一项考试，也是检验孩子是否有出息的重要指标。此外，最重要的是，以往奥数成绩可以作为择校、升学的一个重要筹码，奥数成绩好的孩子，会比别的孩子获得优先升学的机会。对于社会的一些培训机构来说，他们为了经济利益，也从中推波助澜，这就造成了奥数越来越热、各种培训班越来越火暴的现象。

前中国数学奥林匹克委员会主席王元院士在其《奥数教程》一书中指出，数学竞赛对青少年来说是一种智力竞赛。事实上，数学竞赛开展得有声有色的地区和学校，能较好地激发全校学生学习数学的兴趣，提高学习数学的效率。虽然在实际的操作过程中，竞赛数学被烙上了浓厚的功利色彩，人们过分夸大了数学竞赛活动的作用，使其脱离了数学竞赛的初衷。所有这些需要引导与克服。

竞赛数学并不主要以培养数学家为己任，而主要为优秀学生提供机会，奥数高手并不等同于数学家，只是他们之间有一定的相关性。每个人都有不同的梦想和理想，当然，学习竞赛数学并不是为了要成为数学家，而是为了拓展自己的思维和能力。

竞赛数学活动本来是一件很好的事物，现在演变成被人们广泛批评的“泛滥”的对象，教师、家长有责任，我们的教育指导部门更有推卸不了的责任。

但是“奥数”培训中的解题训练真的是人们认为的那样“扼杀学生对数学的兴趣和创新能力，对学习毫无价值”吗？竞赛数学的本意是培养学生的数学思维能力，培养数学方面的人才。在班级授课制中，一个班通常有几十个学生，他们的数学水平也参差不齐。如果按同样的进度进行教学，可能会影响和束缚数学天才学生的发展，为了充分调动有数学潜力的学生的学习积极性，可以利用第二课堂适当地开展奥数活动，给数学优等生提供更加良好的发展空间。“奥数”培训是符合数学解决问题理论的基本要求的。我们可以通过以下案例说明。例如：数数下图共有多少条线段？

对于一道简单的数线段问题，可以用列举法、几何法、代数法、组合法来解决，不同阶段的学生会运用不同的方法来分析和解决问题。而对于一些生活当中的实际问题，比如备票问题、握手问题、比赛问题……这些问题的命题背景就是数线段问题。从这个例子中我们就可以看出，一道简单的题目所蕴含的数学思想在生活当中有着十分广泛的应用。

不同国家对竞赛数学持不同的态度。美国的数学教育特别强调培养学生解决问题时灵活运用数学的能力，强化学生的数学直觉，注重培养学生的创新能力，所以美国鼓励喜欢数学并且有数学天分的孩子参加奥数班。英国对待竞赛数学的态度比较平和，他们认为学生的综合实力是评价一个学生的关键，因此不唯“奥数”论英雄，而是配合其他考试和考评系统来选拔人才。在日本，竞赛数学教育也得到格外重视，对于日本的中小学生和家长来说，竞赛数学和棒球或书法一样都属于孩子课后的兴趣。印度的竞赛数学教育与其他国家不同，重在锻炼学生的逻辑思维，重在追求多样化的解答方式与途径。

创办数学竞赛的初衷是为了发现和挖掘数学人才，推动我国数学教育教学的发展，推动我国与其他各国数学教育的交流，促进更多的青少年热爱数学。奥数是一种生动的课外教育活动，对培养学生的思维能力、对数学的兴趣和创新意识，挖掘数学优秀人才起到了极大的推动作用。竞赛数学有利于学生形成发展的认知结构，不仅是培养、挖掘优秀学生的十分重要的途径，对优秀学生而言，还是因材施教的重要方式。因此，竞赛数学作为一门学科，是十分有必要的。

随着科技与经济的快速发展，尤其是信息数字化的普及，20 世纪中叶以后，工作者只有具备探索性的数学素质，才能做出有创造性的突出贡献。工作者身上具备的空间想象力和处理数字各方面信息的离散数学技巧，都是奥林匹克活动中的热点。另外，陈省身教授曾说："数学的探索往往在于在意想不到的地方起着关键作用。"数学的探索能力在当今世界起着非常重要的作用。我国的化学高考题中曾经有一道题目是引导学生去理解 C_{60} 的分子模型，题目给出了论证，引用数学中的欧拉公式，证明 C_{60} 分子的结构由 12 个五边形和 20 个六边形组成。这一推证过程所采用的基本技巧是在数学竞赛中频频出现的。由此可见，数学在不同领域都有着极其重要的作用，那未来社会的发展对人才的数学素质的要求自然更高。开展竞赛数学的根本目的就是为了吸引青少年对学习数学的兴趣，培养他们的探究能力，提高他们的数学素质，为的是适应社会发展的需求。因此，应注重提高人们对竞赛数学的参与热情，在普及数学的基础上进一步提高数学知识。

三、竞赛数学的主要内容

竞赛数学的主要内容包括：代数、平面几何、初等数论、组合。更详细地来说，代数的内容包括：函数与函数方程、不等式、数列和多项式等；平面几何的内容包括：直线形、几何不等式和圆等；初等数论的内容包括：不定方程、奇数、偶数、同余、质数、合数和进位制等；组合有组合的计数、组合的设计和组合的最值等方面的内容。

竞赛数学的主要内容广泛涉及数学竞赛的基本方法与基本技巧。基本方法体现了数学竞赛方法的一般性，数学竞赛题需在一般思维规律的指导下解决，因其具有接受性、障碍性和研究性的特点，综合而灵活地运用数学基础知识与方法才能解决，这当中经常使用一些中学数学也涉及的常规方法，包括：化归转化、分析、探索、枚举法、消元法、排除法、反证法、构造法、因式分解法、数学归纳法、换元法、配方法、辅助线法、待定系数法等；数学竞赛的特殊技巧有：构造、对应、递推、极端、对称、配对、整体处理、还原变换、一般化、特殊化、数字化、优化假设、图表辅助等。

竞赛数学所涉及的内容在初等数学和优秀中学生所能接受的范围之内，有着高等数学的背景、思想、方法、知识和技巧等内容，所以竞赛数学的内容与中学数学教材中的内容又有所不同。一般的高等数学和初等数学习惯于追求证明一些有广泛概括性的定理和建立一般的方法理论，而竞赛数学却致力于用特殊的方法来解决特殊的数学问题，在探索和创新中寻求更好的方式。前中国数学会理事长、中国数学奥林匹克委员会主席王元教授曾指出，奥林匹克数学的任务是：将高等数学放入初等数学，并用初等数学的语言来表述高等数学的问题，与此同时，采用初等数学的思维、方法来解决高等数学的问题。

【参考文献】

[1] 黄萨仁那. 中国数学问题解决教学研究之研究 [D]. 内蒙古师范大学，2013.

[2] 王其. 探究式教学对学生发现、解决问题能力影响研究 [D]. 合肥：安徽师范大学，2011.

[3] 吴小欢. 小学生解决开放性数学应用问题的认知研究 [D]. 广州：广州大学，2013.

[4] 牛坤. 通过数学建模培养高中学生数学表达能力的策略探究 [D]. 重庆：重庆师范大学，2011.

[5] 黄光荣. 数学思维、数学教学与问题解决 [J]. 大学数学，2004，2.

[6] 罗志敏. 数学思维的模式结构及分类 [J]. 漯河职业技术学院学报，2008，7 (2).

[7] 屈军礼. 奥数竞赛与训练教学 [J]. 陕西教育学院学报，2000，16 (2).

[8] 单墫. 数学竞赛史话 [M]. 广西：广西教育出版社，1992.

[9] 孙瑞济，胡大同. 奥林匹克数学教学概论 [M]. 北京：北京大学出版社，1994.

[10] 毛经中. 如何学习竞赛数学 [J]. 高等函授学报, 2000, 13 (6).

[11] "奥数" 班热度不减 [N]. 光明日报, 2004-02-13.

[12] 方卫礼. 中小学奥林匹克数学教育现状调查研究 [D]. 西北师范大学, 2013, 5

[13] 刘芳. 小学奥林匹克数学培训中的问题、原因及对策研究 [D]. 上海: 华东师范大学, 2012, 4.

[14] 周阳. 中考数学命题中的竞赛数学背景研究 [D]. 广州: 广州大学, 2012, 5.

[15] 罗增儒. 论中国数学竞赛的教育性质 [J]. 数学教育学报, 1996, 5 (3).

第二章　竞赛数学问题的主要特征

竞赛数学（奥林匹克数学）形成于数学竞赛活动，这门学科的主要研究对象是竞赛数学命题与解题的规律。这决定了它具有相对稳定的内容，通过问题的提出和求解将许多具有创造性、灵活性、探索性和趣味性的知识、方法融合在一起。罗增儒老师将奥林匹克数学的基本特征分类为：位于中间数学、邻接研究数学、展示艺术数学、构成教育数学。其中研究数学的特征又分为内容的新颖性、方法的创造性、问题的研究性。① 沈文选认为奥林匹克数学的体系特征是基础性的综合数学，是发展性的教育数学，是创造性的问题数学，是富有挑战性的活数学。② 王光生在文章《奥林匹克数学的基本特征及教育功能》中将竞赛数学的基本特征分为：内容的广泛性、命题的新颖性、方法的创造性。朱华伟的《奥林匹克数学的基本特征》将竞赛数学的基本特征分为内容的广泛性、命题的新颖性、解法的创造性、问题的研究性。现在普遍认可的奥林匹克数学的基本特征是罗增儒的理论。但本人认为王光生对基本特征的分类是比较简洁且具有概括性的，竞赛数学的外延比较大，所以本文将竞赛数学内容的广泛性、命题的新颖性、方法的创造性作为竞赛数学的显著特征。

第一节　内容的广泛性

竞赛数学由一个个灵活多变的问题和机智巧妙的解法共同组成，它横跨于传

---

① 罗增儒．中学数学竞赛的内容与方法［M］．广西：广西教育出版社，2012，4.

② 沈文选．奥林匹克数学研究与数学奥林匹克教育［J］．数学教育学报，2002，3.

统数学与现代数学的各个领域，与其他学科保持着密切而自然的联系，但又不同于这些学科，它富有趣味性、灵活性和创造性的问题被越来越多的人接受，因此这门学科比其他学科的内容更为广泛。

另外，我们发放了500份问卷，收回有效问卷485份。在我们的问卷调查中其数据分析也凸显了这一现象。

表2.1.1　参与奥林匹克数学训练的学生的问卷调查统计

年级	一、二年级	三年级	四年级	五年级	六年级
参与奥林匹克数学训练的人数比例	5%	10%	78%	80%	70%

通过数据分析显示，小学生中，六年级有70%的学生正在学奥林匹克数学，五年级有80%的学生在学奥林匹克数学，四年级有78%的学生在学奥林匹克数学，三年级有10%的学生在学奥林匹克数学，三年级以下有5%的学生在学奥林匹克数学。也许就是因为它的趣味性、广泛性，学习奥林匹克数学已成为了一种潮流。在参与奥林匹克数学训练的学生中，有近68%的学生认为数学奥林匹克可以补充课堂学习的内容。

竞赛数学包含了传统数学的精华。数学历史上的著名问题，是历代数学大师的光辉杰作，是人类文明的宝贵财富，它们以别致、独到的构思，新颖、奇巧的方法和精美、漂亮的结论，使人赏心悦目、叹为观止。如1937年第3届“莫斯科IMO”中初等几何类的欧拉关于多边形剖分的问题、第4届“莫斯科IMO”中的斯坦纳用平面分割空间的问题、第4届“IMO”中欧拉（察帕尔）定理、1982年上海市数学竞赛中的莫利定理、九点圆问题（第29届IMO预选题）、第30届“IMO预选题”中的费马问题、1959年第22届“莫斯科IMO”代数学中的排序不等式、第3届“IMO”中的Weitzenbock不等式、波兰1963～1964年数学竞赛中的Cebyes不等式等各种大赛的试题，都是历史上的著名数学问题，都不加修饰地作为比赛试题。由于种种原因，今天学校的课堂教学，没能提供机会让青少年学生接触这笔丰富的遗产，而奥林匹克数学继承和发扬了这笔丰富的遗产。伴随着数学竞赛的火热举行，越来越多的孩子加入到了奥林匹克数学知识的学习中，不少同学为此也了解并掌握了数学奥林匹克中的数学内容。这既表明了命题者的主观倾向，又体现了那些传统名题的教育价值。①

竞赛数学的有些内容与现实生活联系密切，是从现实问题中抽象出来的，像天花板、地板函数、抽屉原理、染色、估计、数列求和等，学生学习了这部分内容，相信对解决实际问题大有裨益。

法国著名数学家帕斯卡（B. Pasal）指出："数学这一学科如此地严肃，我们应当千方百计地把它趣味化。"爱因斯坦说过："兴趣是最好的老师。"兴趣，是青少年成才的重要动力。竞赛数学能巧妙地将现代数学的内容与趣味性的陈述结合起来，当中充满趣味性的题目可以引导学生，使得学生在好玩的游戏中感受到数学无处不在，以激发他们的学习兴趣，更进一步地提升他们的数学思维能力。对于中小学生而言，类似于表格填数据、火柴棍问题、鸡兔同笼等有趣的问题可以吸引他们动手尝试，可以激发他们积极思考，有些蕴含了特定的思想方法，能促使他们进一步思考、发现。

例 2.1.1：火柴棍游戏，指的是可以利用火柴棍摆成一些有趣的数字和运算符号，如1、2、4、7数字，还可以摆出许多几何图形，比如正三角形、菱形、正多边形、正方形和一些物品的形状等。经过移动火柴棍的位置，原有的算式、图形则会相应地发生变化。所以，教育者可通过这些变化来设计一些有趣的算式或图形的变化游戏。而在用火柴棍摆数学算式时，可以通过添加、去掉和移动几根火柴来使一些原来不正确的算式成立，但在思考由火柴棍组成的算式的变化时，应该注意以下两点：

（1）在考虑使等式成立的数时，由于火柴棍是直的，所以能拼凑出来的数字只限于1、2、4、7，这就缩小了可讨论的数的范围，而运算符号也只限于+、−、×。

（2）要使算式成立，经常要添加、去掉和移动几根火柴，而"添""去""移"的一般规律是：

---

① ［英］罗素．西方哲学史［M］．何兆武，李约瑟，译．北京：商务印书馆，1986：166.

① 添，添加一根火柴，可变1为7，变7为2，变+为4，变-为+等。

② 去，去是添的反面，要去掉一根火柴棍，常可以变4为+，变7为1，变2为7，变+为-，变=为-。还可以除去数字前面或后面的1，以及数字之间的-等。

③ 移，移是去掉和添加的结合，移动火柴棍时，要确保火柴的根数没有发生变化。如2和4、+和7、+和=、7和=、1和-之间都是可以相互转化的。

例 2.1.2：在下面由火柴棍摆成的算式中，添加或去掉一根火柴，使等式成立。

① 772-1244-417=111

② 4421+12×7=117-7-1

分析：

① 题中，只有一个四位数 1244，且它是减数，其余的数都是三位数。所以，我们首先想到，要把 1244 千位上的 1 去掉，使它变成三位数。这时，等式左边是：772 - 244 - 417，计算的结果恰好就是 111，等式成立。①题中，由于减数是四位数 1244，我们又可以想到在被减数的前面添加一根火柴，使它变成 1772。这样，算式左边变为 1772 - 1244 - 417，计算的结果也是 111，等式仍然成立。所以①题有两个答案。

② 题中，原式左边的计算结果是四位数，右边的运算结果是 109。所以，使左边减小是做这道题的想法，左边，12 × 7 = 84，所以，应该有 4421 变成 25，注意到拿掉百位 4 上的一根火柴即可变为“4 + 21”，从而满足等式。

解：

① 解法一：去掉一根火柴棍

772-244-417=111

解法二：添加一根火柴棍

1772-1244-417=111

② 去掉一根火柴棍

4+21+12×7=117-7-1

例 2.1.3：在下面由火柴摆成的算式中，移动一根火柴棍，使算式变成等式。

① 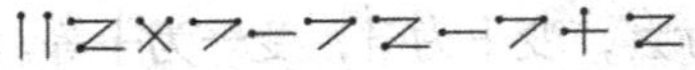
② 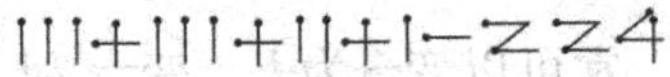

分析：

题目中的两个小题只是两个四则运算式子，并没有等号，而题目要求移动一根火柴使它们变成等式。所以，我们一定是要在数字或“+”上去掉一根火柴，添在“—”上或改“+”为“—”。

① 题中，112 × 7 =784，而784—72 =712，剩下的部分还有 7 + 2，可变成712。所以，可以把最后面一个“+”中的“—”移到 7 前面的“—”上，变成“=”号。即：112 ×7—72 =712，得到一个答案。

② 题中，前面 111 +111 =222，最后面一个数是 224。所以，如果能在 222 后面再加 2（或加两个 1），则可变成等式，这可以把 11 中的一个 1 移到 224 前的“—”上，变成“=”就得到答案：111 +111 +1 +1 =224。

解：

① 题的答案是：

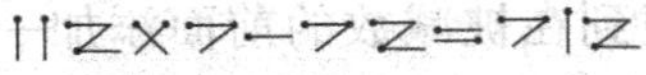

② 题的答案是：

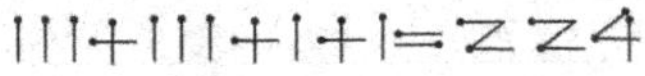

火柴棍可以摆出许多图形，不局限于生活中的物品，还能摆出一些几何图形，如三角形、四边形、多边形等，而且，通过移动几根火柴棍，还能使它们之间出现一些有趣的转化。

例 2.1.4：移动四根火柴棍，把图 a 中的斧子变为三个全等的三角形。

分析：

本题中，构成斧子的火柴棍共九根，而最后要用这九根火柴构成三个全等的三角形，说明每个三角形都是边长为一根火柴棍的三角形，且三个三角形没有公用的边。基于这种想法，可有如图 b 的摆法。

解：

本题的摆法（图 b）中，打了“×”的为移走的部分。

图 a

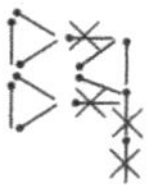

图 b

练习

1. 在下面由火柴棍摆成的算式中，添上或去掉一根火柴棍，使算式成立。

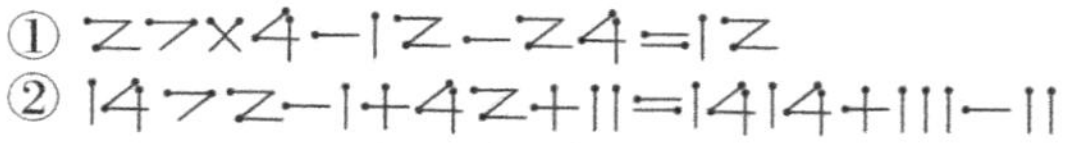

2. 在下面由火柴棍摆成的算式中，只移动一根火柴棍，使算式变成等式。

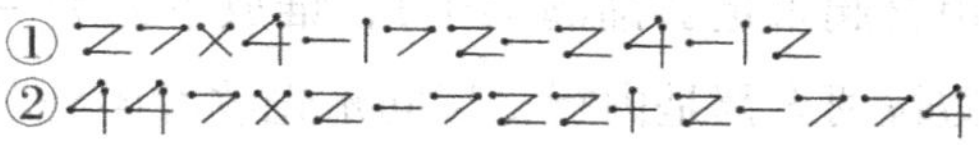

3. 用火柴棍摆了两个倒扣着的杯子，如下图，请移 4 根火柴棍，把杯口正过来。

答案

1.

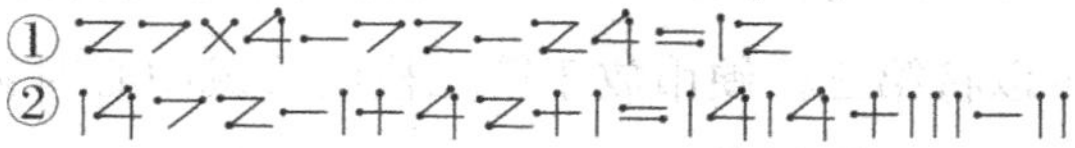

2.

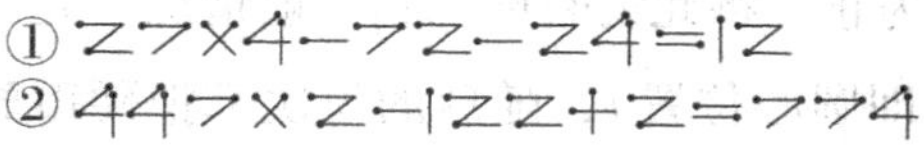

3. 打了“×”的为移走的部分。

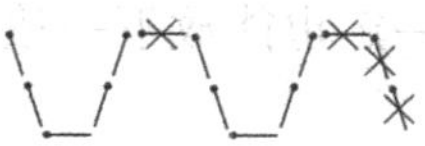

思维拓展：一个有趣的放硬币游戏

两个人轮流往一张圆桌上平放一枚同样大小的硬币（其中，两人拥有同样多的硬币，且两人的硬币合起来足够铺满桌子），谁放下最后一枚而使对方没有位置再放，谁就获胜。假设两人都是内行，试问是先放者还是后放者会获胜？怎样才能稳操胜券？

这是一个古老而值得深思的难题。解答此题要用到“对称策略”，即假定这张桌子小得只能容纳一枚硬币，那么显然先放的就胜了。然后考虑把这种简单情况过渡到一般情况，可以想象这张桌子慢慢变大，那么在简单情况下首先放下的一枚硬币就留在桌子的中央了。设想桌子先扩大到只能围绕圆桌中心放下两圈硬币的情况，此时，由于先放者已经在中心放下了一枚硬币，所以后放者只可以在这个硬币的外围（即第二圈）上放下第二枚硬币，但是圆桌面为中心对称图形，所以先放者放第三枚硬币时候，可以将第三枚硬币放于第二枚硬币成中心对称的位置上，由此可见，只要后放者能放下一枚硬币，先放者也就一定能对称地放下一枚硬币，直到圆桌上再也放不下硬币为止。将此策略推广到一般情况，先放的人应该把第一枚硬币放在圆桌的中心（即圆心位置），随后的每次都把硬币放在同对方刚放的硬币的位置关于桌子中心成中心对称处，于是只要对方能放下一枚硬币，先放者在其对称的位置上一定也能放下一枚硬币，所以最后放硬币的一定是先放者。

这种解题模式还可应用到如下问题：一个 8×8 的国际象棋盘，甲、乙两人轮流在格子里放上各自的象，使自己的象不会被对方吃掉，谁先不能放谁就输，如果策略正确，谁会赢？

提示：以棋盘的一条中线为对称轴，甲放一个象，乙就在对称的地方放一个象。以此下去，必是甲先没处放，即乙必赢。

将这种模式应用于其他模型上，还可编拟出许多问题，如：

（1989 年列宁格勒 MO 试题）今有一张 10×10 的方格表，在中心处的结点上放有一枚棋子，两人轮流移动这枚棋子，即将棋子由所在的结点移到别的结点，但要求每次所移动的距离大于对方刚才所移的距离。如果谁不能再按要求移动棋子，谁即告输，试问，在正确的玩法之下，谁会赢？

（1981 年基辅 MO 试题）8 个小圆分别涂了 4 种颜色：2 个红的、2 个蓝的、2 个白的、2 个黑的。两个游戏者轮流把圆放到立方体的顶点上，在所有的圆都放到立方体的各个顶点上去后，如果立方体的每一个顶点都能找到一个过此顶点的棱，其两个端点上的圆有相同的颜色，则第一个放圆的人获胜，否则第二个人获胜，在这个游戏中谁将获胜？

这些题目都是以圆桌放硬币为背景的，虽然题目表面千变万化，各个国家有不同的表达，但是它们的实质是一样的。

奥林匹克数学包含了传统数学的精华。其中的许多问题，以独到的构思和巧妙的方法，使人们在学习中找到了乐趣。奥林匹克数学包含着许多前人的理论，是一笔丰富的遗产，今天的青少年学生需要接触并继承和发扬这笔丰富的遗产。奥林匹克数学运用了基础知识的语言表达，并能用初等方法解决某些高深的数学问题。这些问题渗透了高等数学中的某些内容、思想和方法，又区别于这些数学领域。通常数学往往追求证明一些概括性的广泛的定理，而奥林匹克数学则通过用特殊的方法来解决特殊问题，这些问题往往可以从思考角度、理解方法和解题思路方面推出一种广义的认识。

例如出入相补原理，即割补法，引用吴文教授在《出入相补原理》一文中的定义即“一个平面图形从一处移置他处，面积不变。又若把图形分割成若干块，那么各部分面积的和等于原来图形的面积，因而图形移置前后诸面积间的和、差有简单的相等关系。立体的情形也是这样”。这个定理看似很简单，但是它的引入，使很多计算复杂几何图形的面积或体积变得简单明了。如：

例 2.1.5：（第九届小学"希望杯"全国数学邀请赛六年级第 2 试）下图中的阴影部分的面积是________________平方厘米。（π 取 3）

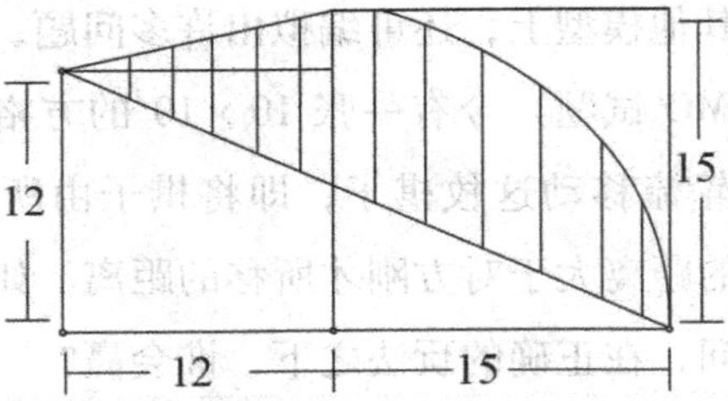

分析：

此题的阴影部分不是我们常见的平面几何图形，但我们可以通过分割、添补图形，将其变成我们熟知的平面几何图形，再通过求熟知的平面几何图形的面积，用加、减运算则可得此阴影部分的面积。

解：

方法一：如下图，把阴影部分的面积转为：

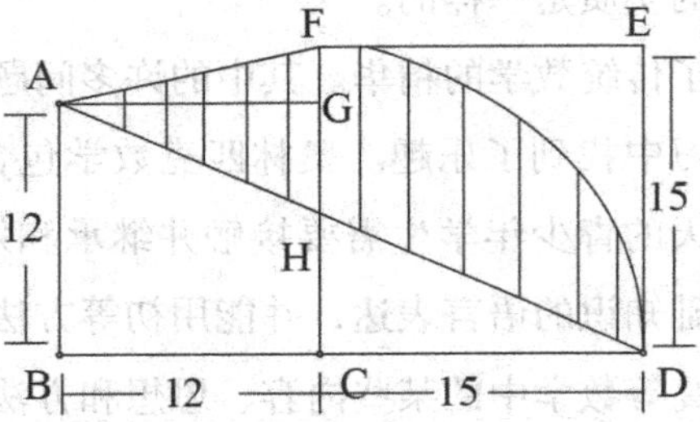

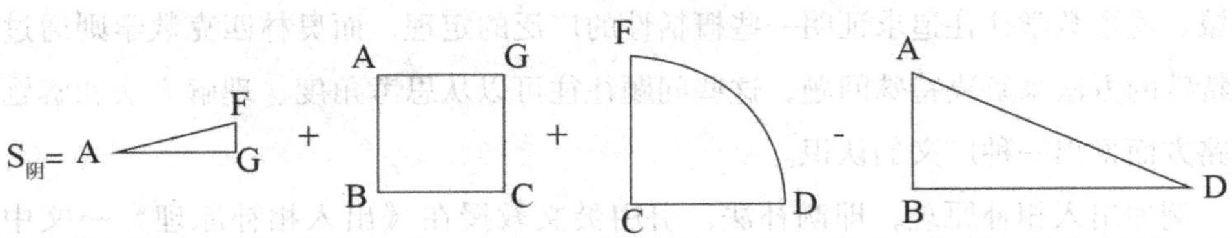

$= S_{\Delta AGF} + S_{正方形ABCG} + S_{扇形CDF} - S_{\Delta ABD}$

$= \frac{1}{2} \times 12\ (15-12)\ + 12^2 + \frac{1}{4} \times \pi \times 15^2 - \frac{1}{2} \times\ (12+15)\ \times 12$

$= 168.75$（平方厘米）

方法二：连接 FD、GD，把阴影部分分割成四部分，分别 ΔADG、ΔAGF、

ΔDFG 和弓形 FD。则阴影部分面积转化为：

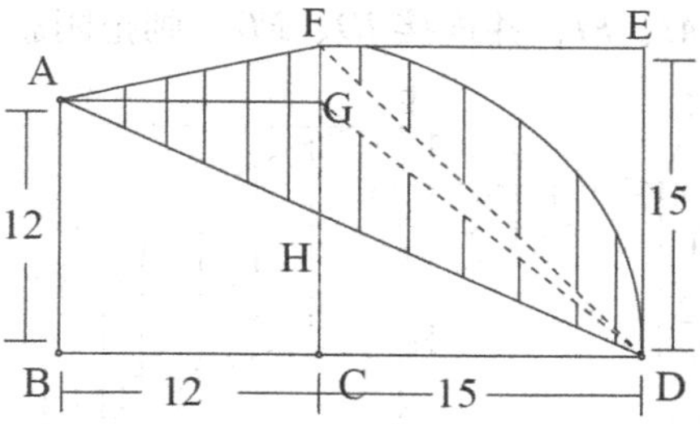

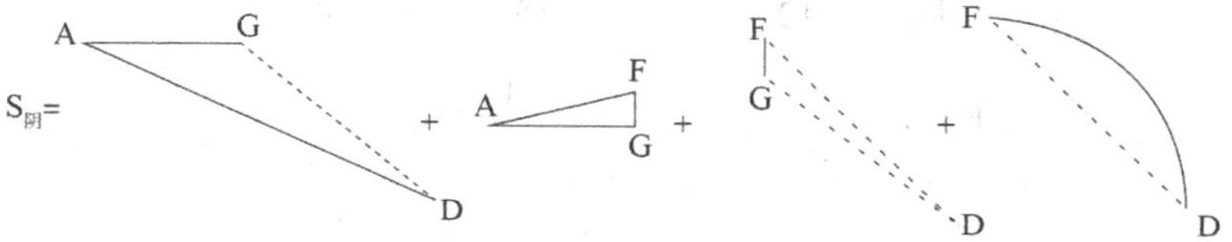

$= s_{\Delta ADG} + s_{\Delta AGF} + s_{\Delta DFG} + s_{弓形FD}$

$= \frac{1}{2} \times 12^2 + \frac{1}{2} \times 12 \times (15-12) + \frac{1}{2} \times (15-12) \times 15 + (\frac{1}{4} \times \pi \times 15^2 - \frac{1}{2} \times 15^2)$

$= 168.75$（平方厘米）

方法三：作辅助线 AI，FI，如下图，补上一个小三角形，使正方形 $ABCG$ 成为长方形 $BCFI$，则有：

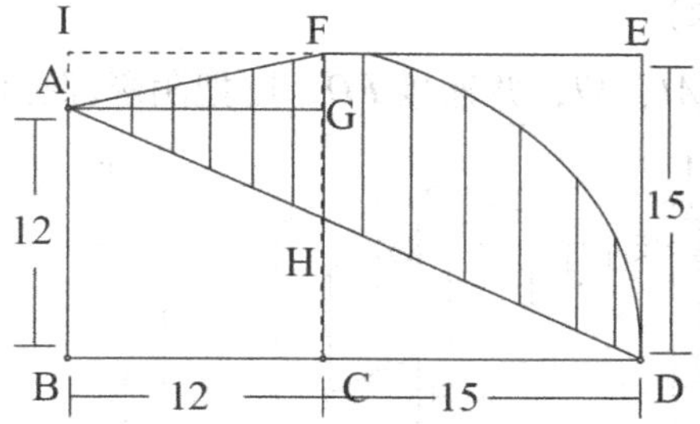

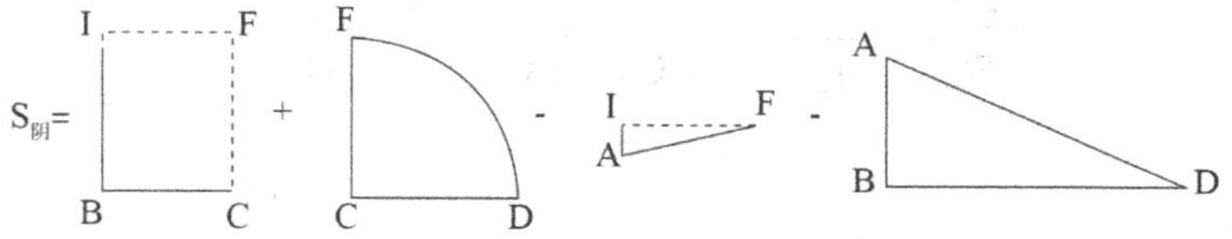

$= s_{长方形BCFI} + s_{扇形CDF} - s_{\Delta AFI} - s_{\Delta ABD}$

$= 12 \times 15 + 12^2 + \frac{1}{4} \times \pi \times 15^2 - \frac{1}{2} \times (15-12) \times 12 - \frac{1}{2} \times (12+15) \times 12$

$=168.75$(平方厘米)

方法四：作辅助线 AI、FI，并连接 ID、FD，则把阴影部分面积转化为：

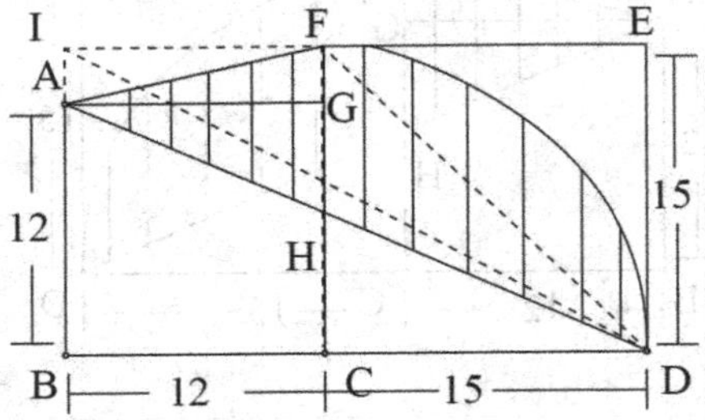

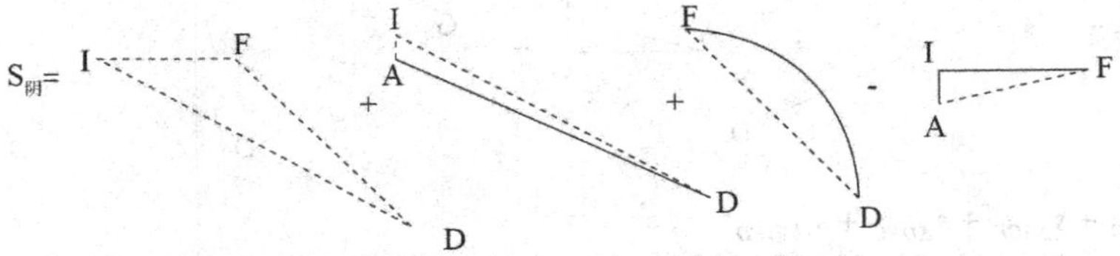

$=s_{\Delta DFI}+s_{\Delta ADI}+s_{弓形FD}-s_{\Delta AFI}$

$=\frac{1}{2}\times 12\times 15+\frac{1}{2}\times(15-12)\times(12+15)+(\frac{1}{4}\times\pi\times 15^2-\frac{1}{2}\times 15^2)$

$-\frac{1}{2}\times(15-12)\times 12$

$=168.75$(平方厘米)

方法五：作辅助线 AI、FI，并连接 FD，则把阴影部分面积转化为：

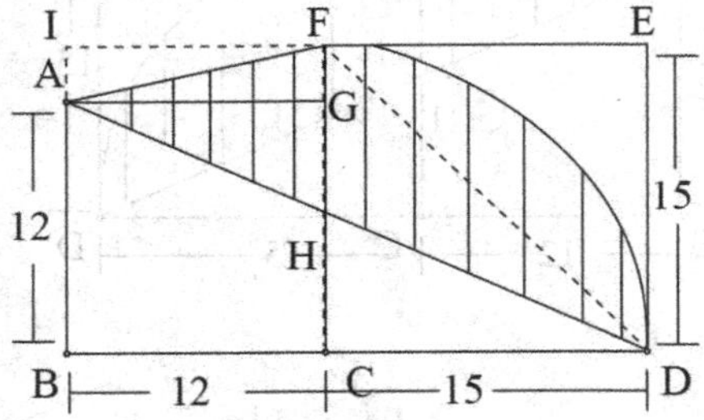

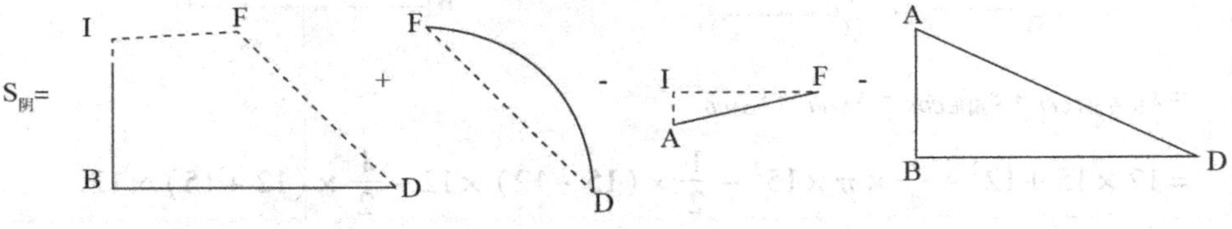

$= s_{梯形IFBD} + s_{弓形FD} - s_{\Delta AFI} - s_{\Delta ABD}$

$= \frac{1}{2} \times (12+15) \times 15 + (\frac{1}{4} \times \pi \times 15^2 - \frac{1}{2} \times 15^2) - \frac{1}{2} \times (15-12) \times 12$

$- \frac{1}{2} \times 12 \times (12+15)$

$= 168.75$（平方厘米）

方法六：连接 AC、FD，且 $AC // FD$。如图：

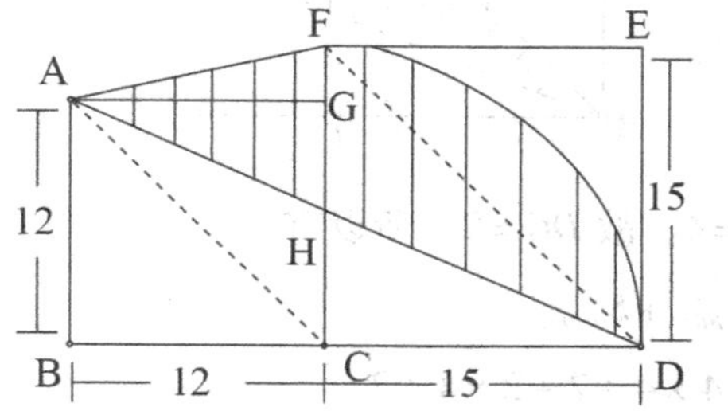

因为此时 ΔFAD 与 ΔFCD 面积相等。故原阴影部分就等于半径为15，圆心角为90°的扇形面积：

$S_{阴} = \frac{1}{4} \times \pi \times 15^2 = 168.75$（平方厘米）

对于这种复杂图形的面积计算，我们没有公式可以直接进行计算，故需要结合出入相补原理，先对图形进行割补，再求出其面积，而且对于这类题型，解法往往不唯一，可以培养学生从多个角度进行思考，拓展学生的思维。

例 2.1.6：下图中大正方形的边长为 6 厘米，小正方形的边长为 4 厘米，求阴影部分面积。

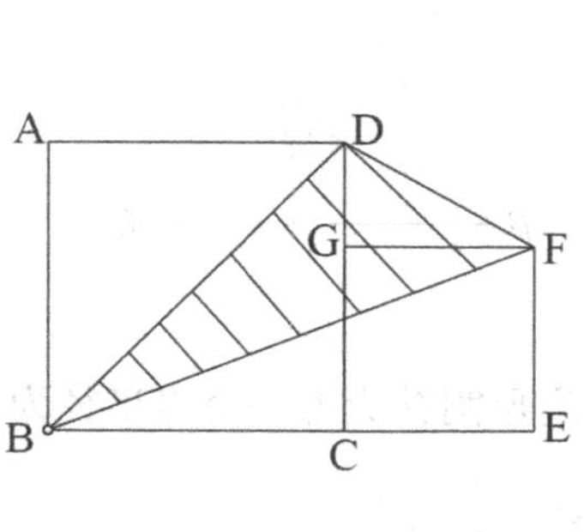

分析：

图中阴影部分是一个三角形，它的三条边都不知道，三条边上的高也不知道，所以无法直接套用求三角形的面积公式进行计算。此时需要运用出入相补原理，方法不唯一，下面给出其中一种做法：

解：

连接 BG，将$\triangle BDF$ 分解为三个三角形，分别为$\triangle BDG$、$\triangle BGF$、$\triangle DGF$。

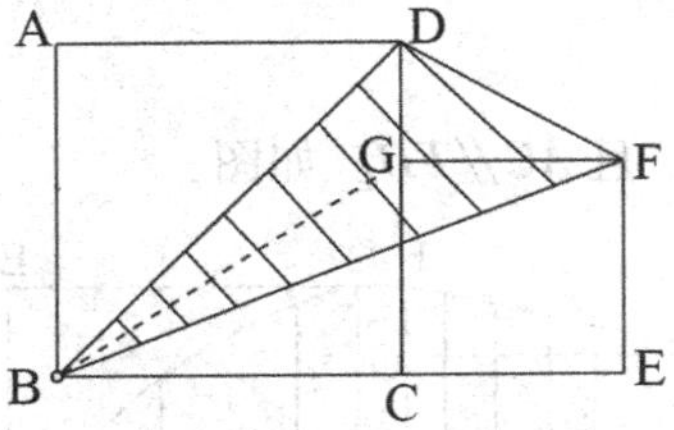

由于 $AB=6$，$CE=4$，故 $DG=2$。所以有

$$S_{\triangle BDF}=S_{\triangle BDG}+S_{\triangle BGF}+S_{\triangle DGF}$$
$$=2\times6\div2+4\times4\div2+2\times4\div2$$
$$=18\text{（平方厘米）}$$

故阴影部分面积为 18 平方厘米。

在初中各类形式的奥林匹克数学竞赛中，几乎每一次考试都会涉及求解各种几何图形面积的问题。割补法在这个时候就能派上很大的用场了。

例 2.1.7：如下图，等边△ABC 的边长为 2a，分别以顶点 A、B、C 为圆心，画弧长为 a 的半径弧，求图中阴影部分的面积。

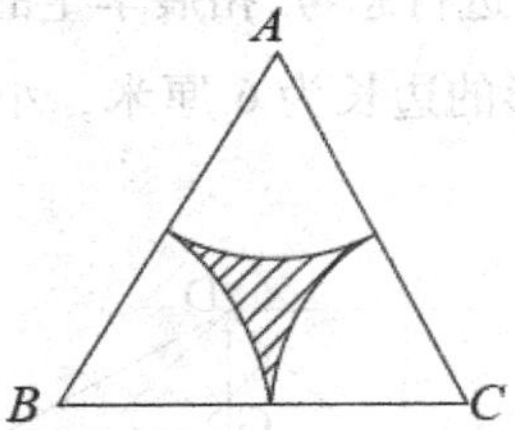

分析：

将图中空白部分的三个扇形割补成为一个以半径为 a 的半圆，则

$$S_{\text{阴影}}=S_{\triangle ABC}-S_{\text{空白}}=\sqrt{3}\alpha^2-\frac{1}{2}\pi\alpha^2$$

例 2.1.8：如下图，EFGH 是正方形 ABCD 的内接四边形，∠BEG 与∠CFH

都是锐角，已知 EG = 3，FH = 4，四边形 EFGH 的面积为 5，求正方形 ABCD 的面积。

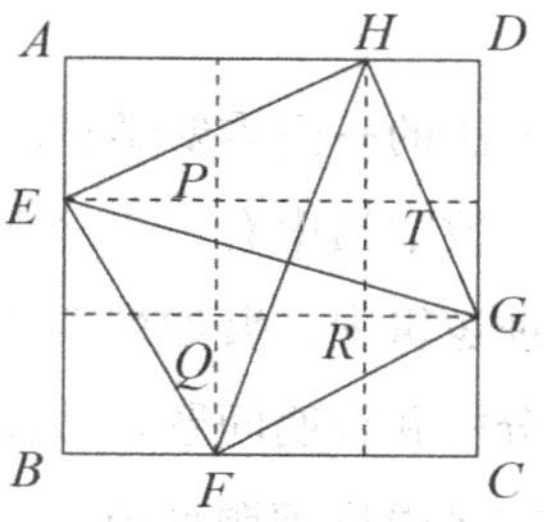

分析：

过 E、F、G、H 分别作对边的垂线，得矩形 PQRT，设 AB = a，PQ = b，QR = c，由勾股定理可得正方形的面积。

第二节　命题的新颖性

命题的新颖性是竞赛数学的一个明显的特征。为了确保竞赛的公平性，命题者挖空心思创造新颖的题目，避免旧题的出现。由于竞赛题目难度大于一般的基础题目，其中的题目也不局限于传统的问法，而是使用联系生活的数学语言来表述。另外，对一些现代数学的研究成果经过简单化、特殊化后可以找到一般的解法，这也是试题的重要来源之一。奥林匹克数学的题型基于基础知识，加上一定背景知识的渗入，拥有自己新颖、独特之处。

例 2.2.1：甲、乙、丙 3 个学生分别戴着 3 种不同颜色的帽子，穿着 3 种不同颜色的衣服去参加一次争办奥运的活动。已知：

① 帽子和衣服的颜色都只有红、黄、蓝 3 种；

② 甲没戴红帽子，乙没戴黄帽子；

③ 红帽子的学生没有穿蓝衣服；

④ 黄帽子的学生穿着红衣服；

⑤ 乙没有穿黄色衣服。

试问：甲、乙、丙 3 人各戴什么颜色的帽子，穿什么颜色的衣服？

分析：

这道题没有涉及传统的运算模型，没有数字与符号间的运算，关键在于让学生学会使用逻辑推理。

数学是以逻辑推理为研究方法的一门重要学科。何为逻辑推理？也就是符合事理的并且有根据的推导判断。数学当中有一个分支称为数理逻辑，它是通过数学方法来研究逻辑规律。在数理逻辑中，譬如列表法、假设法等是一些常规的研究方法，是通过列表、假设来分析和说明问题。假设法与列表法是中小学奥数常用的方法，以下是这两种方法在逻辑推理题型中的应用。

例 2.2.2：张三、李四、王五三位老师担任四年级一班的语文、数学、英语、音乐、美术、体育六门课的教学，每人教两门，现知道：

①英语老师和数学老师是邻居；

②李四年龄最小；

③张三喜欢和体育老师、数学老师来往；

④体育老师比语文老师年龄大；

⑤李四、语文老师、音乐老师三人经常一起锻炼。

请你判断每个人分别教的是什么课程？

分析：

类似于这种条件比较复杂的题型，单看条件是解不出来的，需要列表，利用排他法进行解答。

解：

根据条件，我们可运用列表法进行解答。先做出下列表格，表内用“√”表示肯定，用“×”表示否定。由于每人只教其中的两门课，故每一行都只有两个“√”，每一列都只有一个“√”，其余均为“×”。

表 2.2.a

	语	数	英	音	美	体
张						
李						
王						

由（3）知，张三不是体育老师和数学老师；由（2）、（4）知，李四不是体育老师，可见王五是体育老师；由（5）知，李四不是语文老师和音乐老师，由此可得下表：

表 2.2.b

	语	数	英	音	美	体
张		×				×
李	×			×		×
王						√

又由（3）知，体育老师和数学老师不是同一个人，故王五不是数学老师，则可得李四是数学老师；由（1）知，数学老师和英语老师不是同一个人，故李四不是英语老师，所以李四是美术老师。至此，可得下表：

表 2.2.c

	语	数	英	音	美	体
张		×			×	×
李	×	√	×	×	√	×
王		×			×	√

又由（4）可知，体育老师和语文老师不是同一个人，故王五不是语文老师，则可得张三是语文老师；由（5）知，语文老师和音乐老师不是同一个人，故张三不是音乐老师，则可得张三是英语老师，其余可推出，如下表：

表 2.2.d

	语	数	英	音	美	体
张	√	×	√	×	×	×
李	×	√	×	×	√	×
王	×	×	×	√	×	√

由以上列表推理可得，张三是语文老师和英语老师，李四是数学老师和美术老师，王五是音乐老师和体育老师。

例 2.2.3：一位法官在审理一起盗窃案时，对涉嫌犯罪的甲、乙、丙、丁四人进行了审问，四人分别给出供述：

甲："此案与我无关，罪犯在其余三人之中。"

乙："是丙做的，我可以作证。"

丙："罪犯是两个人，丁在其中。"

丁："乙说的是事实。"

经调查知，这四人中有两个人说了假话，另外两个人说的是实情，请你找出真正的罪犯。

分析：

解此题的关键是要先确定谁说了假话。通过题目，我们可知乙和丁的回答是一致的，即他们说的要么同为真话，要么同为假话。

解：

假设乙和丁说的是真话，则丙是罪犯。而甲说罪犯在乙、丙、丁三人之中，说明甲说的也是真话，有三人说了真话，这与调查结果有两人说了真话相矛盾，故假设不成立。于是乙和丁说的是假话，那么甲和丙说的是真话，那么丁是其中一个罪犯。又由于甲说的是真话，故甲不是罪犯；乙说的是假话，故丙不是罪犯，所以另一个罪犯是乙。

综上，真正的罪犯有两个，分别是乙和丁。

练习

甲、乙、丙、丁四人分别掌握汉、英、法、韩四种语言中的两种，其中有三人会说英语，但没有一种语言是四人都会的，并且知道：

（1）没有人既会韩语，又会法语；

（2）甲会韩语，而乙不会，但他们可以用另一种语言交流；

（3）丙不会汉语，但甲和丁交流时，需要丙为他们做翻译；

（4）乙、丙、丁不会同一种语言。

请你说出他们四人分别掌握哪些语言。

答案

用列表法解此题，先做出下表，用“√”表示肯定，用“×”表示否定。

表 2.2.e

	汉	英	法	韩
甲				
乙				
丙				
丁				

由（1）、（2）知，甲会韩语，不会法语。此时甲的第二种语言可能是汉语或英语。此时，假设甲会汉语，则不会英语，由已知条件知乙、丙、丁三人会说英语，但由（4）知乙、丙、丁不会同一种语言，与之矛盾，故假设不成立。于是可得甲会英语。又由（3）知，甲和丁交流时需要丙做翻译，说明甲和丁不会同种语言，即丁不会英语和韩语，会汉语和法语，于是可得乙和丙会英语。又丙分别与甲和丁掌握同一种语言，而由（3）知，丙不会汉语，故丙和丁只能同会法语。又由（2）知，乙不会韩语，且乙、丙、丁不会同一种语言，故乙的第二种语言是汉语。据以上分析，可得下表。

表 2.2.f

	汉	英	法	韩
甲	×	√	×	√
乙	√	√	×	×
丙	×	√	√	×
丁	√	×	√	×

所以，甲会英语和韩语，乙会汉语和英语，丙会英语和法语，丁会汉语和法语。

新课程实施以来，一直提倡生活数学，利润与折扣由于和我们的生活联系紧密，所以在当今小学数学奥林匹克预赛和竞赛中成为重要内容，也必将是今后比赛的重要内容。而其中要清楚几个概念：成本、定价、期望利润、打折扣、卖价（售出价）、利润、利润率等。

例 2.2.4：（2004 年小学数学奥林匹克预赛）某人到商店买红、蓝两种笔，红笔定价5元，蓝笔定价9元，由于购买量较多，商店给予优惠：红笔8.5折，蓝笔8折，结果此人付的钱比原来节省了18%，已知他买了蓝笔30枝，那么红笔买了__________枝。

分析：

以“此人付的钱比原来节省了18%”为等量关系列方程。

解：

设红笔买了x枝。

$30\times9\times0.8+5\times0.85x=(30\times9+5x)(1-18\%)$

$216+4.25x=(270+5x)82\%$

$216+4.25x=221.4+4.1x$

$4.25x-4.1x=221.4-216$

$0.15x=5.4$

$x=36$

答：红笔买了36枝。

再如切西瓜问题，这在炎热的大夏天是经常碰到的，但人们一般买来就随便切了，没想到这其中还隐含着数学问题。如：一个西瓜切三刀，切成七块小西瓜，吃完西瓜后，却有八块西瓜皮，要怎么切？

这时候我们可以通过画图来探究解法，探究过程如下图所示：

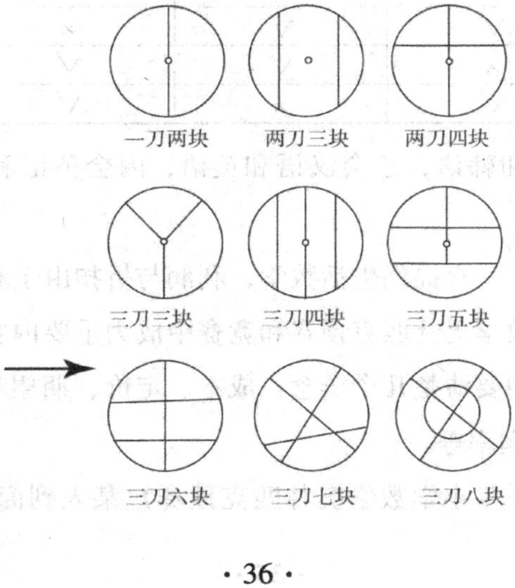

在思考的过程中，学生想象平时切西瓜的画面并在图上画出来，做上记录。虽然切三刀可以得到三、四、五、六、七、八块西瓜，要找出与题目相关的，主要分析“三刀七块”，但是为什么切出七块西瓜却会吃出八块西瓜皮呢？这是学生较难突破的地方，通过仔细观察发现，在切“三刀七块”那里中间部分会有上下两块皮，问题就解决了。

这两个问题都结合了生活背景知识，较传统数学更具开放性，题目新颖。同时这既符合新课标的要求，又能激发学生的学习兴趣，也可以培养学生的动手操作能力。

例 2.2.5：函数 F（x）$=|\cos^2x+2\sin x\cos x-\sin^2x+Ax+B|$ 在 $[0,\frac{3\pi}{2}]$ 上的最大值 M 与参数 A、B 有关，试问 A、B 为何值时，M 最小？证明你的结论。

这道题是 1983 年全国高中数学联赛试题，它的背景其实是函数逼近论中的最佳逼近问题。

它的一般性问题是：设 $g(x)$ 是区间$[a,b]$上的连续函数，试确定一次函数 $p(x)=ax+bc$，使偏差 $p=\max\limits_{x\in[0,\frac{3\pi}{2}]}|g(x),p(x)|$ 达到极小。

第三节　方法的创新性

奥林匹克数学来源于生活，又高于生活。奥林匹克数学当中，有些部分的内容是课本中所没有的。因此，对于这一部分的内容对于对奥林匹克数学感兴趣的同学而言，可以作为课外的一个知识补充。解此类题目离不开一般的思维规律，没有固定的常规模式可循，它需要纵观全局的整体洞察力，敏锐的直觉和独创性的构思，要求学生自己去探索、尝试，通过观察、思考发现规律，寻求解决问题的有效途径。

首先，我们来看一下例题：

例 2.3.1：如何把 1、2、3、4、5、6、7、8、9 这 9 个数字填入如下图的九个空格中，使得横、竖、斜对角的和都相等。

分析：

对于这个魔方问题，大多数学生都会采用东拼西凑的方法，然而这样的方法既费时又耗力，若是所填的数字超过9个，问题将变得越来越复杂。于是作为老师的我们应该想方设法地引导学生把复杂问题简单化，利用他们丰富的想象力学会举一反三。在解决以上问题之前，先尝试着做下面的题：

将 −4、−3、−2、−1、0、1、2、3、4 这九个数分别填入如下图的方阵（魔方）的九个空格中，使得横、竖、斜对角的所有3个数相加和为0。

3	-4	1
-2	0	2
-1	4	-3

甲

1	2	-3
-4	0	-4
3	-2	-1

乙

1	2	-3
3	-2	-1
-4	0	4

丙

解：

由观察知，丙图填法是错误的，而甲、乙两图都是正确的。让学生仔细观察甲、乙图中填的两种数据的特点：“把甲图向左旋转一下就是乙图了。两个的答案其实是一样的。”“数字是关于0对称排列的。看上去其实很简单。”此时，再让他们完成以上那道题，我们进一步引导提示学生：“看看与上面做的魔方有没有什么联系？”“好像有啊，都是9个数填魔方，9个数都是连续整数。”学生回答。“这9个数与原来的9个数有什么关系？”“比原来的9个数（分别）大5。”那与原来的魔方有没有联系呢？”受此启发，马上就会有一些同学做对了。

可见，在解决问题时要善于学会从多个角度思考，不要一味地墨守成规，学会在已有的知识的基础上大胆创新。以上例题正是利用了实数的对称，解题的效率得以提高。

例 2.3.2：（1993年小学数学奥林匹克初赛）甲、乙两车分别从A、B两地出发，在A、B之间不断往返行驶，已知甲车的速度是每小时15千米，乙车的速度是每小时35千米，并且甲、乙两车第三次相遇（这里特指面对面的相遇）的地点与第四次相遇的地点恰好相距100千米，那么，A、B两地之间的距离等于__________千米。

分析：

因为甲、乙的速度比是3：7，所以我们可以设整个路程为 $3+7=10$ 份，因此在一个全程中，甲走了 3 份，因为第三次相遇时，总共走了 5 个全程，所以甲总共走了 $3\times5=15$ 份，因为在第四次相遇时，总共走了 7 个全程，所以甲总共走了 $3\times7=21$ 份，通过画图可知第三次相遇的地点与第四次正好差 4 份，所以每份为 $100\div4=25$，可得总长为 $25\times10=250$ 米。

这是一道典型的行程问题里的相遇问题，由于中间涉及了不停往返，是相对复杂的相遇问题，但是通过巧妙地利用速度的比，转换为一个简单的数数问题，体现了方法的创新性。

巧数图形，关键是要仔细观察，发现规律，掌握有次序、有条理地数或计算图形的方法。一般采用逐个计数法或分类计数法；较复杂的组合图形，可采用分步计数法，把图形分成若干个组成部分，先数各部分图形的个数，再把结果相加；若能发现规律，也可直接计算图形的个数。

例 2.3.3：数数下图共有多少条线段？

解：

方法一：要正确解答这类问题，关键要按一定的顺序数，做到不重复，不遗漏。从图中可以看出，从 A 点出发的线段有 4 条：AB、AC、AD、AE；从 B 点出发的线段有 3 条：BC、BD、BE；从 C 点出发的线段有 2 条：CD、CE；从 D 点出发的线段有 1 条：DE。因此总共有 $4+3+2+1=10$ 条线段。

方法二：把图中 AB、BC、CD、DE 4 条线段看作基本线段，有两条基本线段组成的线段有 AC、BD、CE 3 条，由三条基本线段组成的有 AD、BE 2 条，由四条基本线段组成的只有 1 条，从而总共有 $4+3+2+1=10$ 条线段。

方法三：从排列组合的角度，任意两点即可构成一条线段，则总共有 10 条线段。

例 2.3.4：在下图 4×4 的方格中有多少个正方形？

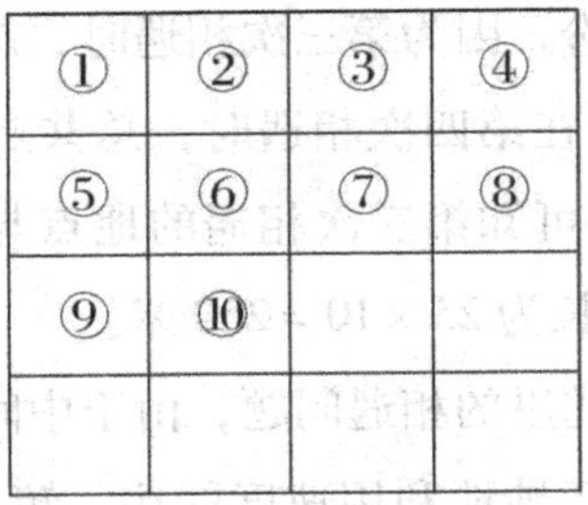

解：

方法一：将每个小正方形按顺序标号：①②③④⑤⑥……，则 由单个小正方形构成的有 16 个：①、②、③、④、⑤、⑥……

由 4 个小正方形构成的正方形有 9 个：①②⑤⑥、②③⑥⑦、③④⑦⑧、⑤⑥⑨⑩……

由 9 个小正方形构成的正方形有 4 个：①②③⑤⑥⑦⑨⑩……；

由 16 个小正方形构成的正方形有 1 个：①②③④⑤⑥⑦⑧⑨⑩……所以总共有 16 +9 +4 +1 =30 个。

方法二：如下图，用手指逐一数出由单个小正方形构成的正方形有 16 个；接下来数 4 个小正方形构成的正方形的时候，我们可以用双手蒙住其他地方，只留出第一、二排和第一、二列的黑色和白色部分，此为第一个，继续用同样的方法，只留出第一、二排和第二、三列白色和斜线部分，此为第二个，以此类推，总共有 9 个；数由 9 个正方形构成的正方形时，也用同样的方法，可以找到 4 个这样的正方形，最后由 16 个正方形构成的正方形很显然只有 1 个。所以总共有 16 +9 +4 +1 =30 个。

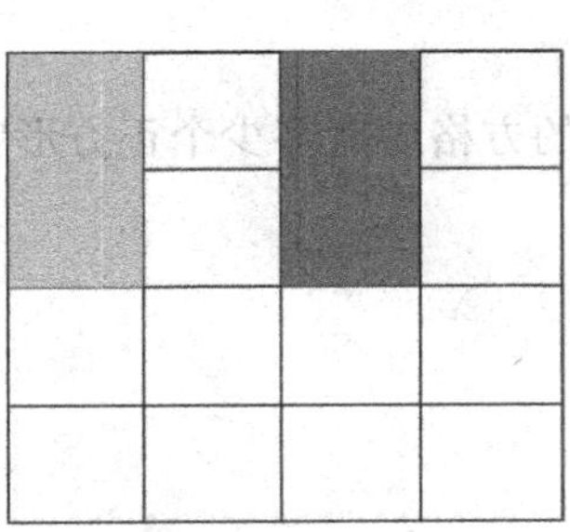

方法三：设小方格的边长为1，按照正方形的边长分类研究：

边长为1的正方形每行有4个，有4行，所以总共有4×4个；

边长为2的正方形每行有3个，有3行，所以总共有3×3个；

边长为3的正方形每行有2个，有2行，所以总共有2×2个；

边长为4的正方形每行有1个，有1行，所以总共有1×1个；

最后根据加法原理得正方形的总个数为$4\times4+3\times3+2\times2+1\times1=30$个。

要正确解答这类问题，最起码的要求是做到数图形时不重复不遗漏。既不能把同一个图形数两次，也不能把有的图形漏掉不数，这就需要我们按照一定的顺序去数，并找出它们的规律，巧妙地数出图形的个数。数的方法一般有两种：按顺序数和分类数。

数线段的方法：总数等于从1开始的几个连续自然数的和，且最大数正好比线段总端点数小1。算式：$(n-1)+(n-2)+\cdots\cdots+2+1$（n为线段的总端点数）。数正方形的个数：$1\times1+2\times2+3\times3+\cdots\cdots+n\times n$（n为正方形一边小格子数）。数长方形的个数可以用公式：长边的线段数×宽边的线段数＝长方形的个数。

练习

1. 数数下图中有多少条线段？

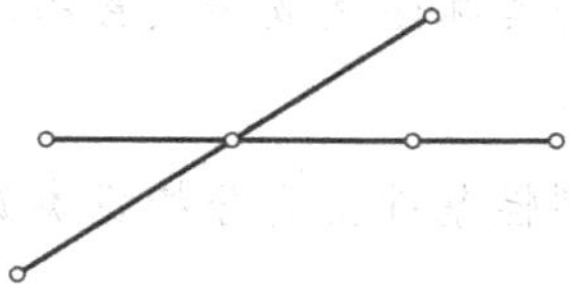

2. 数一数下图中总共有多少个正方形？

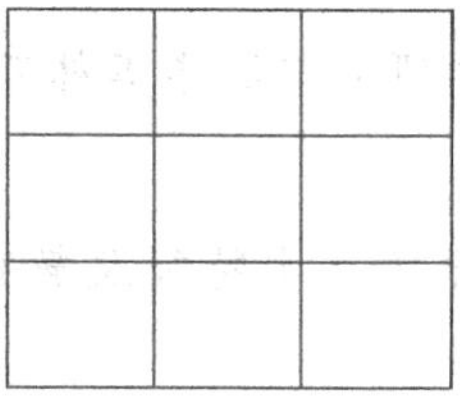

答案

1. 有9条线段；2. 有14个正方形。

数学竞赛成立以来，吸引了数不胜数的数学家、教育家和数学爱好者，因而，许多十分精彩的题目被创造出来，伴随着出彩的题目，参赛选手、教练、数学家的智慧凝聚起来，许多具有创造性的解法产生了。

例2.3.5：（第24届IMO试题）设a、b、c分别为一个三角形的三边的长，求证：$a^2b(a-b)+b^2c(b-c)+c^2a(c-a)\geqslant 0$，并指出等号成立的条件。

原联邦德国选手伯恩哈德·里普只用了这么一个等式：

$$a^2b(a-b)+b^2c(b-c)+c^2a(c-a)=$$

$$a(b-c)^2(b+c-a)+b(a-b)(a-c)(a+b-c)$$

根据转轮对称性，不妨设$a\geqslant b,c$，就得到欲证的不等式成立。显然，等号成立的充要条件是$a=b=c$。也就是这个三角形为正三角形时等号成立。

伯恩哈·德·里普证法新颖、巧妙、简洁易懂，和主试委员会的参考答案并不同，极具创新性。为了鼓励选手们创造性的解法，IMO设置了特别奖，专门奖励某一道题有自己独到见解的参赛选手。因此伯恩哈德·里普被授予了该届IMO特别奖。

【参考文献】

[1] 孙名符，刘海宁. 论奥林匹克数学教育的时代价值 [J]. 西北师范大学学报. 2002 (1).

[2] 熊光波. 在淡化功利性基础上充分挖掘奥数的教育价值 [J]. 教育学术月刊，2010 (5).

[3] 罗增儒. 中学数学竞赛的内容与方法 [M]. 广西：广西教育出版社，2012.

[4] 沈文选. 奥林匹克数学研究与数学奥林匹克教育 [J]. 数学教育学报，2002 (3).

[5] 王光生. 奥林匹克数学的基本特征及教育功能 [J]. 陕西师范大学继续教育学报，2003，20 (1).

[6] [英] 罗素. 西方哲学史 [M]. 何兆武，李约瑟，译. 北京：商务印书馆，1986.

[7] 董海茵，吉利力·吾甫尔. 浅谈学生数学能力的培养 [J]. 教改探索，2007 (6).

[8] 阳志锋. 关于数学能力培养的几点思考 [J]. 科技信息，2007，(32).

[9] 朱华伟，何小亚. 数学奥林匹克对选手数学能力的要求 [J]. 中学数学，1993 (1).

第三章 影响竞赛数学问题解决的因素分析

影响学生竞赛数学解题能力的因素是多方面的，概括起来无外乎有主观因素和客观因素两大方面。

第一节 主观因素

一、心理因素

掌握学生的心理规律，即心理学上所揭示的认识、情感、意志以及个性心理特征的相关规律；不同年龄阶段的学生的心理特征，教育、教学过程中的心理活动规律等有利于提高教育、教学质量的东西，这些为科学地选择教学方法提供了心理规律的依据。只有掌握了学生心理活动的特点和规律，才能有效地实施教育的内容与措施，从而达到预期的教育、教学目标。通常，有部分学生在解答问题时遇到的困难，并非因其解答思路不对或是学生自身知识体系的不足，而是因为受到了各种心理因素的干扰，所以教师应在平时注重观察，发现、解决学生的心理问题。结合工作经验，本节对影响学生数学解题能力的心理因素做一定的阐述。

一般来讲，在数学解题过程中不同的学生受到不同的心理因素的影响，根据观察和经验，本节总结了以下四种具有代表性的心理因素。

（一）思维定式

在解题过程中的思维定式，指的是学生在思维上忽略题目之间的差异，重复之前的心理操作所引起的对活动的准备状态。这会导致学生陷入固有的解题观念，没有灵活性，直接影响到了问题解决的质量。自新课改以来，教学上要求培养学生举一反三、灵活运用的能力。然而在现实学习中，很多学生都难以做到这点。思维定式成为学生解决问题的枷锁，很大程度上限制了学生学习数学的积极性。

初一是具体形象思维向经验型抽象逻辑思维过渡的重要阶段，学生思维的特点从数字概括转向抽象概括。初二是学生思维发展的关键转折期，表现出来的特点是由经验型的抽象逻辑思维向理论型的抽象逻辑思维转变。初三学生的思维特点更多的是抽象逻辑概括，抽象逻辑思维已经转向以理论型为主。

高中学生的思维已经不再是具体事物形象阶段，开始进入了具有逻辑的抽象、分析、综合、概括、演绎、归纳等一般化理论思维的阶段，开始转向辩证的思维过渡，这时候，学生的思维逐步进入成熟期。此外，中学生的数学思维有它的一些主要特点：思维的敏感性、不成熟性、可改变性、可训练性。

（二）解题动机

人类的活动蕴含着一定的动机，学生的学习活动也不例外。不同的动机强度对学生学习效果的影响也不同。据有关心理实验证明，在一定限度内，动机强度与解决问题的效率呈正相关；动机过强或过弱则会降低解决问题的效率和能力。动机过强会导致主体过度紧张，从而难以稳定下来认真思考；动机过弱则会导致主体产生无所谓的心态，难以调动大脑进行积极思考。所以，在实际的教学、学习中，我们要摆正心态，认清自我，不要追求过高的目标，也不能以最低目标要求自己。

（三）意志品质

根据心理学的相关知识，意志指的是主体自觉地确定目的并根据其来支配、调节自身的行为，从而达到既定的目的的心理过程。在教学过程中，我们经常看到有些学生特别害怕解空间立体几何题、应用题，每当面对这类题时他们就会变得紧张，即使本来可以解答的简单问题，也会因情绪的作用而变得难以解答甚至不会解答，以至于解题能力水平上下波动。

（四）情绪状态

情绪对于问题的解决具有重要的影响。一般来说，紧张、恐惧、烦躁、压抑等消极情绪会对解题效率产生负面的影响，过多的负面情绪会使得解题的思路受阻，即使面对较为简单的问题也束手无策，甚至是考试之前做过的题目也不知如何解答；而平静、乐观等积极情绪有利于问题的解决，也就是说，如果学生在解题过程中能够保持轻松愉悦的心情，调整好自我情绪，可能就会超常发挥，思如泉涌，最终使问题得以圆满解决。比如，所谓的发挥超常与发挥失常就是拜考试情绪所赐。

二、学生阅读理解能力

数学阅读过程与一般阅读过程差不多，它是一个完整的心理活动的过程，其中包含有语言符号（文字、数学符号、术语、公式、图表等）的感知和认读、新概念的同化和顺应、阅读材料的理解和记忆等各种心理活动因素。但是，数学语言的符号化、逻辑化及严谨性、抽象性等特征决定了它不同于一般的阅读，而是一个不断假设、证明、想象、推理的积极能动的认知过程。数学阅读能力可对数学阅读起调节作用，是指学生具备从数学公式、图形、符号、文字等数学材料中提取信息并能独立进行归纳总结及灵活应用所获取的信息解决实际问题的能力。数学材料的特殊性决定了数学阅读能力主要包括语言转化能力、逻辑思维能力和元阅读能力。学生如果具备一定的阅读理解能力，那么就能够领会、理解其中的数学知识、数学方法和数学思想，并且经历数学解题思路产生、发展、形成的过程，体验数学文化，欣赏数学的美。学生阅读理解的能力是数学解题的重要组成部分及其重要途径。

从顺利解决问题的学生中发现一个共同点：这些学生比较喜欢读书。由此想到，一个学生经常读书，就会培养自己的理解能力，因为在读书的时候会不断思考。苏霍姆林斯基说：教师如果要学习有困难的学生求得进步，最好的办法就是教育学生阅读和思考，而不是补课和反复的训练。由此看来，一个学生能在阅读中思考，在思考中阅读，对他的解题是非常有帮助的。

以教学经验来分析，在文字题和应用题测验中，我们发现学生由于找不出关键词语和看不懂题意而做错题目，表明阅读能力水平高低直接影响学生的解题能力。此外，从以往的题目中可知关键信息一般位于问题的中部。学生在表征问题的时候会受到先前经验的影响，他们会依据以往的经验对问题中间的部分进行更为充分的加工，然后获得解决问题的方向。因此，他们能轻易地提取处于中部的关键信息，而当关键信息处于问题的前或后部时，问题情境就会与学生的先前经验有一定的冲突，关键信息不易被提取。所以阅读效率是眼动研究中放映问题表征效率的重要指标。

三、自我监控能力

首先，我们先明确自我监控的施控者和被控者都是同一个主体。所谓自我监控，就是某一客观事物为了达到预定目标，将自身正在进行的实践活动过程作为对象，不断对其进行积极自觉的计划、检查、评价、反馈、控制和调节的过程（来源于董奇、周勇《自我监控与智力》）。据相关资料表明，自我监控可分为宏观监控和微观监控。宏观监控范围很广，包括物理系统的监控、生物系统的监控、社会系统的监控和智能监控。例如温度自动报警器就属于物理监控，当水温达到适当的程度，系统装置就会自动发出警报并关闭加热阀门。

微观监控是指人类进行的主客体同一的智能监控，也就是说，智能监控是自我监控的必要不充分条件，内部的自控和外部的他控是智能监控的两个部分。所有的意识活动都是由人类的自我监控活动控制的，它在人类的实践中起着极其重要的作用。董奇、周勇在《自我监控与智力》中认为自我监控具有五个特征，分别是能动性、反馈性、调节性、迁移性与有效性；从整体上看自我监控的结构分为静态结构和动态结构。静态的自我监控为自我监控的主要部分，包括知识、经验及生活中的自我监控，它的结构可分为自我监控知识、自我监控经验和生活中的自我监控三个部分，自我监控知识指背景知识，自我监控经验是整个实践活动的情感体验，生活中的自我监控是使用一些有效的监控措施的行为。动态的自我监控包含有计划、检查、控制、评价、反馈、调节等环节。动态的自我监控结构贯穿实践活动的始终，从动态的角度看，自我监控可分为实践活动前、实践活动中、实践活动后的自我监控。在实践之前应做好一切计划和准备，比如要做什么，要怎么做，要用哪些实践工具等。实践活动要从方法、意识和行动力这三方面进行，方法指实践者选取的方法策略，意识指对实践目标的了解度，明白自己为何要采取此做法。

增强中学生数学解题能力的关键是增强中学生解题的自我监控能力，即增强中学生解题的自我意识，培养中学生对解题方法策略的灵活运用以及对自身监控的技能。数学中的元认知监控是人在进行认知数学活动中，将正在进行的认知活动当作意识对象，主动对其进行积极有效的监控过程，它包括确定计划、实施监控、检查结果、采取措施这四个环节。元认知监控在数学解题过程中对解题能否进行起到协调控制的作用。若不能对过程和结果进行监控和评价的话，最终很可能出现不切实际的结构，更严重的，会得出错误的答案，这主要体现在：

进行解题和实际学习活动之前，要注意维持情绪状态，分析问题的性质，展望问题的前景。

在解题过程中，保持良好的批判性，以良好的警惕性检查解题的每一个过程，特别是分析问题的过程、理解概念的过程、运用定理的过程、把握形式的过程，调整解题的进程、思考转换的策略。

在解题以后，理性地评价解题的效果，总结解题经验，吸取解题中的教训，反思解题的成败得失，包括评价解题方法策略。

成功的解题者，在解题过程中往往有着丰富的元认知经验。就像在解题开始阶段，他们会通过自问自答，分析题中涉及的数学知识，抽出解题目标，激活人脑中的元认知知识；在进行解题的阶段，会根据解题的难度和进度，协调和完善解题的策略，有目的地选取和填充元认知知识；在解题的最后阶段，会有意识地回顾解题的每一个步骤，总结反思解题中发现的问题并且收获经验。他们会自觉地进行自问自答：题中涉及的数学知识是什么呢？之前有遇到类似的问题吗？这样做是最简便的吗？还有其他更好的方法吗？这种方法可以推广吗？

成功的解题者，在解题中也展现出超强的元认知监控能力。主要表现在：在解题中遇到困难时，可以及时控制、调整自己的情绪，不烦不躁，冷静地分析问题、直面困难。可以较好地调整解题的方法策略，懂得如何利用已知条件，挖掘出题中的隐含条件，在解题之后也可以客观地评价自己在解题中的表现，正确评价解题过程及解题结果。

总而言之，元认知水平，主要分为元认知经验和元认知监控水平，在数学解题过程中都是极其重要的，贯穿解题的全过程，对解题能否成功进行起到调节监控的关键作用。

四、认知结构

认知结构也就是个人把自己所认识的信息资源组织起来的心理系统。认知结构包括架构、图示、同化、组块、模型、范例等。数学认知结构是指个人头脑中的数学知识结构。但是认知结构不等价于知识结构，知识结构是对前人经验的总结，它是客观存在的。

（一）数学解题过程中的认知活动

数学问题解决也就是解题者通过个人的长时记忆提取解题图式，用来解决新问题的过程。数学解题认知模式一般有四个阶段：问题理解、算子选择、算子应用、评价结果，那么对应的认知过程依次是：问题表征、模式识别、解题迁移、解题监控，实际顺序可以根据情况随时进行变换。如下图 3.1.1：

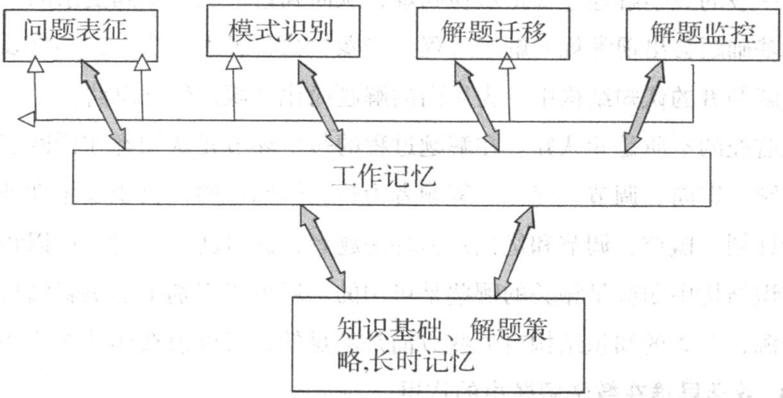

图 3.1.1　认知过程示意图

长时记忆是我们认知结构中的储存空间，由上图可得解题的每一个认知过程都会与认知结构的储存空间发生相互联系，认知结构的好坏决定着数学解题的最终结果。

问题表征，也就是对问题的理解，关键是解决问题者把需要解决的问题转变为问题空间（也就是人面对问题的内部表征），然后实现对问题的表征与理解。

个人的知识经验直接影响问题空间的形成，即自己的认知结构会决定问题的表征行为。在解题过程中表现为已知条件和结论的互化、文字语言与数学语言的转化等，来促成对问题的理解。认知结构中知识的组织结构是顺利地实现这些转化的关键。解题者认知结构里知识的深度和广度影响了表征的通畅性，表征的多样性则由知识的质量影响着。

模式识别的先决条件是模式，模式是若干元素组合在一起，通过一定关系组成的结构。数学模式包括各种概念、理论、命题、公式、定理法则以及各种算法等。特殊地，具有共同结构或相似解法的一类问题，也叫一种模式。将待解问题和已有认知结构的模式进行配对的过程就是模式识别，它也是对特有的外部或内部刺激进行辨别和判断，一个人对一些事物的分类能力，包括知识模式的识别和方法模式的识别两种，不同的模式识别影响着待解问题的归类方式，同时也影响着解题的效率。

解题迁移是以正确的模式识别为基础的，是以前的解题对后续解题学习产生的影响。一般的数学解题过程是从易到难、从简到繁、从基础到复杂的循序渐进的过程。基础题会出现常规的解题过程、步骤、数学思想方法等，都会以数学模式储存在解题者的认知结构中，为后面的解题简化步骤，优化思路。

解题监控的本质是元认知。在解题过程的每个环节元认知都在活跃着，对解题进行控制、定向、调节、优化。解题者为达到解题目的，会积极主动地对解题过程进行计划、监控、调节和优化；另外解题者在面对新情境时，可以识别自我解题的知识结构中哪些是相关的哪些是可用的，还可以识别出解决新情境所缺乏的信息资源，个人的知识结构有哪些方面是不足的，可以怎么样补充这些不足。

（二）数学思维在数学解题中的作用

个人知识的数量与质量是解题过程中认知结构的重要组成部分，同时也是影响数学解题的关键因素。知识的数量决定了所能关注的信息量的大小，知识的质量决定了个人能否对问题进行更加深刻的图示表征。另外，认知结构里知识的数量与质量很大程度上决定了数学模式识别的灵活程度。

1．数学思维能力

数学解题主要靠思维来完成，思维能力、思维方式、思维习惯对于数学解题有着重大影响。在解题过程中，充分调动思维能力、思维方式、思维习惯这三大法宝，问题才能得到高效解决。

思维能力是人的基本素质之一，数学思维能力主要包括直觉思维能力、数学问题解决能力、数学概括能力、逻辑思维能力及数学创造性思维能力等。思维的体操是数学，数学教育对提高学生的解题能力有着非常重要的作用，它直接影响了解题的效率。

竞赛数学是一种复杂而富有创造性的思维活动。在数学竞赛活动中，不仅要掌握扎实的数学基础知识和基本的逻辑思维方法，更需要培养创造性的数学思维能力。数学思维是指“以数学问题为载体，通过发现问题、解决问题的形式，达到对现实世界的空间形式和数量关系的本质的一般性的认识思维”。它具有概括性高、严谨性强、问题性广的特点。数学思维的主要组成部分为数学思维能力，它一方面具有数学思维的一切特性，另一方面还具有发现问题、提出新见解、解决新问题的思想。

著名的数学家希尔伯特在《数学问题》中提出：“只要一门科学分支能提出问题，它就充满着生命力，而问题缺乏则预示着其发展的衰亡和终止。”说明数学问题不单是数学科学发展的动力，而且是数学思维发展的动力。实际上，数学科学正是从现实世界中提出的无数数学问题中获取力量，得以前进和发展的，同时也促进了数学思维的发展。只有通过数学思维特别是创造性数学思维才能使数学问题得以解决。数学能力和数学知识都是数学思维的产物，数学知识是客观的物化了的成果，数学能力则是解题者在提出问题的和解决问题的活动中主观地内化了的产品。因此对数学思维的研究是数学教学的核心。

要培养数学思维的能力，主要是通过数学解题获得。解题的过程正是数学思维产生的过程，解题的准确度、速度主要决定于个人数学思维活动是否深刻，所以数学思维能力在解题中起决定性作用，其主要作用有以下几点：

数学思维能力使解题具有灵活性。解题的灵活性是指思维转向的及时性及不过多地受思维定式的影响，善于摆脱旧模式或通常的制约条件。解题的灵活性，主要表现在对数学公式、定理、定义等的灵活运用上，不但能正用、常规用，而且能逆用、非常规使用。

数学思维能力使解题具有独特性，即指数学思维能力在解题过程中所表现出独特的性质，能独特地、主动地发现新问题、提出新见解、解决新问题。如在解题中可由已知条件联想到问题的内在关系进而想到用变化的思想来解决问题。

数学思维能力使解题具有开拓性。解题中，通过数学思维能力，创设新形象，开拓新意识，寻求变异，从多个角度去思考问题并寻求答案。数学思维能力能沟通数学各科知识、思想和方法，使在解某一问题的过程中，创造性地联想到解决一般问题的方法。

数学思维能力使解题富有发散性，也就是指在解题中，由原来的题衍生出各种各样解题的信息，使思路宽广，灵活多变。

数学思维能力使解题有批判性。解题的批判性，就是在解题中善于发现推理矛盾及运算错误，以求改进自己原有的工作。在平时解题中，不能随便同意别人的意见，要善于独力思考，从中找出矛盾。

由以上几点可知数学思维能力的发展与数学解题是分不开的，它是在一定知识结构的基础上，以发散、创新的思维能力为核心，而并非是一种独立的特殊能力。因此在数学教学中，需要加强培养学生的数学思维能力，尤其是创造性数学思维能力，学会从课本中发现问题，从课外读物中寻找思路与线索，更要凭借敏锐的观察、直觉的想象去大胆猜想。要学中求异，学中求变，经常有意识地逆向思考或发散思考，拓宽思维领域，让解题者在数学解题中能举一反三，随机应变，视野开阔，从而达到提高解决问题的能力和分析问题的能力。

2. 数学思维方式

数学思维方式，即“怎么做”，是我们解决数学问题的思考方式。解决问题的方式有很多，最根本的是运用前人所得的方法结论去解决现有的问题。但大多时候前人的方法是不可以完全解决问题的。这时候需要运用个人的聪明智慧来分析问题的已知条件、所求结论和现有特点，实现对题目进行变形转化，从而解决问题。因此要培养数学思维方式，打破数学解题瓶颈。苏霍姆林斯基指出：“应当努力做到使知识既是最终目的，又是获取新知识的手段或工具。”

数学思维方式表现为探寻规律解决问题的过程，同时也是人类训练心智的重要途径之一，特别是对记忆力、意志力、反思力、推理力的提升具有一定的作用，主要是因为数学思维的问题、内容、材料、过程、步骤、阶段等都体现出了思维的力量。如统计思维、概率思维、确定性思维、抽象思维、形象思维等类型形成的思维力量，它们所承载的教育价值，让数学思维方式的特点十分显著。

数学思维方式是对于某一具体的数学问题，人类在思考的过程中会围绕着问题来寻求或创新数学模式，保持思维始终与目标一致，及时建构图式、进行调适、做出决策、朝着目标迈进，是目的性较强的一种思维。另外数学思维的过程是一个繁杂的个人心理活动过程，在问题性、概括性、逻辑性、目的性的指导下，协同思维的感知觉、表象、判断、概念及数学的思想方法等，借助比较、分析、综合、归类、抽象、概括、具体化和系统化处理等形成提出问题、解决问题和反思问题的特有的过程体系。

3. 数学思维习惯

数学思维习惯，是指学习者习惯性地对数学问题进行有目的、有计划的思考，利用感官收集信息，不断提问和质疑，并仔细推敲问题的各个过程，创新地把过去的知识经验应用于新情境，找出最后答案的思维过程。这个过程不仅仅是解题过程，也是智力训练过程。良好的思维习惯能够帮助我们很好地解决问题。数学问题的解决也不例外，需要我们养成将未知化为已知、分析转化问题等的数学思维习惯，再灵活运用如数形结合思想、方程思想、分类讨论思想等解决问题。波利亚曾在《怎样解题》中认为："有些思维习惯或思维方式在很多方面，也许是绝大多数解题的场合是富有成效的。"有关教育学家曾经做过调查，统计分析表明，学生的解题思维习惯具有如下特征：（1）理解题意的思维习惯具有层次性，不同水平的学生之间并无差异，基本上都可以熟悉题目，但在深入理解题意方面，高水平的学生表现出明显的优势；（2）制订解题计划的思维习惯整体良好，不同水平的学生具有明显的差异性；（3）解题方法实施的思维习惯一般，不同水平的学生之间不具有明显差异；（4）解题反思的思维习惯比较薄弱，不同水平的学生之间没有明显差异。以上四点充分说明数学解题的思维习惯直接影响学生的解题能力水平。

第二节　客观因素

学生的家庭环境、解题策略和思维方法等，都是影响学生数学问题解决的客观因素。教师应反思对学生解题能力的影响因素，为构建有效的解题影响体系提供参考。

一、家庭环境

父母的高尚道德品质是提高学生解题能力的重要因素。家庭环境以亲情为前提，包括家庭成员的情感意志、价值取向、道德观念等，在积极乐观的家庭环境中，培养学生自信、乐观、独立、勇敢正义的性格，树立正确的是非善善恶观念。这些都是培养学生解题的过程基础。

中国是非常重视家庭、家族文化的，了解了家庭因素对孩子学习成绩的影响，很大程度上会促使家长积极地改变家庭教育的方式，改善亲子关系，加强有效的沟通，进行更合理的家庭教育，帮助孩子健康成长。现在，家庭教育呈现出两个极端——投入过度与投入严重不足。对于投入过度的家庭，家长对子女的教育远远超过了子女自身的需求，有部分家长甚至用不正确的教育方法，按个人的主观意愿过分关心、保护子女，或者参与子女问题的解决、提出过分的要求。这种教育方法不但不利于子女身心健康的发展，而且在一定程度上限制了子女的全面发展，剥夺了子女自我选择的权利。当子女的解题出现错误或不是家长心中满意的答案的时候，家长有时会强制性地要求子女进行调整和控制，要得到和标准答案一样的答案，并没有及时正确地评价子女的解题行为，这样会阻碍一种解题能力的全面发展。过分关怀对子女解题独立性和创造性的培养有很大的消极作用，也会造成子女过度的依赖心理，做人做事缺乏独立思考的能力，非常不利于个人解题能力的提高。

兴趣培养是一个长久的过程，家庭教育起到重大作用。善于发现子女的长处，并积极鼓励的家长，能够很好地激发孩子的学习兴趣。但家长只关注学习成绩，不重视对子女学习兴趣的培养，甚至无视孩子的兴趣，扼杀天赋，导致孩子在学习上比较被动，缺乏主动性、自觉性，对养成良好的解题习惯和正确的解题思想产生消极影响。

二、解题策略

数学解题策略是指帮助解题者控制数学解题过程的信息获取、信息加工以及信息转化，以便更好地解决实际的数学问题。数学解题是获取转化信息，实现目标的过程。数学解题策略的作用是对信息进行有效捕捉、提取和重新组合，是循序渐进的程序性知识，包括解题者所采用的解题思想或方针。

解题策略和解题方法是相互联系的。解题策略不等于解题方法，但在解题中起着指导作用。依照数学问题解决的特点，数学问题的解题策略主要有归类策略、化归策略、算法策略、分类策略、类比策略、构造策略及逆向策略等7种。

（一）归类策略

解题过程中，把所要解决的新问题归结为先前所认识的某一种“类型”，即为归类策略。解题者在理解题意的过程中，往往会将问题做出适当的归类，使头脑中贮存的关于这一类问题的知识被激活，从而找到解决该类问题的某种“原型”。归类方法通常可分为两个方面：一是根据问题的表层结构进行归类，二是根据问题的深层结构进行归类（郑毓信，1994）。归类方法是：前者根据问题的事实性内容和表述形式等表面信息归类，后者是根据对问题内在的数学结构进行深入分析后进行归类。

（二）化归策略

化归策略是解决数学问题时使用最多的策略，通常采用问题转化的思想方法去解决问题。从整体上分，化归策略分为等价化归和半等价化归两类（喻平，1999），化归方法具体可分为：一般化、特殊化、分割化归、逐步逼近、映射化归。化归策略应用广泛，所有数学题的解答，几乎都要使用到化归策略。

（三）算法策略

算法策略即按某种规则即可解决问题的策略。例如，解不等式一元一次方程、一元二次方程，以及求导数等，都是采用算法策略。此外，算法策略还有另一种内涵，即“枚举”，当问题中有大量中间状态和算子时，我们需要把所有算子都列出来进行逐一检验，以便最终找到正确的解题思路。

（四）分类策略

为了达到解决原问题的目的，需要按问题可能出现的不同情形来分类，接着对不同情形所形成的各项子问题进行解答，找到最终的解题方法。经常使用的分类策略主要包括完全归纳法和分域讨论法等。分类策略是对所解答问题进行“剖分”，将每一部分的解答过程和结果合并起来即为原问题的解，这点与归类策略恰好相反，归类策略是指依据解题者的经验将问题归入已有的解题模型。归类策略与分类策略的选择不同，前者是一种自觉行为，后者是一种不自觉行为。

（五）类比策略

指两个问题之间存在诸多共同元素，如表面概貌相同或内部结构相似的某种潜在关系时，那么在解答其中一个问题时，我们可以参照另外一个问题的解答方法或解题途径，这就是采用了类比的策略。

（六）构造策略

构造策略是指通过构造一种新的模型去解决问题的策略。这些“模型”可以是函数模型、图形模型、三角模型、向量模型、复数模型、方程模型等，所构造的模型与待解决的问题之间有某种独特关系，或者是映射关系，或者是包含关系。

（七）逆向策略

逆向策略即采取逆向思维去解决问题，这种方法往往能使问题得到更好的解决，即所谓“顺难则逆、直难则曲、正难则反”。逆向策略的具体应用主要有分析法、反证法、逆推法、举反例、同一法、公式或定理的逆用、常量与变量换位等。

需指出的是，这七种策略并非彼此独立的，它们有时彼此交叉，有时也有包含关系。这些分类，让读者更好地了解其特殊性和可操作性。实际上要顺利解答一个数学问题，往往需要综合采用多种策略，换言之，这些策略要互相结合使用，才可能更好地提高学生的解题能力，所以在解题过程中它们可能是交替出现，也可能是相互渗透的。

三、数学解题思想方法

数学中最重要的认知策略是思想方法。最常用的有方程思想、函数思想、数形结合思想、转化思想及分类讨论思想等。在解决问题中解题的方向和方法起决定性作用，能帮助解题者找到快速解决问题的途径。对难题而言，数学思想方法的选择直接决定了难关能不能被突破。

解题是运用逻辑思维和非逻辑思维等多种形式，按照一定的思维策略进行重组、探求、联结，达到目标的一种心理活动过程。解题成功仅凭单纯的经验性知识是远远不够的，掌握解题的策略和方法才是王道。数学思想是处理、分析和解决问题的根本法则，是对数学规律的理性理解；数学方法是处理、分析和解决问题的根本策略。我们中学常用的数学思想包括：函数数形结合、方程、转化符号与对应、分类讨论、整体与分类、转化与变换、集合与无穷、公理与演绎等，常用的数学方法有：关系映射反演、分析综合、抽象化归等。这些思想方法可以帮助我们发现解题途径，起到事半功倍的效果。

数学思想方法一旦形成，也就舍弃了具体的数学知识内容，仅仅是抽象的存在模式，这样可运用到一切适宜的问题之中，另外会对个体的方法论、世界观产生深刻的影响，对数学学习效果产生正向迁移。在利用知识间内在规律和联系，在数学思想方法的指导下，解题中有目的地进行对比、类比等，联想规律、定义、其他邻近的数学学科知识、常用的解题方法，转化问题的已知条件、结论以及组合、分解问题，寻求解决问题的途径。数学思想方法的学与教已经渐渐受到大家的重视，在与学教的过程中都需要我们进一步探索。

四、学科专业知识

想象一下，如果一个连基本的原理、基本概念都不了解的人，还如何解题？数学知识结构是解决数学问题的基础，解题者应掌握大量充足的数学知识、其他学科专业的知识、生活常识，即数学问题解决者要有广阔的知识面。

在解应用题时，有时会涉及自然科学的知识。例如铁矿石中含铁量为 60，现在要提炼出 4500 斤铁需要多少铁矿石？有些学生由于缺乏“铁矿石中含铁量”

这一科学知识，因而看不懂题意，需经教师解释后才能解题。

又如在一只底面直径为40厘米的圆柱形储水桶里，有一段半径为8厘米的圆柱形钢材，当钢材从储水桶中取出时，桶里的水面下降4厘米，这段钢材有多长？

根据阿基米德定理，圆柱形钢材的体积与桶里的水面下降部分的体积是相等的。只有懂得这一原理，才可以根据数学知识列出方程。数学教师需要结合习题讲解科学知识，扩大学生的专业知识，提高学生的解题能力。

学科专业知识有助于学生解题中提取关键信息。研究发现在不同的实验条件下，学科专业知识丰富组比学科专业知识贫乏组能够更好地提取问题中的关键信息。丰富组的学生相较于贫乏组的学生具有更为完善、系统的知识结构，这有助于关键信息的提取，丰富组学生能够依据自身的完整的知识体系与经验对问题进行正确表征或及时调整策略，保证问题的顺利完成。

具有丰富学科专业知识的学生往往具有有效的问题解决策略（Carol，1987）。因此，在提取关键信息时，他们可以选择应用适合于问题情境的策略，避免受干扰信息的影响，更好地提取关键信息。而贫乏组由于缺乏足够的学科专业知识，不能很好地理解问题情境。学科专业知识能引导个体对关键信息进行提取，能提升个体问题表征的效率，还能帮助个体挖掘题目的隐含信息，从而提升其表征问题的效率。这样不仅为解题提供了有效的路径，还有助于提高学生解题能力，保证解题的顺利性。

五、案例分析

例3.3.1：12张纸钉成一本练习簿，现有500张纸，能钉成多少本练习簿？

解：

500÷12=4(本)…8张。

分析：根据实际情况，用去尾法，而不能用四舍五入法。因为8张钉成一本练习簿不符合规格。有些学生能独立完成这道题，有些则不能。原因是，这道题的解题思路要与生活实际相联系，否则就可能做错；所以，解题的关键是能否联系生活经验。

学生能否顺利解决实际问题,有很多因素,包括主观的与客观的。像上面这道题目,大部分学生不能解决,其客观因素比较多,分析下来,有以下两点:

1. 学生的生活经验

对于上述第一个问题,学生不理解显示的数字是什么意思,至少可以看出,学生平常没有接触过电表。试想一下,如果一个学生见过电表,就有可能明白显示的数字代表的含义。如果电工在抄电表的时候,学生关心一下,问一下也应该知道数字的含义。由此我们可以看出,学生之所以不能解决问题,就是因为缺乏生活经验。数学课程标准中指出,教学时应密切联系生活实际,让学生在生活中学数学,目的也是为了让学生更好地解决生活中的问题。所以,在教学时,我们应该引导学生把学到的数学知识运用到生活中去,用数学的眼光看待生活中的问题,培养学生运用数学的意识。

从"水落管子"表面涂漆的习题的解答情况中,发现学生缺乏生活经验,不了解"水落管子"是什么,而使得21%的学生无法正确解答。即使在生活中看到过"水落管子",但不善于积累生活经验,导致有17%的学生在解题时多加了两个底面积;另有62%的学生知道"水落管子",故解题时并不感到困难。现在有一些数学习题都是从生活实际出发命题的,如油漆少年宫大厅的柱子需要用多少公斤油漆,压路机滚一周能压多少路面等应用题。只有引导学生多留心观察周围事物,积累生活经验,才能理解题意。

2. 解题经验

社会实践中所遇到的各种问题和采取的处理方法模式,最终都会形成自己的经验。当再次遇到类似情形时,个人就会受已有的相关的经验影响从而采取对应的措施。解题经验实际上是基本知识、基本方法与基本条件三者之间的有序组合。有效的有序组合无疑是成功的,然而如果我们可以正面地看待失败的组合,同样能从反面提供一些有效的组合的启示。

在问题解决的过程中,首先应弄清问题,即对问题进行分析研究。之后确定解题思路,也就是制订出解题计划。不同的人会有不同的解题思路,同一个人也可能有多种解题思路,正确的、错误的都会出现。也有并没有真正理解问题,没有任何解题思路的情况出现。但是这些过程不仅仅是问题解决的过程，也是寻找解题思路的过程。常规问题的一般解题思路，包括波利亚的解题计划，同时也包括没有明确的解题计划但在后续过程中得到答案的那种思路。不同层次的学生的解题能力不同，但都是把题目所隐藏的题意放到个人的经验中理解，建构自己所理解的题意，并对题目进行识别，寻找解题思路。因为个人能力不同，对题意的理解有所不同，影响对解题思路的选择。能力强的学生，能够很快抓住题目，做出判断，迅速确定解题方法，找出正确答案。能力较差的学生，理解题意时会产生困难，或曲解题意，导致采用错误的解法，最后陷入困境或出现失误。

当然，造成学生间差异的原因除了个人的能力、天赋等外，还有解题经验的熟练程度、近期经验被调用的频率、生活经验的丰富等原因。不同的学生，由于先天的生理结构和后天的生活环境、受教育的程度、思维方式的不同导致智力结构上存在差异，影响经验总结和解题速度、完成的效果、系统完善性程度。另外，解题经验、生活经验对问题解决也有促进作用，甚至会产生负迁移。解题经验对数学解题有很大的影响，经验丰富的解题者一般不用去探索解法，只需检验大脑中的模式，通过前后对比，从中提取出解题经验，从而找到有效的问题解决方法。

第三节　主观因素和客观因素的关系

一、客观因素和主观因素互相促进

在解题过程中客观因素和主观因素是互相促进的，主观因素促进客观因素的发展，客观因素又有主观因素的支持与参与，一起克服困难，排除障碍，实现成功。

在解题过程中，主观因素和客观因素是一致的，这是数学能力较强的学生的特征。在主观因素和客观因素都处于良好的前提之下，会发挥良好的整体效果，但主观因素和客观因素发展的一致性绝不是绝对的、自发的。一个同学与其他同学比学习经验并不丰富，其他学科的知识并不扎实，但是在数学解题方面很有能力。刚开始在数学学习上未能取得突出的成绩，但如果教师能对他适时适当地进行指导，使他更加了解数学，则这个学生就可能被数学迷住，并很快取得较大的进步。因此，在数学解题中，不仅要注意发展学生的主观因素，又要注意发展学生的客观因素，让主观因素与客观因素相互促进。在数学竞赛中，学生主观因素得到强化训练和提高对数学竞赛活动的成功起着一定的促进作用。

二、客观因素对主观因素具有推动作用

客观因素在参与主观活动中，使得主观活动丰富多彩。在有效的情感体验下，个人的思维变得活跃，这大大提高了解题效率。如果一个人对数学产生了兴趣就能专心致志，这有利于发展他的思维能力。

客观因素对主观的影响，表现在可以弥补智力上的不足。个人主观水平很高，但没能掌握解题思想方法，不可能学好数学；但有经验的好学生，勤奋刻苦，锲而不舍，有扎实的学科知识功底，并掌握某一类题型的解题思想方法，则会有所成就。

第四节 典型案例分析

一、影响大学生数学竞赛问题解决的典型案例

大学生的学习是在主体学习认知和学习动机等心理因素的参与下，在经过专门训练的教师的指导下，有步骤、有目的、有计划地理解认识和掌握个体生存生活经验和各种专业文化知识，培养健全的人格品质，不断挖掘创造性和自身潜能，成功地实现自我发展的过程。大学生是具有一定基础知识的成年人，学习的认知程度较高，主动性较强；从学习的内容看，大学生的学习动机明确，学习目的性较强；从学习的策略方法看，大学生可以自主选择有效的学习策略，来增强学习效率。大学生的学习心理具有两个特点：能动性、创造性。

随着社会的发展，数学的应用领域越来越广泛。为了使学生体验数学在解决实际问题中的作用、数学与日常生活及其他学科之间的联系，促进发展和形成学生

应用数学的意识,培养学生的实践能力和创新精神,大学一直坚持举办数学建模这一竞赛活动。

近十几年,全国和各个区举办的大学生数学建模竞赛有声有色,并取得了良好的成效。大学生以极大的热情参与竞赛活动,从竞赛中提高学习数学的兴趣,锻炼应用数学的意识,激发创新能力。数学建模将现实问题抽象、简化为一个数学问题或数学模型,采用适当的数学方法来解决,对现实问题进行定性定量分析研究,最终达到解决实际问题的目的,它是一种创新性的科学方法。随着计算机应用的发展,数学建模又成为高新科技的一种数学技术,使高新科技不断取得丰硕成果。在科学数学化的进程中,有力地推进了各门科学的发展和完善,为组织和构造新知识提供了方法。时代的进步使数学建模的内涵愈来愈深刻,愈来愈丰富,数学建模已发展为一门独立的新学科。

从 2009 年开始举办的全国大学生数学竞赛,是面向全体本科生的全国性高水平学科竞赛,它的目标是:服务教学,培养人才,促进高等学校数学的改革;培养大学生学习数学的兴趣,提高分析问题、解决问题的能力。在参加比赛的过程中,大学生能更好地体现个人解题能力,同时暴露一些不足。

本节着重通过具体的案例分析从现实方面来深刻体会影响大学生解题能力的因素。对影响学生的数学学习心理发展和学生的解题能力的因素做了充分的分析,通过研究,我们能够更好地改进大学生的教学体系,培养大学生扎实的数学基本功,提高数学思维能力。

例 3.4.1:设 T 为椭圆抛物面 $z = 3^2 + 4y^2 + 1$,从原点作 T 的切锥面。求切锥面的方程。(2012 年第四届大学生数学竞赛初赛专业组第一组)

解:

过曲面 $z = 3^2 + 4y^2 + 1$ 上的一点 $p(x_0, y_0, z_0)$ 的切平面方程为:

$$z - z_0 = 6x_0(x - x_0) + 8y_0(y - y_0) \quad (1)$$

而切锥面的每一条母线均为直线,且与曲面相切,故(1) 平面过原点时必包含一条母线,则有

$$z_0 = 6{x_0}^2 + {y_0}^2 \quad (2)$$

点 $p(x_0, y_0, z_0)$ 在曲面上,所以有

$z_0 = 3{x_0}^2 + 4{y_0}^2(x - x_0) + 1$ (3)

由(2)(3) 可知，切锥面的一条准线可以表示为：

$$\begin{cases} z = 2 \\ z = 3x^2 + 4y^2 + 1 \end{cases}$$

设(x_1, y_1, z_1)为准线上的点，则有

$$\begin{cases} z_1 = 2 \\ z_1 = 3x_1^2 + 4y_1^2 + 1 \end{cases}$$

母线为：$\frac{x}{x_1} = \frac{y}{y_1} = \frac{z}{z_1}$，可得 $1 = 3(\frac{2x}{z})^2 + 4(\frac{2y}{z})$，

即 $z^2 = 12x^2 + 16y^2$ 为所求的切锥面。

在学生解题能力主观影响因素中，“设 T 为椭圆抛物面 $z = 3^2 + 4y^2 + 1$，从原点作 T 的切锥面。求切锥面的方程”。题目字数很少，但难度很大，这要求学生的阅读理解能力要很强，从简短的题目中挖掘出隐含的信息，得出切锥面的每一条母线均为直线，且与曲面相切。定势思维的心理也可以帮助学生解题，但需要很好的解题思维能力和解题思维习惯，找准突破口。学会一开始假设，过曲面 $z = 3^2 + 4y^2 + 1$ 上的一点 $p(x_0, y_0, z_0)$ 的切平面方程为：$z - z_0 = 6x_0(x - x_0) + 8y_0(y - y_0)$，勇敢地迈出第一步，学生就更加有信心地往下解答了。用数学分析中的切面方程来处理，对于数学分析知识基础薄弱的学生来说难度相对较大。在学生认知结构当中，在对大学的解析几何知识的表征形式与数学分析知识之间的相通认识方面，不仅对数学分析知识有要求，对解析几何知识的质量也有更高的要求，这要求学生的认知结构应完整与灵活。本题有一定难度，在解答过程中遇到困难时要发挥学生的自我监控能力，不断地调整心态与解题的策略，做出有效的解题计划、实施计划，检验计划的合理性，逐步完成解答的过程。

在学生解题能力客观影响因素中，本题主要考查使用过原点锥面的性质，其中利用等式进行求解，用数学分析中的切面方程来处理。此题是解析几何的考查内容，而在这里用到的是数学分析的切面方程法，可见学科专业知识之间是融会贯通的，这要求大学生的学科专业知识要扎实，数学知识结构要完整。具有丰富学科专业知识的学生往往具有有效的问题解决策略，找到解题的突破口。$z - z_0 = 6x_0(x -$

x_0）$+8y_0(y-y_0)$ 平面过原点时必包含一条母线，从而找到母线方程，此时切锥面的一条准线就可以轻而易举地得到。思想方法是解题的灵魂所在，用到典型的数形结合的思想方法，而这里的“形”是抽象的，找到母线和准线的所在位置，从而明确母线和准线的方程。椭圆抛物面形如我们实际生活中的“碗”，过原点作 T 的切锥面，建立这样一个模型。我们需要积累生活经验，平时细心观察周边的实物，培养空间想象能力，提高解题速度，也为提高解题能力提供一个有效的途径。

例 3.4.2：设在包饺子时通常 1kg 馅和 1kg 面包 100 个饺子，有一次馅多了0.4 kg，问能否将饺子包小一些或大一些将这些馅仍用 1kg 面包完？

分析：

这是日常生活中常见的问题，问题的本质就是用同样面积的饺子皮包更多的饺子馅。将问题抽象为数学问题时，可以做出两个合理的假设：①饺子的形状都一样，可以看作球体，因为同样表面积下球体的体积最大，可以包更多的馅；②饺子皮的厚度一样，即饺子皮的总面积不变。那么饺子包大一些时，饺子的个数就会减少；饺子包小一些时，饺子的个数就会增多。也就是可以将问题转化为：总表面积一定的 n（n = 1，2，3……）个球体，当 n 取多少时可以使得所有球体的总体积最大。这里忽略了饺子皮的厚度。

在解决这个问题时，可以把问题进一步抽象到把得到的总体积与先前的情况相比较，这样问题就得到很大程度的简化。并且可以先定性地分析问题，判断是将饺子包大还是包小才能达到题目的要求，然后可以设计一个函数来模拟这个过程，通过函数来观察这个问题。

解：

模型假设

（1）饺子都是标准的球形；

（2）每个饺子都是皮刚好把馅包起来，不多也不少；

（3）饺子皮的厚度都一样，也就是饺子皮的总面积是常数。

模型建立与求解

$n=1$ 时，对应的情况是：表面积为 S，体积为 V 的一个球体。在一般情况下对应的情况则为:表面积为 s,体积为 v 的 n 个球体。

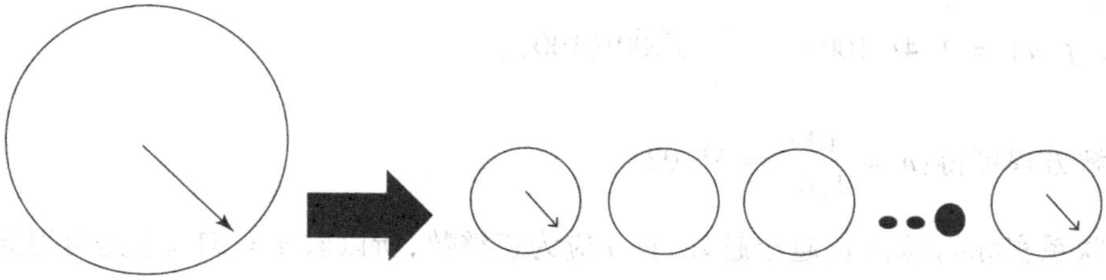

$n = 1$ 时的大球体,此时有:$n = 1$ 时,大球体表面积 S,体积 V;

n 个小球体,表面积 s,体积 v。

$S = 2\pi R^2, V = \frac{4}{3}\pi R^2$;

n 个小球体时,此时有:

$s = 2\pi r^2, v = \frac{4}{3}\pi r^3$;

此时则有:

$n = \frac{S}{s} = \frac{R^2}{r^2}, \frac{V}{v} = \frac{R^3}{r^3}$;

$\Rightarrow V = n^{\frac{3}{2}} v = \sqrt{n}(nv) \geqslant nv$

由上式可得,球体个数越少,即 n 值越小,所有球体的体积和最大。所以题目中的问题答案是应该包大一点才可以把馅用完。

以上所做工作都是在定性分析,得出应把饺子包大一些的定性结论,那么到底应该包多大呢?要想得到问题的答案,接下来还需要对问题进行定量分析。据前面的想法,可以用饺子的个数(即小球体的个数)来定量表示饺子的大小。那么记所有球体的总体积为函数值 $f(n)$,通过以上分析可得 $f(n)$ 与 n 之间的函数关系为:

$$f(n) = nv = \frac{1}{\sqrt{n}}V$$

其中 V 为常数,因为 V 为所有球体的总体积,对应实际问题中的表面积与所有饺子皮面积相等的球体,是一个固定不变的值。

依题意有:$f(100) = \frac{1}{\sqrt{100}}V \Rightarrow V = \sqrt{100}f(100)$。

又可知多出 0.4 kg 馅后，对应的数学关系为：$f(n)=1.4f(100)$。

$\therefore f(n)=1.4f(100)=\frac{1}{\sqrt{n}}\sqrt{100}f(100)$，

解方程可得：$n=\frac{100}{1.4^2}\approx 51.02$。

联系实际问题，n 值越小越好，且 n 应为正整数，所以取 $n=51$ 。于是可得原问题的解决方案是：把饺子包大，且包成 51 个可以刚好用完所有馅。

模型检验与改进

根据日常生活常识可知，把 100 个饺子包成 51 个饺子，那么那 51 个饺子将几乎跟包子一样大了。因此需要对模型进行一定量的修改，以使模型更加符合实际情况。在原来的假设中我们认为每个饺子都是皮刚好把馅包起来，但是在实际中是不可能的。

通过分析上面建立模型的过程，可以发现问题的关键在于饺子的体积 $1.4f(100)=\frac{k(n)}{k(1)}\sqrt{100}f(100)$ 与表面积 s 之间的函数关系。为了解决这个问题，可以再做出一个合理的假设，认为体积 v 与表面积 s 的商是一个关于半径 r 的函数，进一步得出关于饺子个数 n 的函数，即

$$\frac{v}{s}=k(n)$$

则有 $n=1$

$$\frac{V}{S}=k(1)$$

联立两式可得总体积 $f(n)$ 与饺子个数 n 的函数关系：

$$f(n)=\frac{k(n)}{k(1)}V$$

则当 $f(n)=1.4f(100)$ 时

$$1.4f(100)=\frac{k(n)}{k(1)}\sqrt{100}f(100)$$

$$\Rightarrow k(n)=\frac{1.4}{\sqrt{100}}k(1)$$

通过上面建立的模型可得结论:把饺子包大一些可以把多出的馅包完。

在学生解题能力主观影响因素中，大学生数学建模竞赛是一种信息网络型的数学竞赛，三人作为一团队，比赛时间为三天三夜，这需要学生有过强的心理素质，懂得分工合作，合理安排时间，明确本次建模的动机，对建模有强烈的热爱和探索的欲望，同时需要有意志和毅力。在比赛过程中，很容易出现情绪上的波动，因没有思路而苦恼甚至放弃，学生个人和团队需要互相鼓励，适时适当地调整情绪，保持良好的心态。学生通过信息网络工具查询大量资料，在短时间内阅读大量的资料获取有用的信息，对队友们的阅读能力要求很高，阅读能力直接影响建模论文的完成进度。从包饺子的问题中建立数学模型，学生应具有更强的推理能力和抽象概括能力，可见对思维深度和广度的要求，同时也利于塑造具有优秀思维品质的数学建模人才，也体现了竞赛试题对学生学科素养的要求。在建模与求解中，只是对模型进行定性分析。对模型检验与改进，这充分体现了学生的自我监控能力，对模型做出评价、调整，对模型做定量分析，使得模型更加符合实际情况。数学建模的认知结构很严密、完整，建模与解模过程反映出学生的认知结构的情况，本题认知结构如下图 3.4.1：

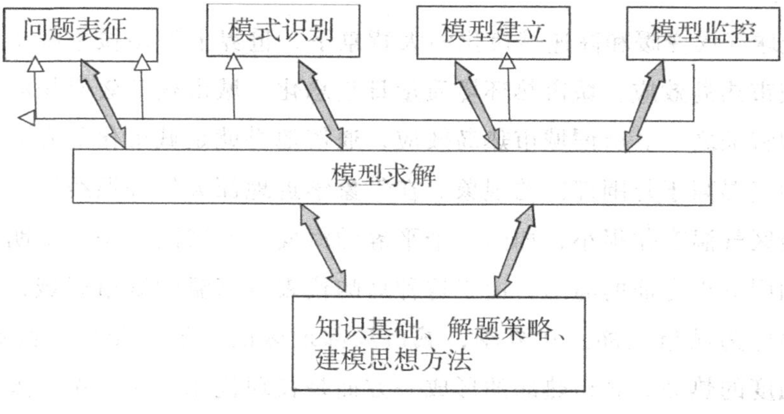

图 3.4.1 认知结构图

在学生解题能力主观影响因素中，这道包饺子问题来源于实际生活，要从实际生活中提取出数学问题，问题的本质就是用同样面积的饺子皮包更多的饺子馅。首先从题目情境来看，属于某一些考生不熟悉的情境，要求考生把题目中所描述的设想结合生活经验转化为数学问题，理论要和实际相结合，实际生活中的饺子是扁的，这时需要调整我们对生活经验的见解，为了方便我们的计算，把饺子模型进行理想化，我们需要对模型进行合理假设，提出以下三点：

(1) 饺子都是标准的球形；

(2) 饺子皮的厚度都一样，也就是饺子皮的总面积是常数；

(3) 每个饺子都是皮刚好把馅包起来，不多也不少。

从中，我们知道学生的生活经验对解题也存在负面影响，影响解题的方向。模型建立与求解当中，我们对模型的选择上，学科专业知识对其影响很重要，在这里，本题选择了一个简单的数学模型 $f(n)$ 与 n 之间的函数关系：$f(n)=nv=\frac{1}{\sqrt{n}}V$。通过问题的表征与分析，对本题的解题策略做出计划，从包饺子问题转化为数学问题，利用数学建模思想方法进行解答。将模型理想化，把饺子当作球形，建立函数方程关系式，对其进行逐一定性、定量分析。

例 3.4.3：2012 年第五届“认证杯”数学中国数学建模网络挑战赛——为何选择“白屋顶计划”？

分析：

在全球气候变暖和高速城市化的大背景下，世界上许多城市都出现了高强度的城市热岛效应，城市热环境质量日趋恶化。城市热岛效应是城市气候中典型的特征之一。所谓城市热岛效应，通俗地讲就是城市化的发展，导致城市中的气温高于外围郊区的现象。在气象学近地面大气等温线图上，郊外的广阔地区气温变化很小，如同一个平静的海面。而城区则是一个明显的高温区，如同突出海面的岛屿，由于这种岛屿代表着高温的城市区域，所以就被形象地称为城市热岛。在夏季，城市局部地区的气温，能比郊区高 6℃，形成高强度的热岛。城市热岛的形成一方面是在现代化大城市中，人们的日常生活所发出的热量；另一方面，城市中建筑群密集，沥青和水泥路面比郊区的土壤、植被具有更小的函授比热容（可吸收更多的热量），并且反射率小，吸收率大，使得城市白天吸收储存的太阳能比郊区多，夜晚城市降温缓慢仍比郊区气温高。城市热岛是以市中心为热岛中心，有一股较强的暖气流在此上升，而郊外上空为相对冷的空气下沉，这样便形成了城郊环流。空气中的各种污染物在这种局地环流的作用下，聚集在城市上空，如果没有很强的冷空气，城市空气污染将加重，人类生存的环境被破坏，导致人类患上各种疾病，甚至造成死亡。因此分析和评价城市热岛效应已成为当前城市气候与环境研究的重要内容之一，也是全球变暖研究的重要方面。

《星岛日报》援引《华盛顿邮报》报道指出，朱棣文最近在希腊与众诺贝尔奖得主讨论环保问题时，提出了这个绝非高科技，但有充分科学理据的建议。朱棣文称，全球大范围地把屋顶变白，可显著提高地球折射太阳光的能力，热量进入大气层后，大部分会被反射回外层空间，“这是一个简单且我们马上可办到的方法”。他又援引自己曾领导的劳伦斯国家实验室的研究指出，计划如在热带与温带100座大城市推行，其效用等于全球停用汽车10年。但“白屋顶”运动如要收到成效，绝非一件简单、可在短期内完成的任务。据报道，加芬的研究表明，在2011年整个夏季，白色屋顶的温度峰值比典型的黑色屋顶平均降低了43华氏度（23.9摄氏度），这是纽约首次为测试特定的白色屋顶材料的长期效果而进行的一项长期努力。

问题的提出：

为何专家与美国能源部部长朱棣文会提出在全球推行“白色屋顶计划”以改变全球气候变暖的情况，并且降低城市热岛效应？

白色屋顶与传统屋顶有何区别而能够减低城市热岛效应？

与白色屋顶相比，更为世人所知的应为更早被提出的屋顶绿化。然而为何屋顶绿化的政策的施行如此延滞？美国能源部部长为何如此大力提倡“白色屋顶计划”，而不是全力推行历史已久的屋顶绿化，其中原因是否与最为人们所关注的经济利益有最直接的或间接的联系？

合理假设：

（1）城市一天中所接受的太阳辐射能一样；

（2）城市中汽车、人口二氧化碳排放量一定；

（3）城市中的建筑全部都是平顶结构。

符号约定如表1：

表1　符号约定名称

t	给定的某一时刻
h_w	建筑墙体表面对流换热系数
T_a	室外空气温度
T_w	建筑外墙表面温度
a	建筑外表面对太阳辐射的反照率
I	建筑外表面接受的太阳辐射强度
$Y(j)$	墙体传热反应系数
$Z(j)$	墙体内表面吸热反应系数
T_i	室内空气温度
T_z	室外空气平均综合温度
e	建筑外表面的长波辐射系数
DR	建筑外表面和天空及周围物体外表面间的长波辐射之差
m^2	面积单位
KWh	千瓦时
a	天
A	矩阵
C_1	反光率
C_2	吸收率
C_3	经济效益
a_{ij}	表示矩阵 A 中第 i 行、第 j 列的元素，且为 C_i 与 C_j 的比值
a_{jk}	同上
a_{ik}	同上
w	权向量
CI	一致性指标
l	最大特征根
n	矩阵 A 的阶数
RI	随机一致性指标
CR	一致性比率
$W^{(2)}$	第2层对第1层的权向量
B_1、B_2、B_3	第3层对第2层的依次的准则层的成对比较阵
$W_k^{(3)}$	组合权向量

随着工业的不断发展，空气中的二氧化碳排放量不断增多，导致全球气候变暖，同时城市开始出现热岛效应。

美国能源部长朱棣文提出，为解决城市热岛效应、全球气候变暖问题，各国应该尽可能将建筑物屋顶漆成白色，这样可以大量反射太阳光并节省使用空调耗费的能源。

现对“白屋顶计划”做出客观评估，在评估时，应不考虑季节性与城市的区别，同时在设定季节中人、汽车日二氧化碳排放量应相同，以不影响热岛效应产生的主要原因，评估时以传统的平顶屋与白色反光漆平顶屋以及当被认为是解决全球气候变暖最有效的方法的绿化屋顶房作为评估对比对象。

模型的建立：

该模型所采用的方法是层次分析法。即通过较少的定量信息实现决策思维过程的数学化，为多目标、多准则或无结构特性的复杂决策问题解决提供简便、快速的方法。特点是要对复杂的决策问题的本质、影响相关因素、内在本质联系等参数进行深入的分析。适合于对决策结果比较难给出直接准确计量的情形。这类决策系统中各因素之间的比较无法用定量的方式描述，需要将半定性、半定量的问题转化为定量计算问题。

对这类问题采用层次分析法是一种行之有效的方法。将复杂的决策系统进行分类层次化，对各层次的关联因素进行比较，提取重要性因素进行分析，为决策提供定量的依据。我们所说的层次分析法，就是将既是复杂的又是多目标决策的问题当作一个系统，把目标分解成多个目标或者准则，继而分解出若干个层次，如多指标、多准则、多约束，通过定性指标模糊加量化的方法算出层次单排序（权数）和总排序，用作多方案优化决策、目标（多指标）的系统方法。层次分析法是按照总体目标、各层次子目标、评价准则到最终具体的备投方案的顺序将决策问题分解为不同的层次结构，然后运用求解判断矩阵特征向量的方法，求得每一个层次的各个元素对上一层次某个元素的优先权重，最后再运用加权和的方法递阶归并各个备择方案对总目标的最终权重，最终权重最大的就是最优方案。这里所谓“优先权重”是一种相对的量度，它表明各备择方案在某一特点的评价准则或子目标下优越程度的相对量度，以及各子目标对上一层目标而言重要程度的相对量度。层次分析法比较适合于具有分层交错评价指标的目标系统，而且目标值又难以定量描述的决策问题。其用法是构造判断矩阵，求出其最大特征值，及其所对应的特征向量 W，归一化后，即为某一层次指标对于上一层次某相关指标的相对重要性权值。在深入分析实际问题的基础上，将有关的各个因素按照不同属性自上而下地分解成若干层次，同一层的诸因素从属于上一层的因素或对上层因素有影响，同时又支配下一层的因素或受到下层因素的作用。最上层为目标层，通常只有 1 个因素，最下层通常为方案或对象层，中间可以有一个或几个层次，通常为准则或指标层。当准则过多时（譬如多于 9 个）应进一步分解出子准则层，构造成对比较阵。从层次结构模型的第 2 层开始，对于从属于（或影响）上一层每个因素的同一层诸因素，用成对比较法和 1—9 比较尺度构造成对比较阵，直到最下层。计算权向量并做一致性检验。对于每一个成对比较阵计算最大特征根及对应特征向量，利用一致性指标、随机一致性指标和一致性比率做一致性检验。若检验通过，特征向量（归一化后）即为权向量；若不通过，需重新构造成对比较阵。计算组合权向量并做组合一致性检验。计算最下层对目标的组合权向量，并根据公式做组合一致性检验，若检验通过，则可按照组合权向量表示的结果进行决策，否则需要重新考虑模型或重新构造一致性比率较大的成对比较阵。

解：

运用 AHP 方法，大体可分为以下三个步骤：

步骤 1：对系统中各因素间的相互关系进行观察分析，并对相同一层次各相对于上一层次中某一准则的重要性进行对比，构造两两比较的判断矩阵；

步骤 2：对判断矩阵进行计算，观察被比较元素对于该准则的相对权重，判断矩阵的一致性检验；

步骤 3：对各层次对应系统总排序权重进行计算，并做好排序。

最后，得到各方案对于总目标的总排序。

（1）模型建立准备

《反照率影响建筑热环境的实验》的引用。

实验条件的说明：

①实验模型的建立

实验模型为两个四周封闭的3层单房间建筑(1.2m×1.2m×1.8m)，如图1所示。屋面、楼板均为10mm厚的水泥混凝土板。墙体为24砖墙，厚度为115mm，内外墙表面刷有25mm厚的水泥砂浆。外墙表面材料选用西安市区建筑物常用的6种涂料和3种瓷砖。涂料及颜色代号分别为：白色、红褐色（8383）、黄色（7241）、灰色（8493）、蓝灰色（8323）、粉色；瓷砖选用白色光面、白色绒面和深红色绒面的瓷砖（100×100mm×6mm）（如表2）

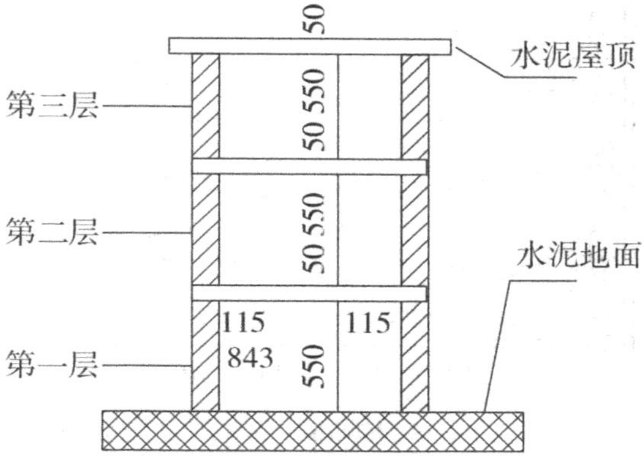

图1

表2 不同材料的反照率与经验值

材料	反照率	经验值
水泥	0.21	0.10－0.35
灰色涂料	0.2	
蓝灰色涂料	0.25	0.20－0.45
红褐色涂料	0.36	
深红色瓷砖	0.43	
黄色涂料	0.54	0.50－0.60
粉色涂料	0.56	
白色绒面瓷砖	0.75	0.70－0.90
白色光面瓷砖	0.78	
白色涂料	0.86	

② 实验理论

$$q(t) = h_w(t) - T_w(t) + (1 - a)I \tag{1}$$

$$q(t) = h_w(t) - T_w(t) + (1 - a)I \tag{2}$$

$$T_z(t) = T_w(t) + \frac{(1 - a)I}{h_w} - \frac{eDR}{h_w} \tag{3}$$

采用能量平衡法联立上述方程（1）～（3）求解材料表面反照率（如图2）。

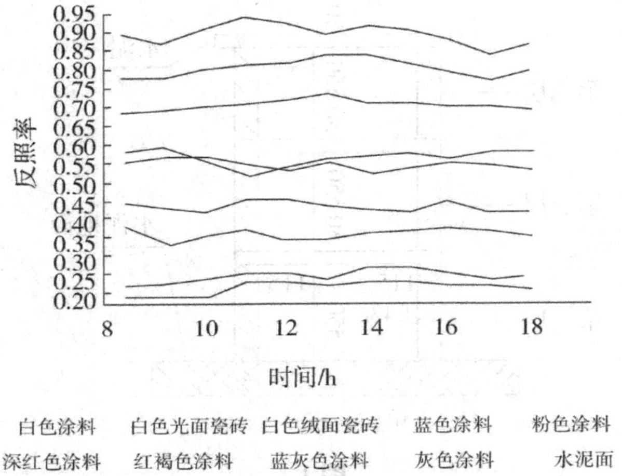

图2　材料表面反照率

反照率对建筑热环境的影响如图3和图4所示，考虑到屋顶及一天中日照时数的影响，试验中只选用了模型的第二层及其南墙进行分析。

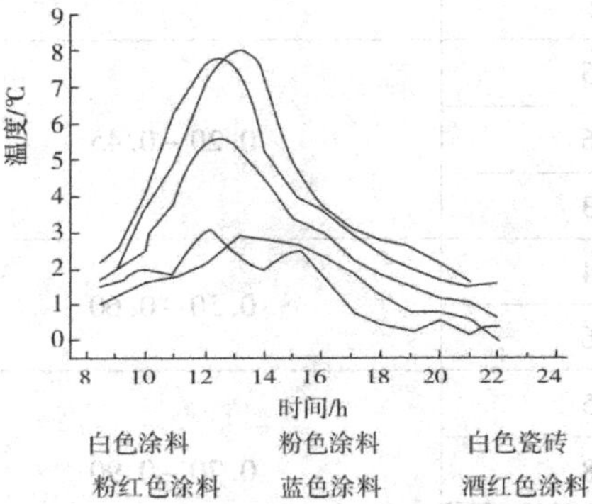

图3

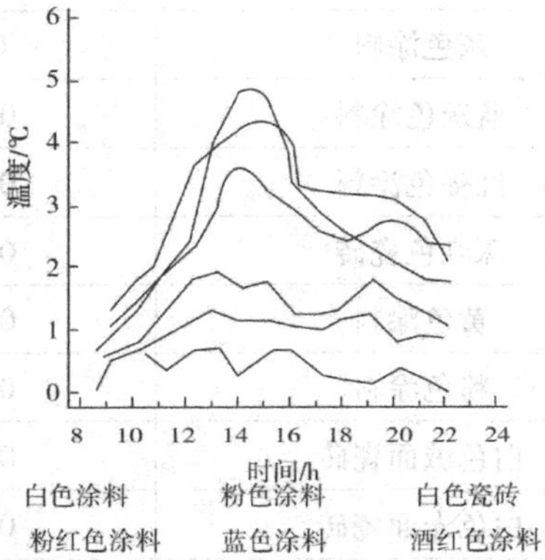

图4

③ 实验结论分析

采用白色涂料和白色瓷砖时两个模型的温差差值最大，灰色涂料最小。

再与（图2）进行比较可知，墙面材料反照率越大，吸收太阳辐射能量就越小。

（2）《屋顶绿化在北京实行的可行性研究》文献的引入的概括

由于工业发展速度加快，而导致了全球气候变暖，并且出现城市热岛效应。有专家提出建设生态住宅，即建设建筑的绿化屋顶。

文献中有这样一句“屋顶绿化的优点显而易见，市场前景趋好。但从推广的成果看有一定的难度”。

现从屋顶绿化推广难度进行分析：

①屋顶绿化有技术本身的局限性，此局限性体现在平顶屋的承重能力。现对文献中数据进行概括（如表3）：

表3　屋顶花园设计

绿化用材	土壤介质厚度	屋顶承重能力
草坪	15 ~ 20cm	150 ~ 200Kg/m^2
树木花草	50 ~ 80cm	500 ~ 600Kg/m^2

由文献《屋顶花园设计的探讨》可知：屋顶允许承载重量 > 一定厚度种植层最大适度重量 + 一定厚度排水物质重量 + 植物重量 + 其他物质重量，并且要求在一般情况（即传统屋顶）下，屋顶要提供350Kg/m^2 以上的外加荷载能力。

由此可看出，屋顶绿化对一般屋顶的承重能力有较高要求。

② 从文中可看出，市民支持率低，主要原因是观念问题以及绿化技术与成本之间的竞争问题。

③ 利益问题：开发商追求低成本、高利润、高卖点，而用户喜欢性价比较高、价格相对低廉的商品。然而绿化屋顶的实行必须投入大量金钱，而利益必为开发商与用户考虑的问题并且是重点考虑的问题。

（3）《低吸收率涂料在中国南北地区建筑节能效果比较》文献中，若按涂料价格 8 ~ 10 元/kg 计算，在模型中应用涂料的维护结构面积为 915.6，按 0.7 元/KWh 的电价计算，应用该涂料的回收期为 2.5 ~ 3.2a。由此可知，白色涂料在节能方面能起到一定的作用，也由此推出，白色涂料对经济效益也起到了一定作用。

3. 模型建立

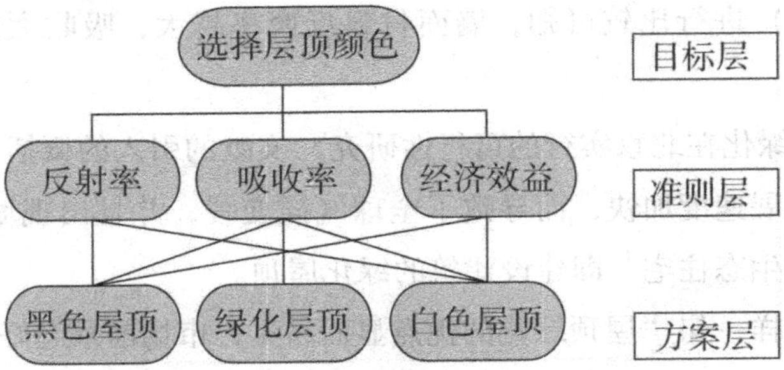

图 5　层次结构模型

（1）建立层次结构模型，如上图 5 所示。将决策问题分为 3 个层次，最上层为目标层，即选择屋顶颜色，最下层为方案层，有黑色屋顶、白色屋顶、绿化屋顶 3 个供选择，中间为准则层，有反射率、吸收率、经济效益 3 个准则，各层间的联系用相连的直线表示。

构造对比矩阵：用相互比较确定各准则对于目标的权重。用 C_1、C_2、C_3，依次表示反光率、吸收率、经济效益三个准则。设某人用成对比较法（做 $C_3^2=\frac{3´2}{2}$次对比）得到的成对比较阵（正反互反阵）为：

$$A=\begin{bmatrix}1 & 3/4 & 3/5\\ 4/3 & 1 & 4/5\\ 5/3 & 5/4 & 1\end{bmatrix} \tag{1}$$

（1）中，$a_{12}=3/4$，表示反光率 C_1 与吸收率 C_2 对选择屋顶颜色这个目标的重要性之比为 3:4；$a_{13}=3/5$ 表示反光率 C_1 与经济效益 C_3 之比为 3:5；$a_{23}=4/5$ 表示吸收率 C_2 与经济效益 C_3 之 比为 4:5。可以看出人在选择屋顶颜色时，最先考虑经济效益，吸收率次之，反光率再次。

计算权向量，并做一致性检验。

1°正互反矩阵满足 $a_{ij}=a_{jk}=a_{ik}$，i，j，k=1，2，3；

$$A=\begin{bmatrix}1 & 3/4 & 3/5\\ 4/3 & 1 & 4/5\\ 5/3 & 5/4 & 1\end{bmatrix}\text{满足 } a_{ij}=a_{jk}=a_{ik,i,j,k=1,2,3}$$

则 A 为一致性矩阵。

所以 A 满足：

$$A = \begin{bmatrix} 1/w_1 & w_1/w_2 & w_1/w_3 \\ w_2/w_1 & w_2/w_2 & w_2/w_3 \\ w_3/w_1 & w_3/w_2 & w_3/w_3 \end{bmatrix} = A = \begin{bmatrix} 1 & 3/4 & 3/5 \\ 4/3 & 1 & 4/5 \\ 5/3 & 5/4 & 1 \end{bmatrix} \qquad (2)$$

其中，$w = (w_1, w_2, w_3) = (0.250, 0.333, 0.417)^T$，且 $\underset{i-1}{a}^{3} w_i = 1$。

（2）A 的秩为 1，A 的唯一非零特征根 $l = n = 3$，所以一致性指标 $CI = \dfrac{l-n}{n-1} = 0$，不难看出，当 $n = 3$ 时，$RI = 0.58$[1]，所以，一致性比率 $CR = \dfrac{CI}{RI} = 0 < 0.1$，所以一致性检验通过，上述 w 可作为权向量。

组合权向量在选择屋顶颜色问题中，我们已经得到第 2 层（准则层）对第 1 层（目标层，只有一个因素）的权向量，记为 $w^2 = (0.250, 0.333, 0.417)^T$ 。用同样的方法构造第 3 层对第 2 层的每一个准则的成对比较阵，不妨设它们为：

$$B_1 = \begin{bmatrix} 1 & 1/3 & 1/2 \\ 3 & 1 & 5/2 \\ 2 & 2/5 & 1 \end{bmatrix} = B_2 = \begin{bmatrix} 1 & 2 & 5 \\ 1/2 & 1 & 1/2 \\ 1/5 & 2 & 1 \end{bmatrix} = B_3 = \begin{bmatrix} 1 & 1/3 & 1/8 \\ 3 & 1 & 1/3 \\ 8 & 3 & 1 \end{bmatrix}$$

这里矩阵 $B_k(k = 1,2,3)$ 中的元素 $b_{ij}^{(k)}$ 是方案（屋顶颜色）白色屋顶与绿化屋顶对准则 C_k（反光率、吸收率等）的优越性的比较尺度。由第 3 层的成对比较矩阵 B_k 计算出权向量 $w_k^{(3)}$，最大特征根 l_k 和一致性指标 CI_k，结果列入表 4：

表 4　屋顶颜色选择问题第 3 层的计算结果

K	1	2	3
$w_k^{(3)}$	0.129 0.695 0.307	0.342 0.282 0.236	0.175 0.429 0.429
l	3.002	3.005	3.001
CI_k	0.002	0.003	0.001

不难看出，由于 $n = 3$ 时随机一致性指标 $RI = 0.58$[1]，所以上面的 CI_k 均可通过一致性检验。

下面的问题是由各准则对目标的权向量 $w^{(2)}$ 和各方案对准则的权向量 $w_k^{(3)}$ $(k = 1,2,3)$，计算各方案对目标的权向量。对于黑色屋顶，它在反光率等 3 个准则中的权重用 $w_k^{(3)}$ 第一个分量表示（表3.4.d 中 $w_k^{(3)}$ 的第一行），而3个准则对于目标的权重又用权向量 $w^{(2)}$ 表示，所以黑色屋顶在目标中的组合权重应为它们相应的两两乘积之和，即 $0.129 \times 0.250 + 0.342 \times 0.333 + 0.175 \times 0.417 = 0.219$。

同样可以计算白屋顶、绿化屋顶在目标中的组合权重为 0.447 和 0.334，于是组合向量 $w^{(3)} = (0.219, 0.447, 0.334)^T$。结果表明白色屋顶在选择屋顶颜色中占的权重近于 $\frac{1}{2}$，大于黑色屋顶、绿化屋顶，应作为第 1 选择屋顶。

4. 模型分析

（1）模型的优点分析

利用层次分析法解决复杂的决策问题，利用较少的定量信息使决策的思维过程数学化，从而为多目标、多准则或无结构特性的复杂决策问题提供简便的决策方法。

层次分析模型对于处理复杂的决策问题有实用性和有效性。

模型采用了文献的数据，体现了准确性。

（2）模型的缺点分析

未能考虑到冬天对模型的影响。

模型具有一定的局限性。

模型在计算时存在一定的误差。

数学建模比赛为期三天，需要三个同学组成一个队，在三天的比赛期限内，选择一个题目进行解答。最后的解答以论文形式上交所在省的数学建模委员会评审，在这个过程中，压力相当大。在比赛的过程中，需要自我调节，保持良好的心态和清醒的头脑，团结一致。“白色屋顶计划”是一个热话题，在网络信息方便的今天，有很多关于“白色屋顶计划”的各种见解。数学建模需要的知识比较零散，也比较多，这时需要我们有很好的阅读理解能力，能辨是非，在短时间内获取需要的有效资料。首先我们需要知道大多数的模型及其相关的知识，如题中的层次分析模型、层次分析法。为期三天的数学建模工作量很大，这需要三个同学的认知结构很好。从本题的解答中，我们知道三个同学应该一个数学方面的知识，如高等数学、线性代数、概率统计和数学建模掌握得较好。（不妨设为同学A），一个计算机应用能力很强，如熟练运用一些基本的软件（不妨设为同学B），一个文笔稍微好一些（不妨设为同学C）。同学A负责题目的数学解题思路和框架以及数学算法的设计，并在数学模型的选择上有很大的决定权，同学B负责把同学A的用计算机加以实现，同学C负责将前面两位同学的工作转化为论文，很好地表述出来。当然，一组的三个同学一起负责对题目的理解。在本题中，并没有算法的设计，这就是本题解答的不足。可见该组同学的计算机应用能力并不理想，同时说明这三个同学的认知结构并不完备。在思维方面，这三个同学的思维能力不错，精确设计出5.1.2层次分析法的求解三步骤，运用AHP方法求解。整篇文章的结构清晰，建立了一个层次分析模型解决“白色屋顶计划”问题。整个过程，从拟定建模方案到模型分析，不断自我监控，考虑问题全面。

在学生经验方面，若学生多次参加数学建模竞赛，在解题方面积累了经验，在找解题突破口时肯定比首次参加比赛的同学要快，比他人更有建模意识。可见解题经验为大学生数学建模竞赛提供了基础。在学科专业知识方面，建模除用到数学专业知识外，还用到物理、经济等学科方面的知识，如建筑外表面对太阳辐射的反照率、吸收率、建筑外表面接受的太阳辐射强度、对流换热系数和经济效益等。建模涉及一些因素，学生必须在物理、经济方面有一定的知识基础，要不然很难找到这些影响因素，从而对模型的建立造成一定的影响。在解题策略方面，本组同学制定的建模策略为：模型中将传统屋顶、白色屋顶与绿化后的屋顶进行比较，以解答为何实行“白屋顶计划”，也用客观的方法评估出“白屋顶计划”是否对城市热岛效应有降低作用。层次分析模型是以层次分析法为主的模型，对比模拟出白屋顶与反光率、吸收率、经济效益的综合影响关系。通过计算权向量并做一致性检验，从而证实该模型的可靠性与使用性，最后得出白屋顶在三者中略为优胜，并说明了白屋顶对城市热岛效应起到了一定的降低作用。解题策略是建立模型与求救模型的计划，有了这一解题策略，才有以下的论述，可见解题策略是数学建模的开端。在解题思想方法方面，数学建模从“白色屋顶计划”问题中提取数学问题，建立数学模型、求解模型，得出合理有效的模型，再把模型应用到实际生活中正式检验该模型的可靠性与使用性，证实白屋顶对城市热岛效应起到了一定的降低问题。

二、影响中学生数学竞赛问题解决的典型案例

中学数学竞赛试题体现了思维方法的灵活性、解题思路的曲折性、数学理论的深刻性等。下面主要对在中学数学竞赛中影响学生解题能力的因素进行探讨。

例 3.4.4：已知 a、b、x、y 为正实数，且 $a^2+b^2=1$，$x^2+y^2=1$。求证 $ax+by\leqslant 1$。

分析：

这种类型的题目，大部分学生不知道从哪里切入，因为只有抽象的等式，却没有别的其他条件，可是经过认真观察就会发现，题目当中未知的量相加的等量和相加的等式结果都为常数 1，这时候，我们要想到巧用“1”分析它们之间的关联，构造出有关的图形。

解：

如下图所示，作以 AB = 1 为直径的⊙O，在 AB 两侧任意作 Rt△ABC 和 Rt△ADB 使得 AC = a，BC = b，BD = x，AD = y。

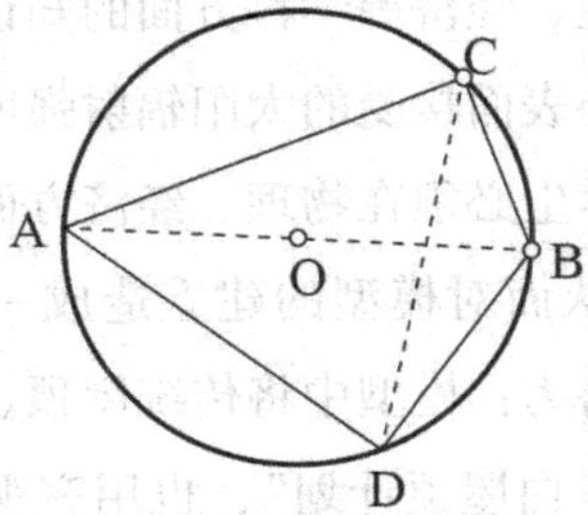

由勾股定理知道 a、b、x、y 满足题设的条件，依据托勒密定理就可以得到 AC · BD + BC · AD = AB · CD。又 CD≤AB = 1，故 $ax+by\leqslant 1$。

在学生心理因素方面，遇到类似的不等式证明题，大部分学生找不到突破口，因为这里只有简单的等式，没有别的条件，很难找到解题的突破口，一开始定向思维解决不了问题，这会让学生感到焦虑，这时得靠学生的意志力坚持思

考。在学生阅读理解的能力方面，已知正实数 a、b、x、y 之间的数量关系 $a^2+b^2=1$，$x^2+y^2=1$。该题从它们的关联入手，构造出相关图形，这时学生要理解 $a^2+b^2=1$，$x^2+y^2=1$ 是几何中圆和在坐标中的位置关系。在认知结构方面，知识涉及构造法，这需要学生对圆模型及其圆的一些特性的认知结构十分清楚，头脑中要快速搜索完整的数学知识结构。在自我监控能力方面，在解题过程中，如果学生按照定向思维解决不了问题，换个角度思考拟定计划尝试解决问题，最后采用构造法，能够帮助学生解题的过程就是学生的自我监控的过程。在思维方面，寻找借助构造法去解决数学问题，寻找简单易懂的思路，使得学生的智力和思维等方面都得到充分发展。

在学生的经验方面，这里只有两个等式，很多学生无从下手，没有其他条件，很难找到解题的突破口。解题经验丰富的学生，可以通过构造所需要的图形并借助几何图形的性质来解题。在学科专业知识方面，涉及数学思维方式构造法的运用，根据方程构造坐标中的图形，还利用了托勒密定理的知识。在解题策略方面，利用代数法不能简单解决该题，这时学生得灵活，改变解题策略，找到有效的解题策略，学生认真观察、分析以后，发现构造法能够帮助构造出相应的数学模型，最后使得问题得以解决。在数学解题思想方法方面，构造法是一种灵活多变的、没有固定模式的解题方法。在教学中，教师应该从不同的角度引导学生利用构造法解决数学竞赛题，启发学生寻找简单易懂的解题思路，形成一种数学解题思想方法，灵活地解决某一类问题或多类问题。

例 3.4.5：已知实数满足 x、y、z，$x+y+z=1$，$x^2+y^2+z^2=3$ 。求实数 x 的范围。(2011 年全国高中数学联赛 B 卷题 9)

分析：

由条件中的和最易想到用中值换元法，即可设 $y=s+t$，$z=x-t(t\geqslant 0)$，又可设 $x=\frac{1}{3}+s$，$y=\frac{1}{3}+t$，$z=\frac{1}{3}-s-t$ 。

方法 1：中值换元法。

解 1：设 $y=s+t$，$z=s-t(t\geqslant 0)$，则条件化为 $x+2s=1$，$x^2+2s^2+2t^2=3$。将前式代入后式得 $x^2+2(\frac{1-x}{2})^2=3-2t^2\leqslant 0$ 即，解得 $-1\leqslant x\leqslant\frac{5}{3}$。　①

当 $x=\frac{5}{3}$ 时，$t=0$，$y=z=s=-\frac{1}{3}$，符合题意。$\therefore \frac{5}{3}$ 是 x 的最大值；而当 $x=-1$ 时 $t=0$，$y=z=s=1$ 不合题意，故 -1 不是 x 的最小值。

$\because x\geqslant y=s+t, t\geqslant 0, \therefore x-s\geqslant t\geqslant 0$，

$\therefore (x-s)^2\geqslant t^2$。

又 $x^2+2s^2+2t^2=3$，$\therefore x^2+2s^2+2(x-s)^2\geqslant 3$，将 $2s=1-x$ 代入得 $3x^2-2x-1\geqslant 0$，解得 $x\geqslant 1$ 或 $x\leqslant -\frac{1}{3}$，由前两个条件知 $x\geqslant \frac{1}{3}$，$\therefore x\leqslant -\frac{1}{3}$ 舍去，$x\geqslant 1$。 ②

当 $x=1$ 时，$s=0$，$y=1$，$z=-1$ 符合题意。

综合 ①②，实数 x 的范围是 $1\leqslant x\leqslant \frac{5}{3}$。

解 2：设 $x=\frac{1}{3}+s$，$y=\frac{1}{3}+t$，$z=\frac{1}{3}-s-t$，则条件化为

$$\begin{cases}s\geqslant t,\\ s+2t\geqslant 0,\\ s^2+t^2+st=\frac{4}{3},\end{cases} \text{设}\begin{cases}s=a+b,\\ t=a-b,\end{cases}\text{则}\begin{cases}b\geqslant 0,\\ 3a-b\geqslant 0,\\ 3a^2+b^2=\frac{4}{3},\end{cases}$$

它表示椭圆的一段弧，如下图，

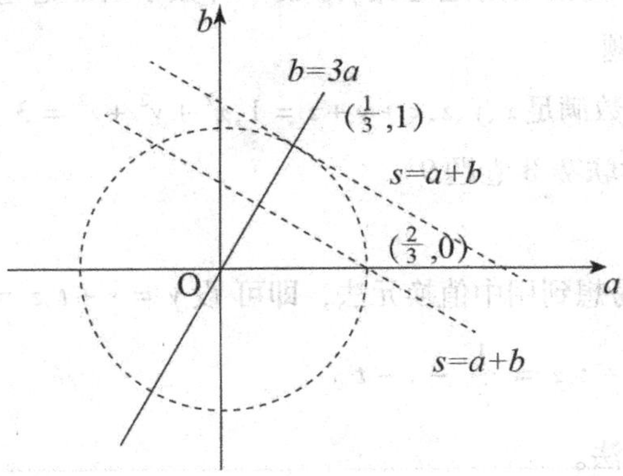

由图得

$\frac{2}{3}\leqslant s\leqslant \frac{4}{3}$，所以实数 x 的范围是 $1\leqslant x\leqslant \frac{5}{3}$。

方法2：增量换元法。

分析：看到不等式 $x \geqslant y \geqslant z$，联想到增量换元法。

解3：设 $y = x - a, z = x - a - b(a, b \geqslant 0)$ 则条件化为

$$\begin{cases} 2a + b = 3x - 1, \\ 2a^2 + 2ab + b^2 - 2(2a + b)x + 3x^2 - 2x - 1 = 0, \end{cases}$$

消去 b 得 $a^2 - a(3x - 1) + 3x^2 - 2x - 1 = 0$，$\because x \geqslant y \geqslant z, x + y + z = 1$，$\therefore$ $x \geqslant \frac{1}{3}, \frac{3x - 1}{2} \geqslant 0$，由上述关于 a 的方程必有两个非负根（相等或不等），

$$\begin{cases} 3x^2 - 2x - 1 \geqslant 0, \\ \frac{3x - 1}{2} \geqslant 0, \\ \Delta = (3x - 1)^2 - 4(3x^2 - 2x - 1) \geqslant 0, \end{cases}$$ 解得 $1 \leqslant x \leqslant \frac{5}{3}$。

综上，实数 x 的范围是 $1 \leqslant x \leqslant \frac{5}{3}$。

方法3：平面解析几何法。

分析：将条件视为平面解析几何中的约束条件，结论视为目标函数，利用数形结合来解决问题。

解4：由题意得 $\begin{cases} y + z = 1 - x, & ① \\ y^2 + z^2 = 3 - x^2, & ② \\ y \geqslant z, & ③ \\ y \leqslant x, & ④ \end{cases}$ ① 表示 zOy 平面内的直线，② 表示圆，如下图。

由 ①② 消去 z，得 $y^2 + (x - 1)y + x^2 - x - 1 = 0$。

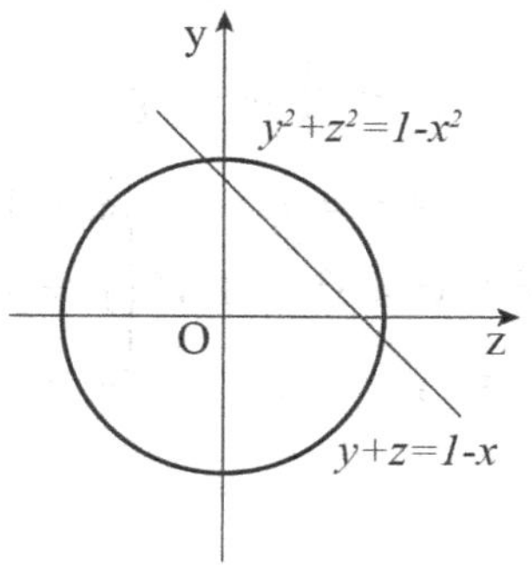

由直线与圆有公共点且 $y \leqslant x$,

得$\begin{cases}\dfrac{|1-x|}{\sqrt{1^2+1^2}} \leqslant \sqrt{3-x^2}, \\ \dfrac{1-x+\sqrt{-3x^2+2x+5}}{2} \leqslant 0,\end{cases}$ 整理得$\begin{cases}3x^2-x-5 \leqslant 0, \\ 3x^2-2x-1 \geqslant 0,\end{cases}$

解得 $1 \leqslant x \leqslant \dfrac{5}{3}$。综上,实数 x 的范围是 $1 \leqslant x \leqslant \dfrac{5}{3}$。

方法 4:立体解析几何法 。

分析:依据题设知,$x+y+z=1$ 表示平面,$x^2+y^2+z^2=3$ 表示球面,$\begin{cases}x+y+z=1, \\ x^2+y^2+z^2=3,\end{cases}$ 所表示的是平面与球面的所得到的交线 —— 圆,在这里,要弄清楚 $x \geqslant y \geqslant z$ 的几何意义代表什么,尽管 $x=y=z$ 表示直线,但 $x \geqslant y \geqslant z$ 不能简单地认为就是直线的上方以及下方。将这个不等式拆分成两个不等式,就可以知道它的几何意义 —— 平面的上方或下方,接着画出对应的图形,那么这四个条件就可以组成圆上的一段弧即四分之一圆。

解 5:依据题意得$\begin{cases}x+y+z=1, \\ x^2+y^2+z^2=3,\end{cases}$ 表示平面,$x+y+z=1$ 表示平面与球面的交线$\begin{cases}x+y+z=1, \\ x^2+y^2+z^2=3,\end{cases}$ $x \geqslant y$ 表示的是平面 $x=y$ 的前方,$y \geqslant z$ 表示的是平面 $y=z$ 的下方,那么条件就可以转化为圆夹在这两个平面之间的部分 —— 四分之一的圆弧。

$$\because x \geqslant y \geqslant z, x+y+z=1,$$

$$\therefore x \geqslant \frac{1}{3}, z \leqslant \frac{1}{3},$$

$$\text{由}\begin{cases}x+y+z=1, \\ x^2+y^2+z^2=3, \\ x=y,\end{cases}\text{得}\begin{cases}x=1, \\ y=1, \\ z=-1。\end{cases}$$

由$\begin{cases}x+y+z=1,\\x^2+y^2+z^2=3,\\x=y,\end{cases}$得$\begin{cases}x=\frac{5}{3},\\y=-\frac{1}{3},\\z=-\frac{1}{3}。\end{cases}$

$\therefore$ 实数 x 的范围是 $1\leqslant x\leqslant\frac{5}{3}$。

方法5:逆用韦达定理。

分析:条件中存在两个等式:

$x+y+z=1$,$x^2+y^2+z^2=3$ 易转化得到 $xy+yz+zx=-1$,如果再得到 $xyz=?$ 的式子,自然会联想到逆用韦达定理。

解6:由题设得

$xy+yz+zx=-1$,$yz-(y+z)x-1=-(1-x)x-1=x^2-x-1$,$\therefore$ $xyz=x^3-x^2-x$,从而 x、y、z 是方程 $t^3-t^2-t-(x^3-x^2-x)=0$ 的三个根,显然该方程有根 $t=x$,约去因式 $t-x$ 得:方程 $t^2+t(t-1)+(x^2-x-1)=0$ 有二根 y、z,$\because$ $z\leqslant y\leqslant x$,$\therefore$ 上方程有比 x 不大的二根,如下图:

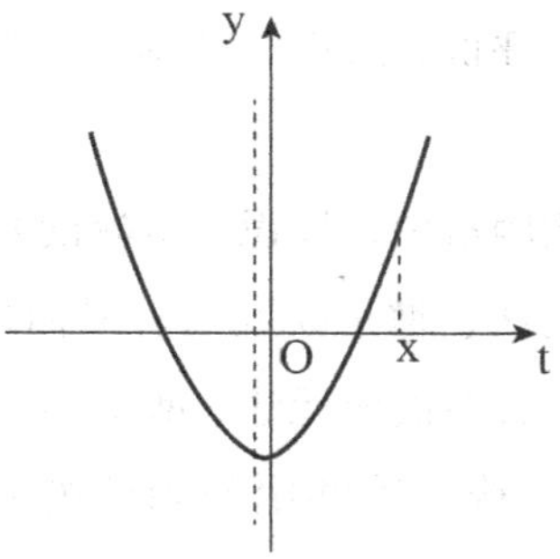

则$\begin{cases}x^2+x(x-1)+(x^2-x-1)\geqslant 0,\\-\frac{x-1}{2}\leqslant x,\\\Delta=(x-1)^2-4(x^2-x-1)\geqslant 0,\end{cases}$　解得 $1\leqslant x\leqslant\frac{5}{3}$。

解1把握了 $x+y+z=1$ 用中值进行换元,然后通过 $0\leqslant t^2\leqslant(x-s)^2$ 构造成不等式进行求解;解2运用了两次中值进行换元,将方程的问题转变为了线性的规划类问题进行求解;解3抓住了不等式$x\geqslant y\geqslant z$用增量进行换元,也就是将方程组问题转化为了一元二次方程中关于根的分布的问题;解4将条件转化为几何的相关问题,借助图形寻求解题途径,虽与解2不同,但都是从几何方面入手;解5关键是运用了两个等式的几何意义,构造出相应的立体图形求解;解6是对韦达定理的逆用,然后转变为一元二次方程根的分布问题,与解3相似。此外,解6简化了文[1]的解法。解5得出了x的范围,也得出了y,z的范围:$-\frac{1}{3}\leqslant y\leqslant 1,-1\leqslant z\leqslant -\frac{1}{3}$。

在学生解题能力主观影响因素中,该题目阅读量较小,即题目描述的字符数少,但难度较大。这类试题大多会包含较多丰富的数学背景,需要考生挖掘。需要必要的描述语言作为解释与铺垫,考生根据题目中所述的简单条件抽取相关的数学问题解答思路,可见学生的阅读理解能力弱都有可能导致试题难度增加。该题有一定的难度,这要求学生有很强的心理素质,保持积极心态,沉着思考。由条件中的和最易想到用中值换元法、增量换元法,这需要很好的思维习惯,看到条件可以找到一个解题的方向,找到突破口,找到以上的六种解法。这道题计算量虽不大,但需要注意运算细节,要不然极容易被扣分。且在短时间内完成此题,对于时间的分配,有必要进行自我监控,在脑海中做一个简单的解题计划,写完了之后还需要快速检查、评价、反馈、控制、调节等一系列环节,确保解题的正确性。

在学生解题能力客观影响因素中,知识是解题的基础,解题时需要的数学学科专业知识,包括清楚值换元法、增量换元法、平面球公式、韦达定理的逆用。该题也需要丰富的解题经验,有中值换元法、增量换元法解题意识,找到解题策略(化归策略中的参数变换、构造策略中的函数模型),这样可以加快解题速度。解题数学思想方法因素方面,该题运用得淋漓尽致,如方法4充分体现了数形结合的数学思想方法,由$x+y+z=1$是一个平面,$x^2+y^2+z^2=3$是一个球面,同时满足条件时,平面与球面的交线是一个圆,$x=y=z$表示直线,这一思想方法为解题找到了突破口。

因此该题的成功解答,表现了解题影响的客观因素和主观因素的利弊,为中学生的竞赛解题能力的提高提供了切实可行的借鉴。

例 3.4.6：从 0，1，…，10 中挑选若干个不同的数字填满图中每一个圆圈称为一种“填法”。若各条线段相连的两个圆圈内的数字之差的绝对值各不相同，则称这样的填法为“完美填法”。(2013 年浙江省高中数学竞赛)

问：图 1 和图 2 是否存在完美填法？若存在，请给出一种完美填法；若不存在，请说明理由。

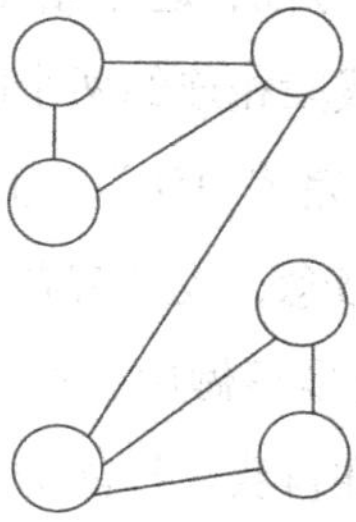

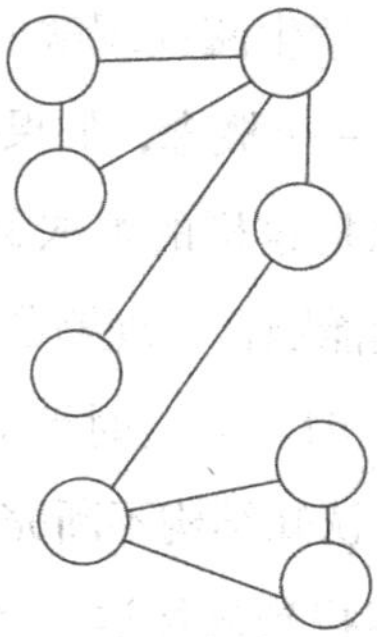

图 1　　**图 2**

分析：

对图 1 的完美填法不唯一，如图 3 所示。

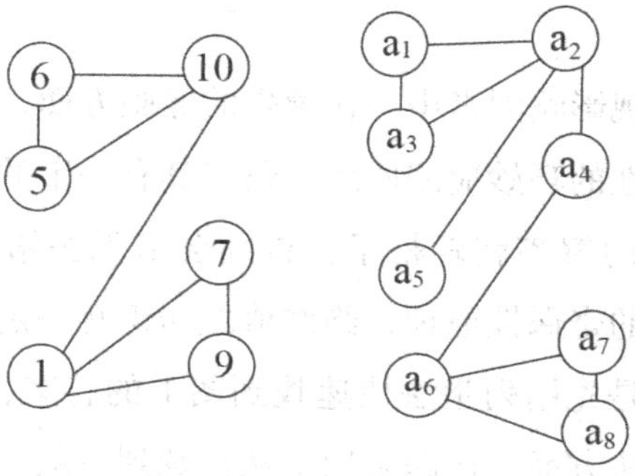

图 3

对于图 2 不存在完美填法。这是因为图 3 中共有 9 条连线，所以，各连线上两数之差的绝对值恰为 1，2，…，10，其和 $S=|a_1-a_2|+|a_1-a_3|+|a_2-a_3|+\cdots+|a_7-a_8|=55$ 为奇数。

另一方面，图 2 中每个圆圈均有偶数条连线，即每个圆圈内的数在上述 S 的表达式中出现偶数次。因此，S 应为偶数，与 S 为奇数矛盾。从而，图 2 中不存在完美填法。

在学生解题能力主观影响因素中，在学生心理因素方面，这一类题目文字不多，类似一道“游戏”题，告诉学生游戏规则，很有趣味性，这区别于其他的题目，由于图1的填法不唯一，学生只要尝试就可以很快找到答案，找到一份解题的自信。但如果仍用图1的列举法寻找图2的“完美值法”，是找不到答案的，有时间的限制，就给学生造成烦恼和压力。在学生阅读理解的能力方面，题中给出了“完美填法”的概念，要解该题必须理解这一个概念，如果每条线段相连的两个圆圈里面的数字的差的绝对值均各不相同，那么把这样的填法称作“完美填法”。理解概念是解题的基础。在认知结构方面，学生读懂题目，理解题中的概念，找到解题的思路，发现不能直接求解图2的“完美填数”时，能适时地对解题步骤做出调整，想到竞赛数学的技巧性，利用奇偶性分析，让认知结构不断完善。在自我监控能力方面，对于解题的策略调整和完善，从列举法至找到规律这一个过程就是学生的自我监控过程。在思维方面，图1就算能用列举法求解，运气好可能快速解出来，否则也要花上一些时间。若在短时间内找到规律，这要求学生的逻辑思维能力很强，能灵活地思考问题。图2用到竞赛数学技巧的奇偶性，这是最优的解决方式。可见思维能力思维方式对学生解题有一定的影响。

在学生解题能力客观影响因素中，在学生的经验方面，如果学生在平时的竞赛训练中，掌握了奇偶性的巧妙应用原理，还对其有一定的针对性训练，积累了一定的解题经验，该题的解答就轻松了，否则会毫无头绪。在学科专业知识方面，学生需对思维方式的奇偶性原理、绝对值的知识有一定的认识。在解题策略方面，该题的解题策略是先用列举法快速找到图1的答案，再从图1找到解题技巧。在数学解题思想方法方面，该题采用了从特殊到一般，利用奇偶性分析，找到“完美填法”的规律。利用思想方法将问题的本质体现出来，为解题指明了方向，可见数学解题思想方法对解题的影响。

【参考文献】

[1] 涂荣豹. 数学解题学习中的元认知 [J]. 数学教育学报，2002，(11).

[2] 喻平. 自我监控对数学解题作业的影响 [J]. 数学通报，2004，(12).

[3] 林崇德. 中国独生子女教育百科 [M]. 杭州：浙江人民出版社，1999.

[4] [美] G. 波利亚 (G. Polya) 怎样解题 [M]. 涂泓，冯承天，译. 上海科技教育出版社，2002.

[5] 张庆林，管鹏. 小学生表征应用题的元认知分析 [J]. 心理发展与教育，1997，(03).

[6] 林崇德. 论学科能力的建构 [J]. 北京师范大学学报，1997，(01).

[7] 黄国顺. 探讨数学解题的主要程序和指导意见 [J]. 文理导航 (上旬)，2011，(04).

[8] 章建跃，林崇德. 中学生数学学科自我监控能力的发展 [J]. 中国教育学刊，2000，(04).

[9] 黄晓学. 元认知在数学问题解决中的作用 [J]. 数学教育学报，1993，2 (02).

[10] 李铁安. 基于笛卡儿数学思想的高中解析几何教学策略研究 [D]. 西南大学，2007.

[11] 李祎. 数学解题应力求简单、自然——读《解题研究》一书有感 [J]. 数学通报，2006，45 (10).

[12] 何小亚. 建构良好的数学认知结构的教学策略 [J]. 数学教育学报，2002，11 (1)

[13] 马海俊. 直线与方程、圆与方程易错点剖析 [J]. 高中生学习 (高一版)，2011，(06).

第四章　竞赛数学问题解决的基本方法

竞赛数学的问题解决方法有代换法、还原法、拆分法、分组法、转化法、对应法、图示法、方程法、构造法、设数代入法、分析综合法、分散思维法、极端法，共13种。

还原法也叫逆推法或是倒推法，它要求从最后的结果出发，利用已知条件一步一步地向前推，最终使得题目中的问题得到解决。

转化法指的是将新产生的数学问题转化成旧问题进行解决，变新为旧，抓住数学问题的本质，将问题转化成熟悉的问题去解答。转化的类型通常有问题的转化、条件的转化、关系的转化、图形的转化等。代换法、拆分法与对应法的实质都含有转化的思想，对应法最常见于分数应用题的解答中。

图示法能够巧妙地、科学地借助点、线、面、表将数学问题简洁、直观、形象生动地表示出来，使得抽象的数量关系变得形象化，抓住问题的本质，迅速地解题。

列方程解应用题的关键是找准等量关系，根据等量关系设未知数并列出方程。

极端法不仅能够快速找到思路，简化解题过程，优化计算步骤，而且适用于大多题型。

在实际解题时，把分析法和综合法结合起来运用，形成新的解题方法——分析综合法，就可以抵消分析法和综合法的不足，从而使题目解答起来更加简洁、明了和迅速。

竞赛数学的13种解题方法，在此不一一进行说明，我们将在下面的篇章分类讨论这些方法。总的来说，竞赛数学的解题方法既可从细节上考虑，也能从整体上宏观地考虑，把握好局部与整体、局部与局部的内在联系，从而使问题得以很好地解决。

第一节 代换法

所谓代换法，是指在解答某些数学问题时，可根据题目中所给的条件，通过等量代换，即用一个未知量代替其他多个未知量，使得问题的数量关系单一化，从而找到解题的方法。代换法有等量代换法、整体代换法和三角代换法。

下面举例来剖析如何利用代换法解答竞赛数学题。

一、等量代换法

例 4.1.1：妈妈比女儿大 27 岁，3 年前，妈妈的年龄是女儿的 4 倍，女儿现在是几岁？

分析：

题设中，给出的妈妈与女儿的年龄关系含义有两个：一、妈妈与女儿的年龄差为27，即：妈妈的年龄 - 女儿的年龄 = 27，这一年龄差是不会变化的，无论是在之前，还是现在，抑或未来都是不会变的，等式具有恒等性；二、3 年前，妈妈的年龄 = 女儿的年龄 ×4。由于题设要求的是求女儿的年龄，不妨充分利用上述等量关系，用女儿的年龄代替妈妈的，即：

3 年前：4 × 女儿的年龄 - 女儿的年龄 = 27，得女儿的年龄为 9 岁。

现在：女儿的年龄为 $9+3=12$ 岁。

检验：三年前，妈妈的年龄 = 女儿的年龄 $\times 4=9\times 4=36$ 岁。

年龄差：$36-9=27$ 岁，符合题意。

即女儿现在是 12 岁。

例 4.1.2：买一套《趣味数学》共用去 31 元，已知上册比中册便宜 1.5 元，下册比中册贵 2.5 元，问上、中、下册各多少元？

分析：

观察题目，我们试想，如果三册书的价钱一样，那么只要把总价三等分就能求出每册书的价钱。但是根据题目中所给的条件，三本书的价格显然不一样。我们可以根据题目中所给的差价，进行适当的调整和代换，使得调整后的总价相当于三本上册或三本中册或三本下册的价格，然后就可以根据上、中、下册的数量关系，轻松求得各册的价钱。

题设给出"已知上册比中册便宜1.5元，下册比中册贵2.5元"，意味着上册、下册和中册都存在着直接的数量关系，我们不妨以中册的单价为标准，即：上册 + 1.5 = 中册，中册 + 2.5 = 下册。这样，上册 + 中册 + 下册 = 3 × 中册 + 1.5 − 2.5 = 31，三本中册的钱就是 31 + 1.5 − 2.5 = 30（元）。

由(31 + 1.5 − 2.5) ÷ 3

= 30 ÷ 3

= 10（元）……中册单价

10 − 1.5 = 8.5（元）……上册单价

10 + 2.5 = 12.5（元）……下册单价

得，上册8.5元，中册10元，下册12.5元。

检验：上册 + 中册 + 下册 = 8.5 + 10 + 12.5 = 31（元），符合题意。

所以上、中、下册各8.5元、10元、12.5元。

例4.1.3：甲、乙两个储备箱内共有水果400千克，从甲箱运出200千克，乙箱运进120千克，乙箱水果是甲箱的4倍，问甲、乙箱原有水果各多少千克？

分析：

由题设可知，甲、乙两个储备箱重量发生变化后（甲箱变轻，乙箱变重），存在着一定的数量关系，即可以相互转化，用其中的一个未知量代替另外的一个未知量，再根据题设给出的数量关系便可求出甲、乙箱原有水果各多少千克。

我们知道，甲、乙两个储备箱的水果重量发生变化后，乙箱水果重量变为甲箱水果重量的4倍，意味着乙箱水果的重量 = 4 × 甲箱水果的重量，所以变化后的水果重量 = 甲箱重量 + 4 × 甲箱的重量 = 5 × 甲箱的重量。所以有水果的总重量为 400 − 200 + 120 = 320（千克）。

故，甲箱水果的重量为 $320 \div 5 = 64$（千克）；

乙箱水果的重量为 $64 \times 4 = 256$（千克）。

那么变化前，甲箱水果重量为 $64 + 200 = 264$（千克）；

乙箱水果重量为 $256 - 120 = 136$（千克）。

检验：$264 + 136 = 400$（千克），符合题意。

故，甲、乙箱原有水果各 264 千克、136 千克。

以上这一类题中，经常会出现两个或两个以上的未知量，但是这些未知量是有一定的逻辑关系的，并且两个变量可以进行相互代换，转变为含一个未知量的问题，此时问题就可通过简单的加减乘除四则运算解出其中一个量，或者求出一个平均值，再根据题设的条件运算，解决问题。这种例子很多，我们就不多举了，下面的例子较有特点。

二、整体代换法

例 4.1.4：设 $A = \dfrac{2000^{2001} + 2001^{2002}}{2000^{2000} + 2001^{2001}}$，求 A 的整数部分。

分析：

本题我们也考虑用代换法来解答，当然本题如果不用代换法仍然有其他方法解决问题，但是不如用代换法清晰。如果用代换法，应当考虑两个量的代换，因为 2000^{2000} 与 2001^{2001} 的底数不同，难以用一个量表示，所以我们将分母上的两项用字母 a、b 来表示。

设 $a = 2000^{2000}, b = 2001^{2001}$，所以

$$A = \frac{2000a + 2001b}{a + b} \times 10 = \frac{(2000a + 2000b) + b}{a + b} \times 10 = (2000 + \frac{b}{a + b}) \times 10 < 20010;$$

此外，

$$A = \frac{(2001a + 2001b - a)}{a + b} \times 10 = (2001 - \frac{a}{a + b}) \times 10 = 20010 - \frac{10a}{a + b},$$

因为 $0 < \dfrac{10a}{a + b} < 1$（显然 $10a < b$），所以 $20009 < 20010 - \dfrac{10a}{a + b} < 20010$，

所以 A 的整数部分是 20009。

例 4.1.5:解方程 $x^2-3x+5+\dfrac{6}{x^2-3x}=0(x\in R)$。

分析:

解分式方程的基本思路是去分母，化为整式方程来求解，但本题若直接去分母，将会出现一元四次方程，计算量很大且容易出错。观察到此方程的结构特点，我们不妨把 x^2-3x 作为整体进行代换，那么计算就容易多了。

设 $x^2-3x=a$,原方程可化为:$a+5+\dfrac{6}{5}=0$,

去分母,得 $a^2+5a+6=0$,

解得 $a=-2$ 或 $a=-3$,即 $x^2-3x=-2$ 或 $x^2-3x=-3$。

由 $x^2-3x=-2$,解得 $x=1$ 或 $x=2$,

而 $x^2-3x=-3$ 无实根。

经检验知 $x=1,x=2$ 是原方程的根。

例 4.1.6:解方程组 $\begin{cases}\sqrt{x+2}+\sqrt{y-1}=5,\\ x+y=12。\end{cases}$

分析:

如果直接去根号,解题会很烦琐。我们可以考虑用代换法来求解。

设 $a=\sqrt{x+2},b=\sqrt{y-1}$,即 $x=a^2-2,y=b^2+1$,则,

原方程组就转化为:$\begin{cases}a+b=5,\\ a^2-2+b^2+1=12,\end{cases}$

即:$\begin{cases}a+b=5,\\ a^2+b^2=13,\end{cases}$ 所以有 $\begin{cases}a+b=5,\\ (a+b)^2-2ab=13,\end{cases}$

解得:$\begin{cases}a+b=5,\\ ab=6。\end{cases}$ 由 $\begin{cases}a+b=5,\\ ab=6,\end{cases}$ 和韦达定理构造一元二次方程 $z^2-5z+6=0$,

我们知道 a、b 是这个一元二次方程的根,

解得 $\begin{cases}a=2,\\ b=3,\end{cases}\begin{cases}a=3,\\ b=2。\end{cases}$

所以原方程组的根为$\begin{cases}x=2,\\y=10,\end{cases}\begin{cases}x=7,\\y=5。\end{cases}$

例 4.1.7:解方程 $x^4+x^2+\frac{1}{x^4}+\frac{1}{x^2}=4$。

分析:

设 $a=x^2$,原方程化为 $a^2+a+\frac{1}{a^2}+\frac{1}{a}-4=0$

$\Rightarrow(a+\frac{1}{a})^2+a+\frac{1}{a}-6=0$

再设 $b=a+\frac{1}{a}$,所以有 $b^2+b-6=0$,解得 $b=2,b=-3$。

即 $a+\frac{1}{a}=2,a+\frac{1}{a}=-3\Rightarrow a^2-2a+1=0,a^2+3a+1=0$。

解得 ±1 是 $a^2-2a+1=0$ 的根,$-\frac{3}{2}\pm\frac{\sqrt{5}}{2}$ 是 $a^2+3a+1=0$ 的根。

因为 $a=x^2(x^2\geqslant0)$,所以 $a=1$,即 $x^2=1$,解得 $x=\pm1$。

经检验 $x=\pm1$ 是原方程的解。

小结:在解二次方程的分式方程、无理方程或高次方程时,常用到代换法。

例 4.1.8:设对所有实数 x,不等式

$$x^2log_2\frac{4(a+1)}{a}+2xlog_2\frac{2a}{a+1}+log_2\frac{(a+1)}{4a^2}>0$$

恒成立,求 a 的取值范围。

分析:

本题中每个对数必须真数为正,即$\frac{a+1}{a}>0,\frac{a}{a+1}>0$,审题可知,可以把不等式的左边看成一个关于 x 的一元二次式,要使得这个一元二次式大于 0 恒成立,当二次项系数大于 0 时,判别式 $b^2-4ac>0$,所以

$$\begin{cases}log_2=\frac{4(a+1)}{a}>0,\\(2log_2\frac{2a}{a+1})^2-4log_2\frac{2a}{a+1}\cdot log_2\frac{(a+1)^2}{4a^2}<0,\end{cases}\qquad(1)$$

但是我们发现问题并没有简化，解题依旧很复杂烦琐。我们不妨试试换元法，令 $u = log_2 \frac{a+1}{a}$，所以(1)就变为

$2 + u > 0$,

$4(u-1)^2 - 8(2+u)(u-1) < 0$,

然后再解不等式组就可以了。

本题的关键是换元，设 $v = log_2 \frac{a+1}{2a}$，这样原不等式就变为 $x^2(v+3) - 2vx + 2v > 0$，不需要用到判别式，令 $x = 0$ 就得到 $v > 0$。

而当 $v > 0$ 时，有 $x^2(v+3) - 2vx + 2v = v(x-1)^2 + 3x^2 + v > 0$ 恒成立。

因为 $v > 0$，即 $log_2 \frac{a+1}{a} > 0 \Rightarrow \frac{a+1}{a} > 2 \Rightarrow \frac{1-a}{a} > 0$,

故得到 $0 < a < 1$。

三、三角代换法

"三角代换"是竞赛数学解题中的一种常用技巧。这种技巧在解决一些运算复杂、解题思路较难的问题时常常能起到事半功倍的效果。从结构上分析，如果题目的条件或结论有如下类似的式子时：$x^2 + y^2 = a^2, x^2 \pm y^2$ 时，注意到它们与同角三角函数的平方关系：$sin^2\theta + cos^2\theta = 1, 1 + tan^2\theta = sec^2\theta, 1 + cot^2\theta = csc^2\theta$ 是基本一致或相似的，所以可以考虑做三角代换：$x = asin\theta, x = atan\theta, x = acos\theta$ 等。

例 4.1.9：已知 x、y 满足 $\frac{x^2}{4} + y^2 = 1$，求 $f(x,y) = x^2 + 2xy + 4y^2 + x + 2y$ 的最大值和最小值。

分析：

如果我们设 $y = sin\theta$，因为 $-1 \leqslant y \leqslant 1$，所以取正弦函数的一个区间 $[-\frac{\pi}{2}, \frac{\pi}{2}]$。那么设 $x = 2cos\theta, \theta \in [-\frac{\pi}{2}, \frac{\pi}{2}]$，所以 $f(x,y) = 4 + 4sin\theta + 2(sin\theta + cos\theta)$。再令 $t = sin\theta + cos\theta$，因为 $\theta \in [-\frac{\pi}{2}, \frac{\pi}{2}]$，所以 $t \in [-\sqrt{2}, \sqrt{2}]$。又因为 $t^2 = (sin\theta$

$+ cos\theta)^2 = 1 + 2sin\theta cos\theta$，所以 $4sin\theta cos\theta = 2t^2 - 2$，即 $f(x,y) = 2t^2 + 2t + 2 = 2(t + \frac{1}{2})^2 + \frac{3}{2}$，故当 $t = -\frac{1}{2}$ 时，$f(x,y)$ 取得最小值 $\frac{2}{3}$，当 $t = \sqrt{2}$ 时，$f(x,y)$ 取得最大值 $6 + 2\sqrt{2}$。

例 4.1.10：设 $a,b,A,B \in R$ 若对于任意的 $x \in R$，都有 $f(x) = 1 - acosx - bsinx - Acos2x - Bsin2x \geqslant 0$，求证 $a^2 + b^2 \leqslant 2$。

分析：

因为 $(\frac{a}{\sqrt{a^2 + b^2}})^2 + (b\frac{b}{\sqrt{a^2 + b^2}})^2 = 1$，所以令

$\frac{b}{\sqrt{a^2 + b^2}} = cos\theta$，$\frac{a}{\sqrt{a^2 + b^2}} = sin\theta$，那么

$$acosx + bsinx = \sqrt{a^2 + b^2}(\frac{a}{\sqrt{a^2 + b^2}}cosx + \frac{b}{\sqrt{a^2 + b^2}}sinx)$$

$$= \sqrt{a^2 + b^2}(sin\theta cosx + cos\theta sinx)$$

$$= \sqrt{a^2 + b^2}sin(x + \theta),$$

令 $\frac{B}{\sqrt{A^2 + B^2}} = sina$，$\frac{A}{\sqrt{A^2 + B^2}} = cosa$，同理，$Acosx + Bsinx = \sqrt{A^2 + B^2}sin(x + a)$。

假设 $\sqrt{a^2 + b^2} > 2$，

那么 $f(x) = 1 - \sqrt{a^2 + b^2}sin(x + \theta) - \sqrt{A^2 + B^2}sin2(x + a)$，

取 $x_1 = \frac{\pi}{4} - \theta, x_2 = \frac{\pi}{2} + x_1 = \frac{3\pi}{4} - \theta$，

于是有

$$f(x_1) < 1 - \sqrt{2}sin\frac{\pi}{4} - \sqrt{A^2 + B^2}sin2(x_1 - a) = -\sqrt{A^2 + B^2}sin2(x_1 - a),$$

同理 $f(x_2) < -\sqrt{A^2 + B^2}sin2(x_2 + a) = \sqrt{A^2 + B^2}sin2(x_1 + a)$，

若 $sin2(x_1 + a) \geqslant 0$，则 $f(x_1) < -0$ 与已知矛盾，若 $sin2(x_1 + a) < 0$，

则 $f(x_1) < 0$ 也与已知矛盾，所以 $a^2 + b^2 \leqslant 2$。

第二节 拆分法

所谓拆分法，是指把一个加数拆成两个数的差，使其中的部分分数可以互相抵消；有时要把一个数拆成几个数的积，然后从中选出符合题目要求的答案。在一些竞赛数学的题目中，我们经常会遇到一些条件不能一眼看出，比较隐蔽的题目，要是依据常规的解题思路，解起来会比较烦琐，也不容易快速得到答案，但是，如果能巧妙地运用恰当的数学技巧和方法分析解答，不但独具创新，让人眼前一亮，最重要的是简便易懂。拆分法就是解决竞赛数学问题的一种极为巧妙的方法。

下面举例来说明如何利用拆分法巧妙地解答竞赛数学题。

例 4.2.1：计算$\frac{1}{1\times2}+\frac{1}{2\times2}+\frac{1}{3\times4}+\cdots+\frac{1}{99\times100}$。

分析：

此题若用一般方法（通分法）来直接解答，原式中项数较多，难找公因数，而且进行通分后解答很困难。我们不妨另辟蹊径，由题设，把原式转化为：$\frac{1}{2}+\frac{1}{6}+\frac{1}{12}+\cdots+\frac{1}{9900}$来思考。小学学习通分的时候，我们学习过$\frac{1}{1}-\frac{1}{2}=\frac{1}{2}$，$\frac{1}{2}-\frac{1}{3}=\frac{1}{6}$，$\frac{1}{3}-\frac{1}{4}=\frac{1}{12}$，…，但是反过来的过程，可能就很少人去研究了，即$\frac{1}{2}=\frac{1}{1}-\frac{1}{2}$，$\frac{1}{6}=\frac{1}{2}-\frac{1}{3}$，$\frac{1}{12}=\frac{1}{3}-\frac{1}{4}$，…，基于题目中项数较多，而数学学习的基础都是从简单的地方开始的，那么，我们不妨先来计算题目的前三项的和，$\frac{1}{1\times2}+\frac{1}{2\times3}+\frac{1}{3\times4}=\frac{1}{2}+\frac{1}{6}+\frac{1}{12}=1-\frac{1}{2}+\frac{1}{2}-\frac{1}{3}+\frac{1}{3}-\frac{1}{4}=1-\frac{1}{4}=\frac{3}{4}$。

不难发现，把式子拆分开后，中间的项都消除了，如：$-\frac{1}{2}+\frac{1}{2}-\frac{1}{3}+\frac{1}{3}=0$。基于此，引发我们对原式的思考，是否原式也可以经过拆分，然后消除中间项呢？不能得到肯定回复的时候，我们不妨再来计算题目的前四项的和，$\frac{1}{1\times2}+\frac{1}{2\times3}+\frac{1}{3\times4}+\frac{1}{4\times5}=\frac{1}{2}+\frac{1}{6}+\frac{1}{12}+\frac{1}{20}=1-\frac{1}{2}+\frac{1}{2}-\frac{1}{3}+\frac{1}{3}-\frac{1}{4}+\frac{1}{4}-\frac{1}{5}=1-\frac{1}{5}=\frac{4}{5}$。

同理计算前五项的和、前六项的和分别得到答案为：$1-\frac{1}{6}=\frac{5}{6}$，$1-\frac{1}{7}=\frac{6}{7}$。计算到这里，似乎已经可以得到肯定答案了，不难发现，$\frac{1}{99\times100}=\frac{1}{9900}=\frac{1}{99}-\frac{1}{100}$，所以计算原式就变得简单了很多，只需要两步，第一步，拆分（裂项），即原式 $=1-\frac{1}{2}+\frac{1}{2}-\frac{1}{3}+\frac{1}{3}+\cdots+\frac{1}{98}-\frac{1}{99}+\frac{1}{99}-\frac{1}{100}$；

第二步，相消：$1-\frac{1}{100}=\frac{99}{100}$。

原式 $=1-\frac{1}{2}+\frac{1}{2}-\frac{1}{3}+\frac{1}{3}+\cdots+\frac{1}{98}-\frac{1}{99}-\frac{1}{100}=1-\frac{1}{100}=\frac{99}{100}$。

说明：一般地，我们把 $\frac{1}{2}=\frac{1}{1}-\frac{1}{2}$，$\frac{1}{6}=\frac{1}{2}-\frac{1}{3}$，$\frac{1}{12}=\frac{1}{3}-\frac{1}{4}$，…，$\frac{1}{99\times100}=\frac{1}{9900}=\frac{1}{99}-\frac{1}{100}$，这些一个数拆成两个数或者多个数（即 $\frac{1}{n\times(n+1)}=\frac{1}{n}-\frac{1}{n+1}$）的方法，叫作拆分法，也称作裂项法。把算式中的项进行拆分的目的在于使得拆分后的项可前后抵消，将原来看似复杂，无法求解的题目变得可以快速解答。拆分法看似很灵活，无法可依，但仔细想想，其实它一点都不神秘，拆分运算就是通分运算的逆过程。

拆分法就两步：一、拆分（裂项），二、相消。

回过头来仔细观察原式，不难发现这个式子有3个显著特征：

1. 分子全部相同，都是1。

2. 分母均为两个自然数的乘积形式，并且相邻两个分母上的因数“首尾相接”。

3. 分母上两个因数间的差是一个定值，定值是1。

数学是一门综合性强的学科，我们讲究从特殊到一般转化的思想，根据上述三个特性，将式子一般化，很容易得到解这一类题的规律，即：

$\frac{1}{1\times2}+\frac{1}{2\times3}+\frac{1}{3\times4}+\cdots+\frac{1}{n\times(n+1)}=1-\frac{1}{n+1}=\frac{n}{n+1}$（先裂项，后相消）。

不是所有事物都是一成不变的，数学就是一门千变万化的学科，一道题目可以变出很多不同的延伸拓展题，我们不妨试着改变题目本身的条件，以多角度去思考、总结。比如改变特征1：分子全部相同，却不再为1，而为2，3，甚至为不确定具体是什么数的k，又该怎么计算呢？

例4.2.2 计算下面各题：

（1）$\frac{2}{1\times2}+\frac{2}{2\times3}+\frac{2}{3\times4}+\cdots+\frac{2}{n\times(n+1)}$；

（2）$\frac{3}{1\times2}+\frac{3}{2\times3}+\frac{3}{3\times4}+\cdots+\frac{3}{n\times(n+1)}$；

（3）$\frac{d}{1\times2}+\frac{d}{2\times3}+\frac{d}{3\times4}+\cdots+\frac{d}{n\times(n+1)}$。

分析：

例4.2.2是例4.2.1的延伸拓展题，这类题还是很容易得出答案的，解竞赛数学题时，会观察题目很重要。显然（1）、（2）、（3）三道题中每一项都有共同的公因数，如：2，3，d，我们发现只需要提取公因数，就会变成我们所熟悉的可以运用拆分法求解的典型题目了。即可通过先提取公因数，后用拆分法来求解，所以有，

$$(1)\frac{2}{1\times2}+\frac{2}{2\times3}+\frac{2}{3\times4}+\cdots+\frac{2}{n\times(n+1)}$$

$$=2\times\left[\frac{1}{1\times2}+\frac{1}{2\times3}+\frac{1}{3\times4}+\cdots+\frac{1}{n\times(n+1)}\right]$$

$$=2\times\frac{n}{n+1};$$

$$(2)\frac{3}{1\times2}+\frac{3}{2\times3}+\frac{3}{3\times4}+\cdots+\frac{3}{n\times(n+1)}$$

$$=3\times\frac{n}{n+1};$$

$$(3)\frac{d}{1\times2}+\frac{d}{2\times3}+\frac{d}{3\times4}+\cdots+\frac{d}{n\times(n+1)}$$

$=3\times\frac{n}{n+1}$

$=d\times[\frac{1}{1\times2}+\frac{1}{2\times3}+\frac{1}{3\times4}+\cdots+\frac{1}{n\times(n+1)}]$

$=d\times\frac{n}{n+1}$

$=\frac{dn}{n+1}$。

小结：现在考虑例 4.2.2 中更具一般性的情况，即讨论$\frac{d}{1\times2}+\frac{d}{2\times3}+\frac{d}{3\times4}+\cdots+\frac{d}{n\times(n+1)}$($d=1,2,3\cdots$)的计算公式。

所以有，$\frac{d}{1\times2}+\frac{d}{2\times3}+\frac{d}{3\times4}+\cdots+\frac{d}{n\times(n+1)}=d\times\frac{n}{n+1}$。

例 4.2.3 计算：$\frac{1}{1\times4}+\frac{1}{4\times7}+\frac{1}{7\times10}+\frac{1}{10\times13}+\frac{1}{13\times16}$。

分析：

例 4.2.3 也是例 4.2.1 的变式，相邻两个分母上的因数还是“首尾相接”，分母上两个因数间的差仍是一个定值，定值却不是 1。这一类题，看起来还是可以运用拆分法来求解，但是已经不能进行简单的拆分来求解这一类题了，我们不妨回到通分的角度来思考，基于我们已经理解了拆分仅仅是通分变形的逆过程，所以我们就可以由通分运算得出拆分的变形公式。简单举例，如：$1-\frac{1}{3}=\frac{2}{3}=\frac{2}{1\times3}$，$\frac{1}{2}-\frac{1}{4}=\frac{1}{4}=\frac{2}{2\times4}$，$\frac{1}{3}-\frac{1}{5}=\frac{2}{15}=\frac{2}{3\times5}$，……，$\frac{1}{n}-\frac{1}{n+2}=\frac{2}{n\times(n+2)}$，这些都是式子的通分运算，由此，我们可以得到一个新的拆分公式：$\frac{1}{n\times(n+2)}=\frac{1}{2}\times(\frac{1}{n}-\frac{1}{n+2})$，应用它，可以计算题目中分母上两个因数相差为 2 的分数的各项的和。

进一步，我们将刚得到的拆分公式一般化，推广得到拆分公式$\frac{1}{n\times(n+k)}=\frac{1}{k}\times(\frac{1}{n}-\frac{1}{n+k})$或者$\frac{1}{(n-k)\times n}=\frac{1}{k}\times(\frac{1}{n-k}-\frac{1}{n})$，则可以应用它计算题

目中分母上两个因数相差为 k 的分数的各项的和。

所以计算$\frac{1}{1\times4}+\frac{1}{4\times7}+\frac{1}{7\times10}+\frac{1}{10\times13}+\frac{1}{13\times16}$就变得简单了，有

$$\frac{1}{1\times4}+\frac{1}{4\times7}+\frac{1}{7\times10}+\frac{1}{10\times13}+\frac{1}{13\times16}$$

$$=\frac{1}{3}\times\left(1-\frac{1}{4}\right)+\frac{1}{3}\times\left(\frac{1}{4}-\frac{1}{7}\right)+\frac{1}{3}\times\left(\frac{1}{7}-\frac{1}{10}\right)+\frac{1}{3}\times\left(\frac{1}{10}-\frac{1}{13}\right)$$

$$+\frac{1}{3}\times\left(\frac{1}{13}-\frac{1}{16}\right)$$

$$=\frac{1}{3}\times\left(1-\frac{1}{4}+\frac{1}{4}-\frac{1}{7}+\frac{1}{7}-\frac{1}{10}+\frac{1}{10}-\frac{1}{13}+\frac{1}{13}-\frac{1}{16}\right)$$

$$=\frac{1}{3}\times\left(1-\frac{1}{16}\right)$$

$$=\frac{1}{3}\times\frac{15}{16}$$

$$=\frac{5}{16}。$$

小结：将例 4.2.3 中的拆分公式更一般化地推广，则可以得到拆分公式：

$\frac{d}{n\times(n+k)}=\frac{d}{k}\times\left(\frac{1}{n}-\frac{1}{n+k}\right)$ 或者$\frac{d}{(n-k)\times n}=\frac{d}{k}\times\left(\frac{1}{n-k}-\frac{1}{n}\right)$。

例 4.2.4：计算：$\frac{1}{2}+\frac{1}{4}+\frac{1}{8}+\frac{1}{16}+\frac{1}{32}+\frac{1}{64}+\frac{1}{128}$。

分析：

本题与例 4.2.3 很相似，看似可以利用上述得到的拆分公式进行直接计算，但是，显然上述的常用拆分公式已经不适用于此题。对比例 4.2.3，本题也有例 4.2.3 的特征，分子全部相同且为 1，不同的是算式中的分母上的数，后一个分母上的数是前一个分母上的两倍。如果把$\frac{1}{2}+\frac{1}{4}+\frac{1}{8}+\frac{1}{16}+\frac{1}{32}+\frac{1}{64}+\frac{1}{128}$写成"首尾相连"，即原式 $=\frac{1}{1\times2}+\frac{1}{2\times2}+\frac{1}{2\times4}+\frac{1}{4\times4}+\frac{1}{4\times8}+\frac{1}{8\times8}+\frac{1}{8\times16}$，显然，我们之前得到的拆分公式不能直接利用来解本题，基于例 4.2.3 的研究，不妨也想办法把本题进行拆分（裂项），再消除。我们知道，本题还可以写成：

$\frac{1}{2}+\frac{1}{4}+\frac{1}{8}+\frac{1}{16}+\frac{1}{32}+\frac{1}{64}+\frac{1}{128}$

$=\frac{1}{2}+\frac{1}{2\times2}+\frac{1}{2\times4}+\frac{1}{2\times8}+\frac{1}{2\times16}+\frac{1}{2\times32}+\frac{1}{2\times64}$

即$\frac{1}{4}=\frac{1}{2\times2}=\frac{1}{2}\times\frac{1}{2}$，$\frac{1}{8}=\frac{1}{2\times4}=\frac{1}{2}\times\frac{1}{4}$，…，$\frac{1}{128}=\frac{1}{2\times64}=\frac{1}{2}\times\frac{1}{64}$，

我们发现，$\frac{1}{4}$是$\frac{1}{2}$的一半，$\frac{1}{8}$是$\frac{1}{4}$的一半，…，$\frac{1}{128}$是$\frac{1}{64}$的一半，一倍的关系等同于加法运算（如：$2\times1=1+1$），因而就有$\frac{1}{4}+\frac{1}{4}=\frac{1}{2}$，$\frac{1}{8}+\frac{1}{8}=\frac{1}{4}$，…，$\frac{1}{128}+\frac{1}{128}=\frac{1}{64}$，这是一个通分的过程，它们对应的拆分过程也就意味着有$\frac{1}{4}=\frac{1}{2}-\frac{1}{4}$，$\frac{1}{8}=\frac{1}{4}-\frac{1}{8}$，…，$\frac{1}{128}=\frac{1}{64}-\frac{1}{128}$，有了这些知识作为基础，本题也就可以拆分裂项了，进一步相消就可以解得最后结果。所以有

$\frac{1}{2}+\frac{1}{4}+\frac{1}{8}+\frac{1}{16}+\frac{1}{32}+\frac{1}{64}+\frac{1}{128}$

$=1-\frac{1}{2}+\frac{1}{2}-\frac{1}{4}+\frac{1}{4}-\frac{1}{8}+\frac{1}{8}-\frac{1}{16}+\frac{1}{16}-\frac{1}{32}+\frac{1}{32}-\frac{1}{64}+\frac{1}{64}-\frac{1}{128}$

$=1-\frac{1}{128}$

$=\frac{127}{128}$。

小结：观察例 4.2.4，我们会发现 $2=2^1$，$4=2^2$，$8=2^3$，…，$128=2^7$，如果将之一般化地推广，就可以得到拆分公式：

$\frac{1}{2}+\frac{1}{4}+\frac{1}{8}+\cdots+\frac{1}{2^n}$

$=1-\frac{1}{2}+\frac{1}{2}-\frac{1}{4}+\frac{1}{4}-\frac{1}{8}+\cdots+\frac{1}{2^{n-1}}-\frac{1}{2^n}$

$=1-\frac{1}{2^n}$（$n=1$，2）。

深入地思考就可以得到更具一般性的拆分公式，如下所示：

$\frac{1}{k}+\frac{1}{k^2}+\cdots+\frac{1}{k^n}$

$=\frac{1}{k-1}\times\left(1-\frac{1}{k}\right)+\frac{1}{k-1}\times\left(\frac{1}{k}-\frac{1}{k^2}\right)+\cdots+\frac{1}{k-1}\times\left(\frac{1}{k^{n-1}}-\frac{1}{k^n}\right)$

$=\frac{1}{k-1}\times\left(1-\frac{1}{k}+\frac{1}{k}-\frac{1}{k^2}+\cdots+\frac{1}{k^{n-1}}-\frac{1}{k^n}\right)=\frac{1}{k-1}\times\left(1-\frac{1}{k^n}\right)$。

（$k=2，3\cdots，n=1，2\cdots$）

例 4.2.5：计算$\frac{1}{6}+\frac{1}{24}+\frac{1}{60}$。

分析：

例 5 比较简单，项数较少，数字也不算很大，直接计算不复杂，我们可以用一般的方法——通分来计算。对比例 4.2.4，我们发现例 4.2.5 和例 4.2.4 有相似之处，虽然不同，但是本题应该也有对应的拆分公式来进行巧妙的计算，我们不妨仔细观察本题，发现本题中三个分母分别是 6、24、60，我们知道 $6=2\times3$，$24=4\times6=4\times2\times3$，$60=6\times10=6\times2\times5=2\times3\times2\times5$，而重新组合后，很容易得到：$6=1\times2\times3$，$24=2\times3\times4$，$60=3\times4\times5$，意味着本题可以写成$\frac{1}{1\times2\times3}+\frac{1}{2\times3\times4}+\frac{1}{3\times4\times5}$，这个时候的本题和例 4.2.1 就几乎一样了，简单地对本题处理一下，就有：

$\frac{1}{6}=\frac{1}{2}\times\left(\frac{1}{1\times2}-\frac{1}{2\times3}\right)$，

$\frac{1}{24}=\frac{1}{2}\times\left(\frac{1}{1\times2}-\frac{1}{2\times3}\right)$，$\frac{1}{60}=\frac{1}{2}\times\left(\frac{1}{3\times4}-\frac{1}{4\times5}\right)$，

所以有，$\frac{1}{6}+\frac{1}{24}+\frac{1}{60}$

$=\frac{1}{2}\times\left(\frac{1}{1\times2}-\frac{1}{2\times3}+\frac{1}{2\times3}-\frac{1}{3\times4}+\frac{1}{3\times4}-\frac{1}{4\times5}\right)$

$=\frac{1}{2}\times\left(\frac{1}{1\times2}-\frac{1}{4\times5}\right)$

$=\frac{9}{40}$。

小结：将例 5 一般化得到拆分公式：

$\frac{1}{n(n+1)(n+2)}=\frac{1}{2}\left[\frac{1}{n(n+1)}-\frac{1}{(n+1)(n+2)}\right]$ $(n=1, 2\cdots)$。

总结：就目前的学习来看，拆分的过程愈发清晰。于是，我们适时总结一下，根据不同的题型选择合适的常用拆分公式可以进行又快又准确的计算。总结常用的拆分公式为：

(1) $\frac{1}{n\times(n+1)}=\frac{1}{n}-\frac{1}{(n+1)}$或者$\frac{1}{(n-1)\times n}=\frac{1}{n-1}-\frac{1}{n}$ $(n=1, 2\cdots)$；

(2) $\frac{d}{n\times(n+1)}=d\times\left(\frac{1}{n}-\frac{1}{n+1}\right)$ 或者$\frac{d}{(n-1)\times n}=d\times\left(\frac{1}{n-1}-\frac{1}{n}\right)$；$(n=1, 2\cdots, d=1, 2\cdots)$；

(3) $\frac{d}{n\times(n+k)}=\frac{d}{k}\times\left(\frac{1}{n}-\frac{1}{n+k}\right)$ 或者$\frac{d}{(n-k)\times n}=\frac{d}{k}\times\left(\frac{1}{n-k}-\frac{1}{n}\right)$；$(n=1,2\cdots,d=1,2\cdots,k=1,2\cdots)$；

(4) $\frac{1}{k}+\frac{1}{k^2}+\cdots+\frac{1}{k^n}=\frac{1}{k-1}\times\left(1-\frac{1}{k^n}\right)$ $(k=2,3\cdots,n=1,2\cdots)$；

(5) $\frac{1}{n\times(n+1)\times(n+2)}=\frac{1}{2}\times\left[\frac{1}{n\times(n+1)}-\frac{1}{(n+1)\times(n+2)}\right]$ $(n=1, 2\cdots)$ 或者$\frac{1}{(n-1)\times n\times(n+1)}=\frac{1}{2}\times\left[\frac{1}{(n-1)\times n}-\frac{1}{n\times(n+1)}\right]$ $(n=1,2\cdots)$。

例 4.2.6：计算$\frac{1^2+2^2}{1\times2}+\frac{2^2+3^2}{2\times3}+\frac{3^2+4^2}{3\times4}+\cdots+\frac{2014^2+2015^2}{2014\times2015}$。

分析：

本题求2014个分数的和，规律很明显：$\frac{k^2+(k+1)^2}{k(k+1)}$，$(k=1,2,\cdots,2014)$将其拆分得：$\frac{k^2}{k(k+1)}+\frac{(k+1)^2}{k(k+1)}$，再约分得：$\frac{k}{k+1}+\frac{k+1}{k}=1-\frac{k}{k+1}+1+\frac{1}{k}=2+\frac{1}{k}-\frac{1}{k+1}$。令$k=1,2,\cdots,2014$，然后相加，

原式 $=2014\times2+1-\frac{1}{2015}=2028\frac{2014}{2015}$。

例 4.2.7：已知$a_n=n$，求证：$\frac{1}{{a_1}^2}+\frac{\sqrt{2}}{{a_2}^2}+\frac{\sqrt{3}}{{a_3}^2}+\cdots+\frac{\sqrt{n}}{{a_n}^2}<3$。

分析：

因为$\frac{\sqrt{n}}{a_n^{\ 2}}=\frac{\sqrt{n}}{n^2}=\frac{1}{\sqrt{n^3}}<\frac{1}{\sqrt{(n-1)n(n+1)}}=\frac{2}{\sqrt{(n-1)(n+1)}\cdot 2\sqrt{n}}$

$<\frac{2}{\sqrt{(n-1)(n+1)}\cdot(\sqrt{n-1}+\sqrt{n+1})}$

$=\frac{\sqrt{n+1}-\sqrt{n-1}}{\sqrt{(n-1)(n+1)}}=\frac{1}{\sqrt{n-1}}-\frac{1}{\sqrt{n+1}}$,

所以$S_n=1+\frac{\sqrt{2}}{2^2}+\frac{\sqrt{3}}{3^2}+\cdots+\frac{\sqrt{n}}{n^2}$

$<1+(1-\frac{1}{\sqrt{3}})+(\frac{1}{\sqrt{2}}-\frac{1}{\sqrt{4}})+(\frac{1}{\sqrt{3}}-\frac{1}{\sqrt{5}})+\cdots+(\frac{1}{\sqrt{n-2}}-\frac{1}{\sqrt{n}})$

$+(\frac{1}{\sqrt{n-1}}-\frac{1}{\sqrt{n+1}})$

$=2+\frac{1}{\sqrt{2}}-\frac{1}{\sqrt{n}}-\frac{1}{\sqrt{n+1}}<3$。

例 4.2.8：已知$a_n=(\frac{1}{3})^n$，设$c_n=\frac{1}{1+a_n}+\frac{1}{1-a_{n+1}}$，数列$\{c_n\}$的前$n$项和为$T_n$。求证：$T_n>2n-\frac{1}{3}$。

分析：

$c_n=\frac{1}{1+(\frac{1}{3})^n}+\frac{1}{1-(\frac{1}{3})^{n+1}}=\frac{3^n}{3^n+1}+\frac{3^{n+1}}{3^{n+1}-1}$

$=\frac{3^n+1-1}{3^n+1}+\frac{3^{n+1}-1+1}{3^{n+1}-1}$

$=1-\frac{1}{3^n+1}+1+\frac{1}{3^{n+1}-1}$

$=2-(\frac{1}{3^n+1}-\frac{1}{3^{n+1}-1})$,

由$\frac{1}{3^n+1}<\frac{1}{3^n}$，$\frac{1}{3^{n+1}-1}>\frac{1}{3^{n+1}}$，得$\frac{1}{3^n+1}+\frac{1}{3^{n+1}-1}<\frac{1}{3^n}-\frac{1}{3^{n+1}}$，所以

$c_n = 2 - (\frac{1}{3^n + 1} - \frac{3}{3^{n+1} - 1}) > \frac{1}{3^n} - \frac{1}{3^{n+1}}$,从而

$T_n = c_1 + c_2 + \cdots + c_n > [2 - (\frac{1}{3} - \frac{1}{3^2})] + [2 - (\frac{1}{3^2} - \frac{1}{3^3})]$

$+ \cdots + [2 - (\frac{1}{3^n} - \frac{1}{3^{n+1}})]$

$= 2n - [(\frac{1}{3} - \frac{1}{3^2}) + (\frac{1}{3^2} - \frac{1}{3^3}) + \cdots + (\frac{1}{3^n} - \frac{1}{3^{n+1}})]$

$= 2n - (\frac{1}{3} - \frac{1}{3^{n+1}}) > 2n - \frac{1}{3}$。

即 $T_n > 2n - \frac{1}{3}$。

例 4.2.9：设 $f(x) = \frac{1 + a^x}{1 - a^x}(a > 0$, 且 $a \neq 1)$，当 $0 < a \leqslant \frac{1}{2}$ 时，试证明：$\left|\sum_{k=1}^{n} f(k) - n\right| < 4$。

分析：

设 $a = \frac{1}{1 + p}$,则 $p \geqslant 1$,当 $n \geqslant 2$,设 $k \geqslant 2, k \in N^+$,则

$f(x) = \frac{(1 + p)^k + 1}{(1 + p)^k - 1} = 1 + \frac{2}{(1 + p)^k - 1}$

$= 1 + \frac{2}{C_1{}^1 P + C_1{}^2 P^2 + \cdots + C_1^k P^n}$。

$1 < f(k) \leqslant 1 + \frac{2}{C_k^1 + C_k^2} = 1 + \frac{4}{k(k + 1)} = 1 + \frac{4}{k} - \frac{4}{k + 1}$,

从而 $n - 1 < \sum_{k=1}^{n} \leqslant n - 1 + \frac{4}{2} - \frac{4}{n + 1} = n + 1 - \frac{4}{n + 1} - \frac{4}{n + 1} < n + 1$,

即 $n < \sum_{k=1}^{n} f(k) < f(1) + n + 1 \leqslant n + 4$,

总有 $\left|\sum_{k=1}^{n} f(k) - n\right| < 4$。

例 4.2.10：已知 $a_1 = \frac{1}{2}, a_{n+1} = a_n^2 + a_n$ 求证：

$1 < \frac{1}{1+a_1} + \frac{1}{1+a_2} + \cdots + \frac{1}{1+a_n} < 2(n \geqslant 2, n \in N^*)$。

分析：

由于$\frac{1}{a_{n+1}} = \frac{1}{a_n^2 + a_n} = \frac{1}{a_n(1+a_n)} = \frac{1}{a_n}$所以有$\frac{1}{1+a_n} = \frac{1}{a_n} - \frac{1}{a_{n+1}}$，又有$\frac{1}{1+a_1} + \frac{1}{1+a_2} + \cdots + \frac{1}{1+a_n} = \frac{1}{a_1} - \frac{1}{a_2} + \frac{1}{a_2} - \frac{1}{a_3} + \cdots + \frac{1}{a_n} - \frac{1}{a_{n+1}}$

$= \frac{1}{a_1} - \frac{1}{a_{n+1}} = 2 - \frac{1}{a_{n+1}}$，

因为$a_2 = (\frac{1}{2})^2 + \frac{1}{2} = \frac{3}{4}, a_3 = (\frac{3}{4})^2 + \frac{3}{4} > 1$，且$n \geqslant 2 a_{n+1} > a_n$，

所以$a_{n+1} \geqslant a_3 > 1$，即$1 < 2 - \frac{1}{a_{n+1}} < 2$，

意味着$1 < \frac{1}{1+a_1} + \frac{1}{1+a_2} + \cdots + \frac{1}{1+a_n} < 2$。

例 4.2.11：求证：$2015^{2014} < 2014^{2015}$。

分析：

将题目考虑到更一般的情况，即$(n+1)^n < n^{n+1}, n \geqslant 3, n \in N^*$，要证$(n+1)^n < n^{n+1}, n \geqslant 3, n \in N^*$，只需证$(\frac{1}{n}+1)^n < n$，因为左边可以看成$n$个$(\frac{1}{n}+1)$之积，右边可以拆分成：$1 \cdot \frac{2}{1} \cdot \frac{3}{2} \cdot \frac{4}{3} \cdot \cdots \cdot \frac{n}{n-1}$，当$n \geqslant 3, n \in N^*$时，令左边通项为：$a_k = 1 + \frac{1}{k}$，右边通项为：$b_k = \frac{k}{k-1}(3 \leqslant k \leqslant n)$，则$a_k - b_k = \frac{k-(k-1)}{k(k-1)} < 0(3 \leqslant k \leqslant n)$。

所以当$n \geqslant 3$，$(\frac{1}{n}+1)^n < n$恒成立，故$n = 2014$时，有$(\frac{1}{2014}+1)^{2014} < 2014$，即$2015^{2014} < 2014^{2015}$。

例 4.2.12：计算$1994 + \frac{1}{2} - 1\frac{1}{3} + 2\frac{1}{2} - 3\frac{1}{3} + 4\frac{1}{2} - 5\frac{1}{3} + \cdots + 1992\frac{1}{2} - 1993\frac{1}{3}$。

分析：

此题显然不适用刚才总结的公式，而直接计算具有一定难度，仔细观察，我们发现题目有许多分数，比如：$1\frac{1}{3}$，$2\frac{1}{2}$，…，$1993\frac{1}{3}$。基于假分数与带分数之间的关系，我们很容易就可以把 $1\frac{1}{3}$，$2\frac{1}{2}$，…，$1993\frac{1}{3}$ 这些假分数拆分成带分数的形式：$1+\frac{1}{3}$，$2+\frac{1}{2}$，…，$1993+\frac{1}{3}$，所以对原式做变化，

原式 $=1994+\frac{1}{2}-(1+\frac{1}{3})+(2+\frac{1}{2})-(3+\frac{1}{3})+(4+\frac{1}{2})-(5+\frac{1}{3})+\cdots+(1992+\frac{1}{2})-(1993+\frac{1}{3})$

$=(1994-1+2-3+\cdots+1992-1993)+(\frac{1}{2}+\frac{1}{2}+\cdots+\frac{1}{2})-(\frac{1}{3}+\frac{1}{3}+\cdots+\frac{1}{3})$。

不难发现，一共有 997 个$\frac{1}{2}$，997 个$\frac{1}{3}$，所以，

$(\frac{1}{2}+\frac{1}{2}+\cdots+\frac{1}{2})=997\times\frac{1}{2}$，

$(\frac{1}{3}+\frac{1}{3}+\cdots+\frac{1}{3})=997\times\frac{1}{3}$，

即$(\frac{1}{2}+\frac{1}{2}+\cdots+\frac{1}{2})-(\frac{1}{3}+\frac{1}{3}+\cdots+\frac{1}{3})$

$=997\times\frac{1}{2}-997\times\frac{1}{3}$

$=997\times(\frac{1}{2}-\frac{1}{3})$

$=997\times\frac{1}{6}$。

再来看（$1994-1+2-3+4-5+\cdots+1992-1993$），把其中的 -1，$2-3=-1$，$4-5=-1$，…，$1992-1993=-1$ 分别看作一项，则（$1994-1+2-3+4-5+\cdots+1992-1993$）中，一共有（$1992\div2$）$+1=996+1=997$ 个 -1，所以

$(1994-1+2-3+4-5+\cdots+1992-1993)=1994-997=997$，

综上所述，$1994+\frac{1}{2}-1\frac{1}{3}+2\frac{1}{2}-3\frac{1}{3}+4\frac{1}{2}-5\frac{1}{3}+\cdots+1992\frac{1}{2}-1993\frac{1}{3}$

$=997+997\times\frac{1}{6}$

$=997\times\frac{7}{6}$。

在计算以上这些题目的过程中，体现的是数学拆分的思想方法，拆分法的实质是将算式中的每项分解，然后重新组合，使之能消去中间项，最终达到快速、准确地求和的目的。正如我们上文介绍拆分法时所说，除了可以把一个数拆成两个数的差，还可以拆成两个数的乘积。

例 4.2.13：把 20、26、33、35、39、42、44、55 和 91 这 9 个数分为 3 组，使每组中 3 个数的乘积相等。与 35 同在一组的是哪两个数？

分析：

由题意知这 3 组数的乘积相等，那么它们的乘积一定含有相同的质因数，在此我们要补充两个概念，一，什么是质数？二，什么是质因数呢？所谓质数（又称素数）指的是在大于 1 的自然数中，除了 1 和它本身外，无法被其他自然数整除的数（也可定义为只有 1 和本身两个因数的数）。比 1 大但不是素数的数称为合数。1 和 0 既非素数也非合数。而所谓质因数指的是每个合数都可以写成几个质数（也可称为素数）相乘的形式，这几个质数就叫作这个合数的质因数。质因数是人教版五年级下册第二单元的内容。

因此将这 9 个数分别分解质因数：$20=2\times2\times5$，$26=2\times13$，$33=3\times11$，$35=5\times7$，$39=3\times13$，$42=2\times3\times7$，$44=2\times22$，$55=5\times11$，$91=7\times13$，上面 9 个数的质因数，共有 5 个 2，3 个 3，3 个 5，3 个 7，2 个 11，3 个 13，因此每组数的质因数应该包括 2 个 2，1 个 3，1 个 5，1 个 7，1 个 11，1 个 13，这个乘积为：$2\times2\times3\times5\times7\times11\times13=60060$，所以，3 组数应是 20、33、91，26、42、55，35、39、44。与 35 同在一组的两个数也就清晰了，它们分别是：39 和 44。

小结：以上解法体现的数学方法是拆分法，是将一个数拆成其质数乘积的形式也就是分解质因数，然后根据题意得到答案。

例 4.2.14：把 14 分拆成若干个自然数的和，再求出这些数的积，要使得到的积最大，应该把 14 如何分拆？这个最大的乘积是多少？

分析：

由题设，我们知道 14 拆分中不能有 1 出现，因为有 1 出现这些数的乘积显然不可能最大，所以 2、3（因为 2 和 3 的分解必然会有 1 出现）不拆分的时候乘积最大。那么我们现在把除了 1、2 和 3 的数，对其他的数逐个来分析，看怎么分解一个数才能使得拆分后的数乘积最大。

我们知道 $4=2+2$ 且 $4=2\times2$，把 4 拆成 2 和 2，拆分的数的乘积与不拆分时一样大，但是 2 更利于计算，所以我们把 4 拆成 2 和 2。$5=2+3$，$5<2\times3=6$，所以 5 拆成 2 与 3 时，2 和 3 乘积最大。$6=2+4=3+3$，注意到 $2+2+2=6$，$2\times2\times2=8$；$3+3=6$，$3\times3=9$，所以 6 拆成 3 与 3 时，3 与 3 的乘积最大。我们会发现 7 拆成 2、2、3 时，拆成数的乘积最大，8 拆成 2、3、3 时，拆成数的乘积最大，更进一步的思考我们发现只要把一个数拆成尽可能多地含有 3，剩下的拆成含有 2（显然 2 最多只能有两个）时那么乘积就会最大。

根据上面的讨论，我们应该把 14 分拆成 4 个 3 与 1 个 2 之和，即 $14=3+3+3+3+2$，这五个数的积有最大值 $3\times3\times3\times3\times2=162$。

例 4.2.15：若干个正整数的和为 1976，求这些正整数的积的最大值。

分析：

本题是例 4.2.14 的变式，因为 $1976=3\times658+2$，所以这些正整数的乘积为 2×3^{658} 时，乘积取得最大值。

第三节　还原法

还原法指的是从最后的结果反推回去，运用加法和减法、乘法和除法之间的互逆关系，从后往前一步一步地推算，最终，使得问题有效解决的一种思考问题的重要方法。还原法也称作逆推法。我们解题时往往习惯于顺着题目的要求一步一步地列出算式求解，但有些应用题，利用已知条件推结论或答案，往往会比较困难。此时我们就要换一个角度思考问题，从最后结果出发，利用逆运算的方法，顺次倒推，求出结果。

下面举例来说明如何利用还原法解答竞赛数学题。

例 4.3.1：一个水塘的水浮莲每天都比头一天增长一倍，第 16 天刚好长满全部水塘。当水浮莲长满全部水塘的$\frac{1}{4}$时是第几天？

分析：

由题设可知，如果从正面推理，假设第一天增长的水浮莲为 1，则第二天增长的水浮莲为 2，第三天为 4，……，以此类推，第 16 天为 2^{15}，即刚好长满全部水塘的水浮莲为 2^{15}，再算出水浮莲总数的$\frac{1}{4}$，推算对应的天数，这样的做法显然会由于数据大不方便计算而容易出错。故对于本题，我们可以采用倒推逆算的方法，假设刚好全部长满水塘时水浮莲总量为 1，则第 15 天水浮莲为$\frac{1}{2}$，第 14 天水浮莲为$\frac{1}{4}$，……，即可快速、准确地计算出水浮莲长满全部水塘的$\frac{1}{4}$时是第 14 天。

小结：这一类的题目涉及倍数问题，同时又具有递增的规律，可以根据条件从正面入手进行推导，但显然逆推则更简便、准确、快速。

例 4.3.2：有三只猴子，一起在山上摘回来一些桃子，可它们回家后怎么分也分不均。于是大家同意先去睡觉，第二天再接着分。夜里有一只猴子偷偷爬了起来，它把一个桃子扔到山下后，剩下的桃子正好平均分成三份，它就把自己的一份藏起来，又睡觉去了。过了一会儿，第二只猴子爬起来也扔了一个桃子，剩下的平均分成三份，也把自己的那一份藏起来。第三只猴子也扔了一个后平均分成三份，藏起自己的那一份。最后剩下 6 个桃子。问：原来一共有多少个桃子？

分析：

显然，如果要从第一只猴子入手，这样的推理和计算会非常乱，容易出错，因此，我们要倒过来逆着推。第一步：先从“最后剩下 6 个桃子”，还原出第三只猴子偷偷爬起来时看到的桃子数。第二步：用同样的方法还原出第二只猴子偷偷爬起来时看到的桃子数。最后一步：还原出第一只猴子偷偷爬起来时看到的桃子数，也就是桃子原来的总数。第三只猴子偷偷爬起来时看到的桃子数为 $6\div2\times3+1=10$（个），第二只猴子偷偷爬起来时看到的桃子数为 $10\div2\times3+1=16$（个），第一只猴子偷偷爬起来时看到的桃子数为 $16\div2\times3+1=25$（个）。

所以原来一共有 25 个桃子。

小结：这一类题目文字较多，看上去较长，所给的信息量也很大，如果要将题设条件从头到尾一一列式计算，那么问题看上去似乎非常复杂，甚至根本无从下手，所以要耐心细心地看完题目，从最后一个题设条件出发，继而逐步往前推。如例题中先还原第三个猴子看到的桃子数，接着还原第二个猴子看到的桃子数，最后还原第一个猴子看到的桃子数，也就是原来的桃子数。最后，把计算结果带入原题中从正面去检验即可。

例 4.3.3：花果山上有棵桃树，结了满树的桃子。一只调皮的猴子去偷吃桃子。第一天偷吃了 1/10，以后每天分别偷吃前一天剩余数的 1/9，1/8，1/7……1/3，1/2，偷了九天。树上还留下 10 个桃子。问树上原有多少个桃子？

分析：

此题用逆推法会很快就得出答案。由问题的最后结果向前推算，我们逐步逆推还原出每一天剩余的桃子个数。我们知道，最后还剩下 10 个桃子，也就意味着偷了九天后还有 10 个桃子，所以第十天树上还有 10 个桃子。占第九天偷吃后剩下的$\frac{1}{2}$，所以第九天偷吃前树上剩下 $10\div\left(1-\frac{1}{2}\right)=20$（个）。第九天树上剩余的桃子占第八天树上剩余桃子个数的 $1-\frac{1}{3}=\frac{2}{3}$（因为猴子吃掉了第七天树上剩余桃子个数的$\frac{1}{3}$），所以第八天树上剩余的桃子个数为 $20\div\left(1-\frac{1}{3}\right)=30$（个），以此向前类推得

$30\div\left(1-\frac{1}{4}\right)=40$（个）……第七天树上剩余的桃子数

$40\div\left(1-\frac{1}{5}\right)=50$（个）……第六天树上剩余的桃子数

$50 \div (1-\frac{1}{6}) = 60$（个）……第五天树上剩余的桃子数

$60 \div (1-\frac{1}{7}) = 70$（个）……第四天树上剩余的桃子数

$70 \div (1-\frac{1}{8}) = 80$（个）……第三天树上剩余的桃子数

$80 \div (1-\frac{1}{9}) = 90$（个）……第二天树上剩余的桃子数

$90 \div (1-\frac{1}{10}) = 100$（个）……第一天树上剩余的桃子数

所以树上原有100个桃子。

例4.3.4：一桶汽油，第一天用去它的$\frac{1}{5}$，第二天用去余下的$\frac{3}{4}$，还剩4千克。求这桶油重多少千克?

分析：

首先画出直观关系图以便于理解。

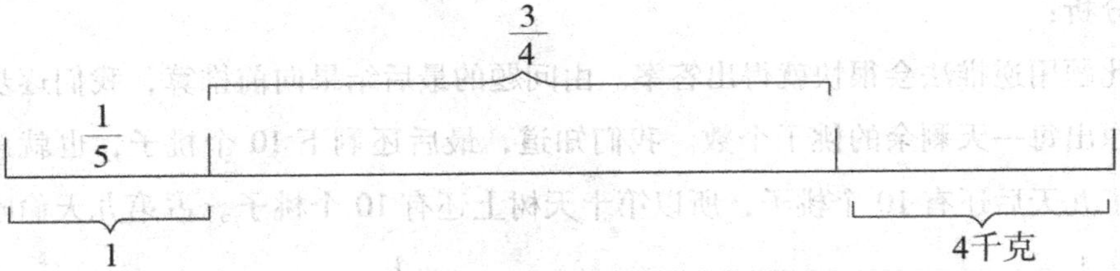

我们知道如果正向求解比较困难，而题设告诉我们“第二天用去余下的$\frac{3}{4}$，还剩4千克”，也就意味着剩下的4千克占第二天的$1-\frac{3}{4}=\frac{1}{4}$，所以不妨试着“倒着想”，采用逆推法来解答。所以有

$4 \div (1-\frac{3}{4}) = 16$（千克）……第二天这桶油的重量；

$16 \div (1-\frac{1}{5}) = 20$（千克）……第一天这桶油的重量。

所以这桶油重20千克。

例 4.3.5：有甲、乙两桶油，从甲桶中倒出$\frac{1}{3}$给乙桶后，又从乙桶中倒出$\frac{1}{5}$给甲桶，这时两桶油各有 24 千克，原来甲、乙两个桶中各有多少千克油？

分析：

此题的思路与例 4.3.4 基本上是相似的，虽然两桶油的数量在发生变化，但是它们的总量始终不变，即总量为 $24+24=48$ 千克。由题设，如果采取正面思考，显然很难去建立关系式，而采取还原法就可以很快得出甲、乙两个桶中各有多少千克油。

我们不妨把从甲桶中倒出$\frac{1}{3}$给乙桶后，乙桶的油量当作“1”，又从乙桶中倒出$\frac{1}{5}$给甲桶，则此时乙桶有 24 千克油，也占没倒给甲桶前的 $1-\frac{1}{5}=\frac{4}{5}$，故没倒给甲桶前，乙桶的油有：$24\div(1-\frac{1}{5})=30$（千克）。即从乙桶中倒了 6（$30\times\frac{1}{5}=6$）千克进入甲桶后，甲桶有 24 千克油，所以乙桶没倒 6 千克进入甲桶前，甲桶有 18（$24-6=18$）千克油。

而甲桶第一次倒油后只剩下原来的 $1-\frac{1}{3}=\frac{2}{3}$，所以甲桶原来的油有：$18\div(1-\frac{1}{3})=27$（千克）。

又因为由题设知，总油量为 48 千克不变，所以乙桶中原来的油有：$48-27=21$（千克）。

因此，原来甲、乙两个桶中分别有 27 千克和 21 千克油。

小结：此题的关键是求出第一次倒油后乙桶中的油的重量，而题设有给出“又从乙桶中倒出$\frac{1}{5}$给甲桶后，这时两桶油各有 24 千克”，也就意味着“乙桶只剩下原来油的$\frac{4}{5}$即 24 千克”，加上“总油量为 48 千克”，有这两个信息作为突破口，这道题也就不在话下了。

例 4.3.6：小明说：“把我这次考试的成绩，先乘$\frac{12}{17}$，再除以$\frac{3}{5}$就是 100

分。”你知道小明这次考了多少分吗？

分析：

由题设，我们知道这次考试成绩先乘$\frac{12}{17}$，再除以$\frac{3}{5}$就是100分。所以我们不妨采用逆推还原的思想，由最后的100分往前推，如果100乘以$\frac{3}{5}$再除以$\frac{12}{17}$，就是小明这次考试的成绩，所以原来的分数应为：$100\times\frac{3}{5}\div\frac{12}{17}=85$（分）。

所以小明这次考了85分。

总结：能用还原法解决的一类问题，它们都有着相同的特性：知道某些条件和结果，求原有的数量。解决这一类问题首先要仔细审题，找出问题的突破口，挖掘题目隐含的条件，再根据最终的结果和已有的条件，从结果往前推，直到得到最后结果。

所谓还原的基本途径是：从最后一个已知数开始，逐步逆推回去。原来加的，运算时用减；原来减的，运算时用加；原来乘的，用除；原来除的，用乘。

因此，在利用还原法解决这一类或看似复杂，或从正面难以解决的数学问题时，应当注重培养逆向推理能力，仔细观察、发现题目中的内在条件，找出数量之间的等量关系，这样，就可以逐渐熟悉、掌握还原法，并且将其运用到实际的解题中去。

第四节　对应法

我们在解竞赛数学题时，会遇到这样一类题：给定一定的数量以及所对应的数量关系是在变化的。为了看清楚变化的数量，可以将已知条件根据它们之间的对应关系有序地排列出来，进行观察以及分析，最后找到答案。我们把这种解题的思维方法称为对应法。对应法最常见于分数应用题的解答中。一般的分数应用题中都含有已知数量与分率的对应关系，找已知量的对应分率，往往是解分数应用题的关键。

用对应法解题时，通常先把题目中的数量关系转化为等式，并把这些等式按顺序编号，然后认真观察分析，比较对应关系的变化，以此寻找解题的突破口。在小学数学教学中，教师通常引导学生利用实线、虚线、箭头等图形，把元素和元素、实物和实物、数和算式、量和量有机联系起来。

下面举例来说明如何利用对应法解答竞赛数学题。

例 4.4.1：有一堆煤，第一天卖出它的 1/8，第二天卖出的比第一天卖出的 2 倍少 3 吨，剩下的是前两天的 2 倍，这堆煤共有多少吨？

分析：

本题可以用逆推还原法，但是不容易得出答案，由于题设给出的数量关系较为复杂，用逆推还原法也会有些困难，仔细斟酌题意，我们发现虽然题设关系较为复杂，但总存在着对应的关系，我们不妨根据这些对应关系另辟蹊径，尝试着用新的方法解答这一类题目。

由题设，我们知道题目中只有一个已知量“3 吨”，所以我们通过这个已知量找到对应关系，建立关系式，就可以找到答案了。

为了使得题意清晰明了，我们借用作图来直观地表示题设给出的数量之间的关系。如下图所示：

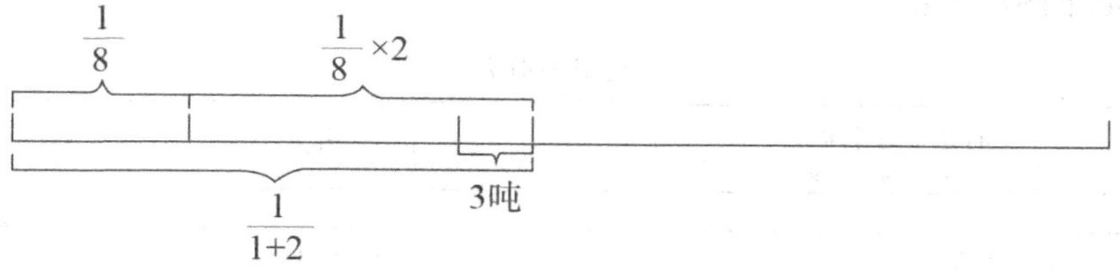

首先，由“剩下的是前两天的 2 倍”，我们知道前两天总共卖出这堆煤的 $\frac{1}{1+2}=\frac{1}{3}$。再者，由“第二天卖出的比第一天卖出的 2 倍少 3 吨”，意味着如果没有少的这 3 吨煤，第二天卖出的煤就是第一天卖出煤的 2 倍，这个时候第二天所卖出去的煤就是这堆煤的 $\frac{1}{8}\times 2=\frac{2}{8}$，那么前两天就一共卖出了这堆煤的 $\frac{1}{8}+\frac{2}{8}=\frac{3}{8}$。也就是说，按照题意前两天共卖出这堆煤的 $\frac{1}{3}$，而如果没有少的这 3 吨煤，前两天卖出的就是这堆煤的 $\frac{3}{8}$，所以 $\frac{3}{8}$ 与 $\frac{1}{3}$ 的差对应的就是少的这 3 吨煤，所以“3 吨”所对应的分率是$\frac{3}{8}-\frac{1}{3}$。即这堆煤共有：

$$3\div\left(\frac{3}{8}-\frac{1}{3}\right)=72\ (\text{吨})。$$

检验：如果这堆煤是 72 吨，那么第一天卖出的就是 9 吨，第二天卖出的就是 15 吨，前两天加起来卖出了 24 吨，剩余 48 吨，刚好剩余的煤是前两天卖出煤的 2 倍，符合题意。

所以这堆煤原有 72 吨。

例 4.4.2：一桶油，倒出总数的 30% 少 4 千克，这样还剩 32 千克，这桶油原来重多少克？

分析：

由题设“倒出总数的 30% 少 4 千克，这样还剩 32 千克”，我们知道，倒出的油再加 4 千克，那么倒出的量就占总油量的 30%，意味着如果倒出总数的 30% 的油，剩下的油就没有 32 千克，而应是（32－4）千克。

为了使得题意清晰明了，我们借用作图来直观地表示题设给出的数量之间的关系。如下图所示：

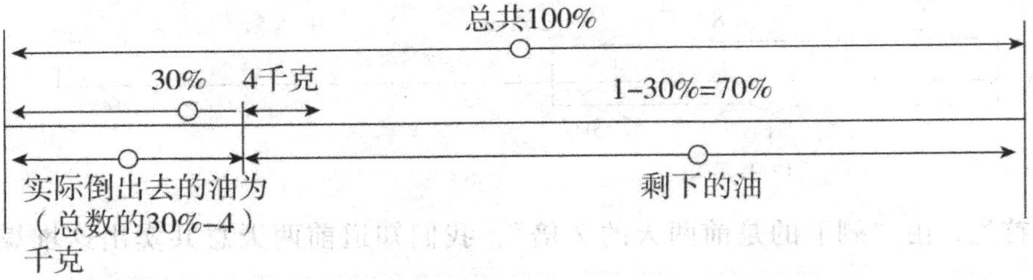

结合题目和上图分析，先找出数量关系，从而确立本题的对应关系。我们知道这样的对应关系：

（倒出去的油重量＋4 千克）：这桶油的重量＝30%；

也就意味着有：

（剩下的油重量－4 千克）：这桶油的重量＝1－30%＝70%。

根据对应法有，这桶油原来重为：（32－4）÷（1－30%）＝40（千克）；

又有 40（千克）＝40000（克）。

检验：如果这桶油重 40 千克，由题意，倒出总数的 30% 少 4 千克，也就是说倒出的油的重量为：$40\times30\%-4=8$（千克）。那么，油桶中剩下的油的重量为：$40-8=32$（千克），符合题意。

故这桶油原来重 40000 克。

例 4.4.3：从相同的 6 盒糖果中各取出 200 颗，剩余的糖果的数量正好等于原来 2 盒糖果的数量。那么，原来每盒装有多少颗糖果？

分析：

由题设“从相同的 6 盒糖果中各取出 200 颗，剩余的糖果的数量正好等于原来 2 盒糖果的数量”，我们知道一共取出 $200\times6=1200$（颗）糖果，6 盒中剩余的糖果的数量正好等于原来 2 盒的数量，所以存在对应关系：取出来的 1200 颗糖果的数量恰好与原来 4 盒糖果的数量相等。那么原来每盒糖果的数量是：$1200\div4=300$（颗）。

检验：如果原来每盒糖果装有 300 颗，6 盒糖果一共有 1800 颗，取出 1200 颗后，盒内还剩下 600 颗糖果，恰好与原来 2 盒糖果的数量相等，符合题意。

所以原来每盒装有 300 颗糖果。

例 4.4.4：农机厂 4 月份（30 天）计划生产小农具 3600 件，前 4 天已完成计划的$\frac{1}{6}$，照这样算，可提前几天完成任务？

分析：

首先，我们对题目进行分析，找出对应关系。由题目已知条件计划 30 天生产小农具 3600 件，又知道前 4 天已经完成计划的$\frac{1}{6}$，所以我们可以得到这样的对应关系：

4 天完成计划的$\frac{1}{6}$，照这样计算，那么 $4\div\frac{1}{6}=24$ 天可以完成这个计划。

检验：前四天生产小农具的数量为：

$3600\times\frac{1}{6}=600$（件），

所以，前四天平均每天生产的小农具数为：

600 ÷ 4 = 150（件）。

按照这样的速度，生产3600件需要的时间应为：

3600 ÷ 150 = 24（件），

而原计划30天完成任务，所以提前的时间是：

30 − 24 = 6（天）。

故可提前6天完成任务。

例4.4.5：有一群大雁往南飞，有一只孤雁碰上了它们，叫道："你们好，100只大雁们！"头雁说："不！我们不是100只。如果我们再加上175%，再添上你才够100只。"原来这群雁有多少只？

分析：

为了使得题意清晰明了，我们借用作图来直观地表示题设给出的数量之间的关系。如图所示：

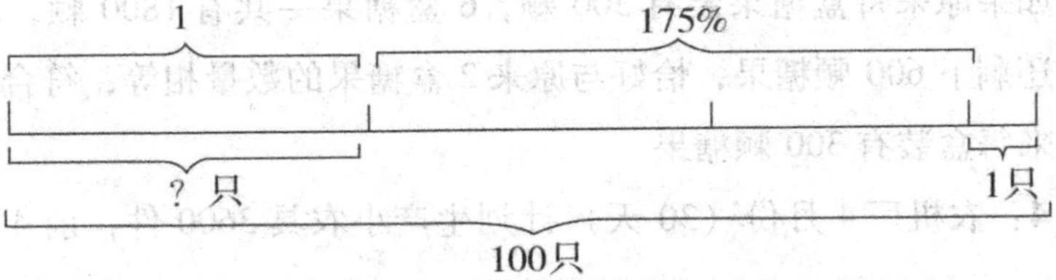

从上图可以看出（100 − 1）正好对应（1 + 175%）。所以，

原来这群雁有：（100 − 1）÷（1 + 175%）= 36（只）。

检验：若雁群有36只，那么雁群的175%就是：36 × 175% = 63（只），而且36 + 36 × 175% = 99（只），99 + 1 = 100（只），符合题意。

所以原来雁群有36只。

例4.4.6：学校购置5张桌子和8个凳子共花费375元，桌子的单价比凳子的单价贵10元，则桌子和凳子的单价各是多少元？

分析：

由题设"桌子的单价比凳子的单价贵10元"，我们知道，1张桌子比1张凳子贵10元，那么5张桌子就比5张凳子贵5 × 10 = 50（元），意味着5张桌子和8个凳子比13个凳子贵50元，也就是说，花费375 − 50 = 325（元）可以购买13

张凳子，那么凳子的单价为：$325 \div 13 = 25$（元）。

即桌子的单价为：$25 + 10 = 35$（元）。

检验：若桌子的单价为35元，凳子的单价为25元，那么学校购置5张桌子和8张凳子的总价为：$35 \times 5 + 25 \times 8 = 175 + 200 = 375$（元），符合题意。

所以桌子和凳子的单价各为35元、25元。

例4.4.7：老猴子给小猴子分梨。每只小猴子分6个梨，就多出12个梨；每只小猴子分7个梨，就少11个梨。有几只小猴子和多少个梨？

分析：

由题设“每只小猴子分6个梨，就多出12个梨；每只小猴子分7个梨，就少11个梨”，我们知道，每只猴子由本来的6个梨变成7个梨，即每只猴子增加一个梨，就要先分掉多出的12个梨，还少11个梨，即一共要23个梨，那就是说一共有23只猴子。这里关键是要找出对应关系，即每只猴子增加的个数与总的增加的个数的对应关系，这也是盈亏问题的解题方法。所以梨与猴的对应关系为：

多的12个梨＋少的11个梨＝小猴子的只数，

即小猴子的只数为：$(12 + 11) \div (7 - 6) = 23$（只），

那么，梨子的个数为：$23 \times 6 + 12 = 150$（个）或$23 \times 7 - 11 = 150$（个），

故一共有23只猴子和150个梨。

例4.4.8：学校图书馆给学生买来了一批新书，这些书如果每个班借8本，还剩18本；如果其中10个班每班借7本，其余的班每班借10本，就恰好借完。问学校有多少个班？图书馆共买来多少本新书？

分析：

由题设“这些书如果每个班借8本，还剩18本；如果其中10个班每班借7本，其余的班每班借10本，就恰好借完”，我们知道，如果借7本的这10个班也借10本，那么就还差$(10 - 7) \times 10 = 30$（本）书，这样条件就可以对应转化为：每班借8本，剩余18本；每班借10本，还差30本。

比较两个条件，书的总数的变化差是$18 + 30 = 48$（本），每班借书的变化差是$10 - 8 = 2$（本），意味着每个班多借两本书，图书馆就借出48本书，所以一

共有24［$(18+30)\div(10-8)=24$］个班级，即有210（$8\times24+18=210$）本书。

所以学校共有24个班，图书馆买的新书为210本。

例4.4.9：四（1）班原有23名学生，在一次数学考试中全体学生的平均分是72分，后来从四（2）班转来一名考试成绩为96分的学生，那么四（1）班在这次考试中的数学平均分变为多少？

分析：

这题的对应关系较为简单，只要找出本班的此次数学考试的总分数与班级总人数的对应关系，问题就迎刃而解了。由题设，我们知道这个班级这次数学考试的总分为：$72\times23+96=1752$（分），总人数为：$23+1=24$（人），所以平均分为：$(23\times72+96)\div(23+1)=73$（分）。

例4.4.10：甲、乙两人进行百米赛跑，当甲离终点32米时，乙离终点15米，那么甲离终点20米时，乙离终点多少米？

分析：

由题意知，当甲跑了68（$100-32=68$）米时，乙跑了85（$100-15=85$）米。我们认为在百米赛跑中，甲、乙跑步的速度是不变的，所以他们在同样的时间内跑步的距离成正比，当甲跑了$100-20=80$（米）时，乙跑了$80\times(85\div68)=100$（米），乙已到达终点，离终点还有0米。

例4.4.11：一段路，客车行完要用12小时，货车行完要用15小时。现在两车同时从两地相向而行，相遇时客车行了150千米。求货车行了多少千米？

分析：

根据题意，我们知道，这段路，客车行完全程要12小时，货车行完全程要15小时，所以客车和货车的速度之比是15:12。相遇时，由于是在相同的时间内，所以客车的路程与货车的路程之比也为15:12，那么客车行驶了150千米对应的货车就行驶了$150\div15\times12=120$（千米）。

所以货车行了120千米。

例4.4.12：甲、乙两车同时从A、B两地相向而行，当甲到达B地时，乙车距A地还有30千米。当乙车到达A地时，甲车超过B地40千米。A、B两地相距多少千米？

分析：

为了使得题意清晰明了，我们借用作图来直观地表示题设给出的数量之间的关系。如图所示：

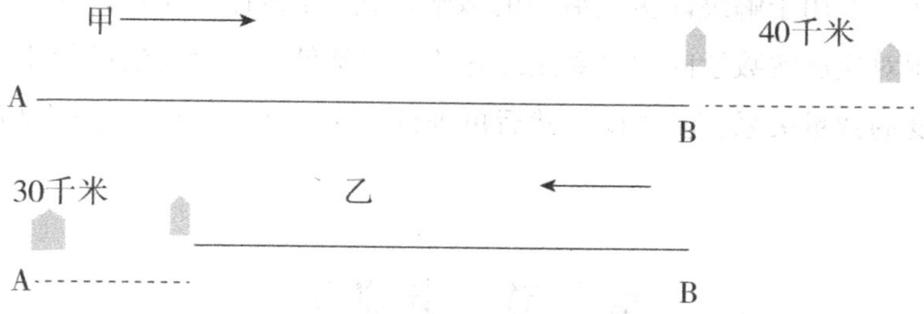

根据上图的描述以及题意，我们知道，在相同的时间内，乙车行走了 30 千米，而甲车行走了 40 千米，由速度、时间和路程的关系可以知道，甲、乙两车在相同时间内所走的路程之比为4:3。所以甲车到达 B 地时，乙车已经走了 A、B 两地之间的路程的$\frac{3}{4}$，剩下的路程为 A、B 两地之间的路程的$\frac{1}{4}$为 30 千米。所以 A、B 两地的相距：

$30 \div \frac{1}{4} = 120$（千米）。

故 A、B 两地相距 120 千米。

例 4.4.13：小明看一本故事书，已经看了 130 页，剩下的准备 8 天看完，如果每天看的页数相等，3 天看的页数恰好是全书的$\frac{5}{22}$，问这本书有多少页？

分析：

由题设“已经看了 130 页，剩下的准备 8 天看完，如果每天看的页数相等，3 天看的页数恰好是全书的$\frac{5}{22}$”，我们知道，在每天看的页数相等的条件下，3 天看了全书的$\frac{5}{22}$，意味着 1 天就看了全书的$\frac{5}{22} \div 3 = \frac{5}{66}$，则 8 天看完全书剩下的$\frac{5}{66} \times 8 = \frac{22}{30}$。也就是说 130 页占全书的$1 - \frac{22}{30} = \frac{13}{33}$。

所以全书的页数为：$130\div\frac{13}{33}=330$（页）。

总结：对应法是解竞赛数学题的常规的方法，对应法也叫作“对比法”，它是一种十分重要的数学方法。

对应法一般用于解决许多生活中的数学问题，比如盈亏问题、牛顿问题等。但是，应用对应法解数学问题时要注意它的前提条件，即对应法的使用一定要具备2个不变的数量关系，基于此，然后再进行对应，找出它们的不同以及相互间的关系。

第五节　分组法

在日常生活中，很多事物的数量是依据一定的规律，一组一组有秩序地出现。因此，关键是要能看出哪些数量是属于同一组的，然后在总数量中计算出有多少个是同一组的数量，这样便于计算出这一组数量中的每一种物品各是多少个，最终得出问题的解答，我们把这种解答应用题的方法称为分组法。

概括起来就是：分组法是通过对题目中的条件进行适当的分组的一种解题方法。

下面举例来说明如何利用分组法解答竞赛数学题。

例4.5.1：计算：$2.6+2.7+2.8+3.5+3.6+3.7+4.3+4.4+4.5$。

分析：

仔细阅读题目，我们知道，原题若按照顺序运算，由于运算较为烦琐，不妨选用适合的巧妙的竞赛数学解题方法来进行计算，本题用分组法就可以很快得到答案。将相加可得整数的数进行整合，最终达到运算简便和快捷的效果。

要计算：$2.6+2.7+2.8+3.5+3.6+3.7+4.3+4.4+4.5$的结果，我们首先要观察清楚这些相加的数有什么特征，观察完后容易发现：有些数相加可以得到整数，若把它们先加起来，整体的计算会变得简单很多。那么接下来先把这9个数分一下类（原则是相加为整数的放在一起）：

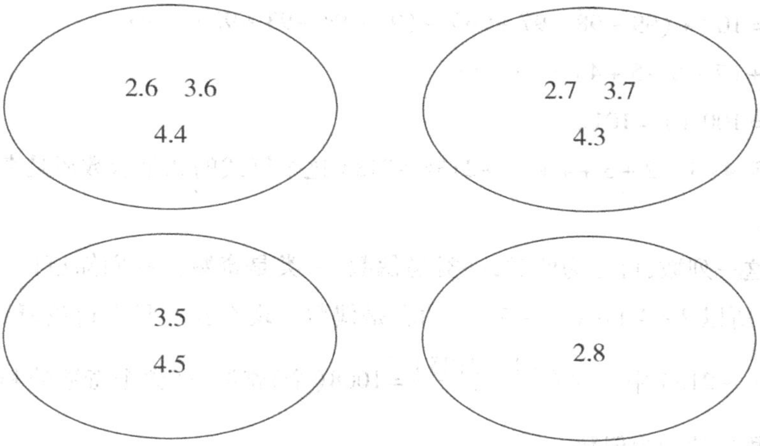

所以

$2.6+2.7+2.8+3.5+3.6+3.7+4.3+4.4+4.5$

$=(2.6+3.6+4.4)+(2.7+3.7+4.3)+(3.5+4.5)+2.8$

$=(2.6+4.4)+(2.7+4.3)+(3.5+4.5)+(3.6+3.7+2.8)$

$=7+7+8+(3.6+3.7+2.8)$

$=22+(7.3+2.8)$

$=22+10.1$

$=32.1$。

小结：分组法是一种很重要的竞赛数学解题法。很多竞赛数学题，是一组一组有秩序地出现的，可以把它们进行分类，然后观察、比较和分析，就容易找到解题的关键。

例 4.5.2：计算：$3125+5431+2793+6875+4569$。

分析：

由分组法得：原式 $=(3125+6875)+(4569+5431)+2793=22793$。

例 4.5.3：计算：$100+99-98-97+96+95-94-93+\cdots\cdots+4+3-2$。

分析：

根据题意，很容易发现例 4.5.3 中有连续的四个数组合在一起，结果恰好等于 0（即：$99-98-97+96=0$，$95-94-93+92=0$，……，$7-6-5+4=0$）的情况，这样分组后我们只要计算余下的 $100+3-2$ 即可。所以将例 4.5.3 分组得：

$$原式=100+(99-98-97+96)+(95-94-93+92)+\cdots\cdots+(7-6-5+4)+(3-2)$$

$$=100+1=101。$$

例 4.5.4：1 +2 +3 +4 + ⋯ +2134 +2135 这个算式的和是偶数还是奇数？

分析：

观察这一列数，可分为两类，一类是偶数，一类是奇数。我们知道偶数加偶数等于偶数，所以 2 +4 +6 + ⋯ +2134 的和是偶数。现在我们只需讨论奇数的和，1 +3 +5 + ⋯ +2135 中一共有$\frac{(1+2135)}{2}=1068$（个）奇数，偶数个奇数的和是偶数。所以这个数列的和为偶数。

例 4.5.5：计算：0.1 +0.3 +0.5 +0.7 +0.9 +0.11 +0.13 +0.15 + ⋯ +0.99。

分析：

由题意得，0.1，0.2⋯⋯，0.5 相邻两个数之间都是相差 0.2，而 0.11，0.13⋯0.99 相邻两数之间相差 0.02，由分组法得：

$$原式=(0.1+0.3+0.5+0.7+0.9)+(0.11+0.13+0.15+0.17+0.19)+(0.21+0.23+0.25+0.27+0.29)+\cdots+(0.91+0.93+0.95+0.97+0.99)$$

$$=5\times0.5+5\times0.15+5\times0.25+\cdots+5\times0.95$$

$$=2.5+5\times(0.15+0.25+0.35+\cdots+0.95)$$

$$=2.5+5\times\frac{(0.15+095)\times9}{2}$$

$$=27.25。$$

小结：本题还可以用等差数列求和公式计算。等差数列指的是，数列从第二项开始，后一个数减去前一个数的差是同一个常数（相等差又叫公差，用字母 d 表示）。对于等差数列，S 代表一列数的和，字母 a 代表首项，字母 b 代表末项，字母 n 代表项数（加数的个数），$S=(a+b)*n/2$；如果 n 没有直接给出，那么可以用公式计算出来：$n=(b-a)/d+1$。所以

$$原式=(0.1+0.3+0.5+0.7+0.9)+(0.11+0.13+0.15+\cdots+0.99)$$

$$=\frac{(0.1+0.9)\times5}{2}+\frac{(0.11+0.99)}{2}\times[\frac{(0.99+0.11)}{0.02}+1]$$

$=2.5+24.75$

$=27.25$。

例4.5.6:计算:$(1+\frac{1}{2})\times(1-\frac{1}{2})\times(1+\frac{1}{3})\times(1-\frac{1}{3})\times\cdots\times(1+\frac{1}{99})\times(1-\frac{1}{99})$。

分析:

由题意可知,括号中两数相加得到的结果是分子都比分母大1,都是$\frac{n+1}{n}$的形式,并且括号内的数相加后所得到的相邻两个加数的分母都是后一个比前一个大1,将具有这一规律的数归为一类进行计算;括号中两数相减得到的结果是分母比分子大1,是$\frac{n-1}{n}$的形式,将具有这种形式的项归为一类进行运算。分组后得:

$$原式=[(1+\frac{1}{2})\times(1+\frac{1}{3})\times\cdots(1+\frac{1}{99})][(1-\frac{1}{2})\times(1-\frac{1}{3})\times\cdots\times(1-\frac{1}{99})]$$

$$=(\frac{3}{2}\times\frac{4}{3}\times\frac{5}{4}\times\frac{6}{5}\times\frac{7}{6}\times\cdots\times\frac{100}{99})(\frac{1}{2}\times\frac{2}{3}\times\frac{3}{4}\times\frac{4}{5}\times\frac{5}{6}\times\cdots\times\frac{98}{99})$$

$$=\frac{100}{2}\times\frac{1}{99}$$

$$=\frac{50}{99}。$$

小结:形如$\frac{1}{2}\times\frac{2}{3}\times\frac{3}{4}\times\cdots\frac{n}{n+1}$的式子可以通过相邻项间分子与分母的化简,得到$\frac{n}{n+1}$,形如$\frac{3}{2}\times\frac{4}{3}\times\frac{5}{4}\times\cdots\frac{n+1}{n}$的式子可以通过相邻项间分子与分母的化简,得到$\frac{n+1}{2}$。

例4.5.7:某工厂召开职工代表大会,把会议室的桌凳组合起来使用。3个人坐1条凳子,2个人用1张桌子,132名代表正好坐满。求有桌子多少张,凳子多少条?

分析:

依据题设知“3个人坐1条凳子,2个人用1张桌子”,分析得,2条凳子、3张桌

子组合(如下图)为一组比较适当,这一组的人数是:

3张桌子

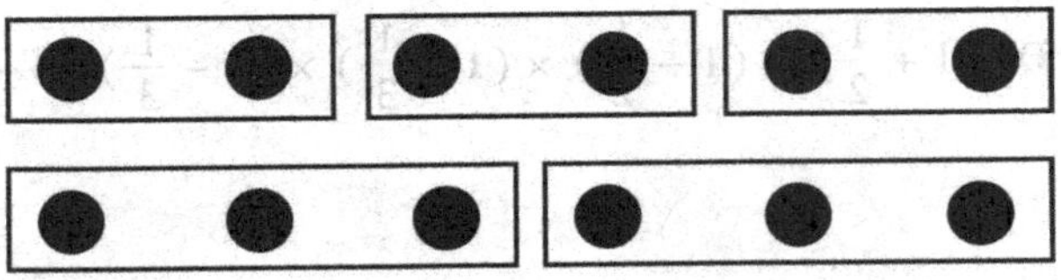

2条凳子

$3+3=6$(人)

或 $2\times3=6$(人);

132 名代表可分成多少组:

$132\div6=22$(组)。

因为每一组中有 3 张桌子,所以 22 组共有桌子:

$3\times22=66$(张)。

因为每一组中有 2 条凳子,所以 22 组共有凳子:

$2\times22=44$(条)。

所以桌子有 66 张,凳子有 44 条。

例 4.5.8:蜘蛛、蝴蝶共有腿 506 条,蜘蛛的只数是蝴蝶的 2 倍。已知蜘蛛有 8 条腿,蝴蝶有 6 条腿。求蜘蛛、蝴蝶各有多少只?

分析:

由题意知,一只蜘蛛有 8 条腿,2 只蜘蛛有 16 条腿,因而,若是把 2 只蜘蛛和 1 只蝴蝶看成一组,它们就一共有腿 $16+6=22$(条),那么 506 条腿可分成的组数为:$506\div22=23$(组)。

因为每一组中有 2 只蜘蛛,所以 23 组中有蜘蛛 $2\times23=46$(只);因为每一组中有一只蝴蝶,所以 23 组中有蝴蝶 23 只。所以蜘蛛、蝴蝶各有 4 只6、23 只。

例 4.5.9:用 1000 个黑珠、白珠串成一串。珠子的排列顺序是:1 个白珠、1 个黑珠、2 个白珠。问这一串珠子中有多少个白珠?最后一个珠子是黑色的还是白色的?

分析:

依据题意得,珠子的排列顺序为:1 白、1 黑、2 白。也就是"3 个白珠"与"1 个黑珠”为一组。那么1000个珠子可以分为：$1000\div(1+3)=250$（组）。

由于每一组中有3个白珠，因此白珠的总数是：

$3\times250=750$（个）。

由于每一组最后的那个珠子都是白色的，所以可以推断，第250组最后的一个，也就是第1000个珠子，一定是白色的。

例4.5.10：院子里有一群鸡和一群兔子，共有100条腿。已知兔子比鸡多一只，求有多少只鸡，多少只兔子？

分析：

由于兔子的数量比鸡的数量多一只，所以去掉这一只兔子后，鸡、兔一共有腿：$100-4=96$（条）。

去掉一只兔子以后，鸡、兔的只数就一样多，因而可以把一只鸡和一只兔作为一组，每一组鸡、兔共有腿：$4+2=6$（条）。

一共有多少组鸡、兔，就意味着有多少只鸡，

$96\div6=16$（组）；

一共有兔：$16+1=17$（只）。

所以有16只鸡，17只兔。

例4.5.11：有一摞扑克牌共60张，都是按红桃2张、梅花1张、方片3张的次序摞起来的。求这一摞扑克有红桃、梅花、方片各多少张？

分析：

由于都是按照红桃2张、梅花1张、方片3张的次序摞起的，因而可以把2张红桃、1张梅花、3张方片作为一组，这组就一共有扑克牌：

$2+1+3=6$（张）；

60张扑克可分为：

$60\div6=10$（组）；

60张牌中有红桃：

$2\times10=20$（张）；

有梅花：

$1\times10=10$（张）；

有方片：

$3\times10=30$(张)。

所以这一摞扑克有红桃、梅花、方片各20张、10张、30张。

从上面的例题来看，我们发现分组法极大地化简了计算的复杂性，简便了计算。如果直接计算，不仅麻烦，而且难以下手，因此掌握好分组法，能很好地将问题化繁为简，便于解决。

分组讨论的思想方法是一种化整为零、各个击破、整合结论的解题策略，在分析和解决数学问题时，运用分组讨论的思想可以将问题的条件和结论的因果关系、局部与整体的逻辑关系揭示得一清二楚，在解决对象为可变的数量关系和空间图形形式的数学问题中有着广泛和重要的作用。分组就是按照一定标准把研究对象分成几个部分或几种情况，来加以研究、讨论。

在实际操作中，要如何恰当地分组，需要具体问题具体分析，记住，分组的时候要有预见性，要学会统筹思考，减少盲目性。通过适当的练习，不断总结规律，便能掌握分组的技巧。

第六节 转化法

转化法是解决竞赛数学问题常用的思想方法。所谓转化法，指的是通过题知或题求的转换，把问题转化成易解决的问题。数学这门学科充满着已知和未知、复杂和简单、熟悉和陌生、抽象和具体等多种矛盾，我们常常化未知为已知，化复杂为简单，化陌生为熟悉，化抽象为具体，来实现这些矛盾的转化。转化是基本而典型的数学思想。在解竞赛数学问题时，也经常用到，如化生为熟、化难为易、化繁为简、化曲为直、化抽象为具体等。

转化贯穿于整个数学教学过程中，如减法与加法之间的转化；小数通过“商不变性质”转化为除数是整数的除法；异分母分数比较大小通过“通分”转化为同分母分数比较大小；在求一些不规则图形的面积时，以化归思想、转化思想等为理论基础，实现长方形、正方形、平行四边形、三角形、梯形和圆形的面积间的同化和顺应等。

转化这一思想方法在竞赛数学解题中常常起到举足轻重的作用，接下来我们就通过：化抽象为具体、化陌生为熟悉、化隐晦为明显、化复杂为简单来剖析这一数学思想方法在竞赛数学题中的应用。

一、化抽象为具体

例 4.6.1：已知甲校学生人数是乙校学生人数的 40%，甲校女生人数是甲校学生人数的 30%，乙校男生人数是乙校学生人数的 42%，求两校女生总数占两校总人数的百分比是多少？

分析：

要求两校女生总人数占两校学生总人数的百分比，我们想到的解题突破口就是用两个学校女生的总人数除以两校的总人数。但是本题没有给出人数的具体量，而是告诉了几个抽象的百分数，又加上题目的繁杂与拗口往往会使学生无从下手。这就需要我们化“抽象”为“具体”。不过在这之前我们需要给学生梳理清楚题目中的一些比例关系。

第一步我们可以借用线段让学生理清学校与学校、男生与学校、女生与学校之间的关系。如下图所示：

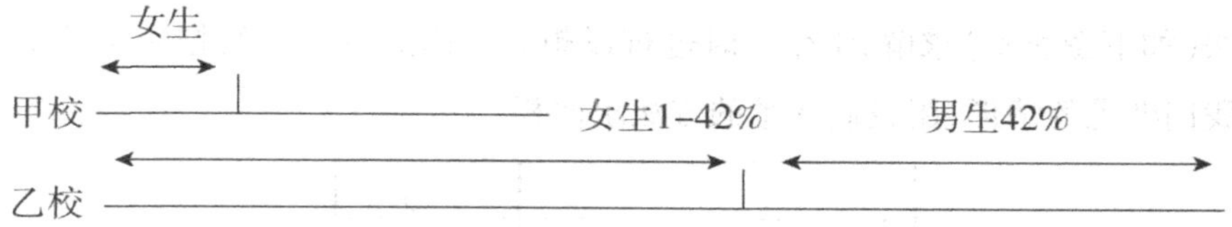

下面就是把“抽象”化为“具体”的过程了。甲校女生人数是甲校学生人数的 30%，我们不妨设甲校女生为 30 人，从而有：根据甲校学生人数 $\times 30\% =$ 甲校女生人数（30 人），所以：甲校学生总人数为：$30 \div 30\% = 100$（人）。

因为甲校学生人数是乙校学生人数的 40%，即乙校学生人数 $\times 40\% =$ 甲校学生人数（100 人），所以乙校学生总人数为：$100 \div 40\% = 250$（人）。

又因为乙校男生人数是乙校学生人数的 42%，所以乙校女生人数是乙校人数的 $(1 - 42\%) = 58\%$，意味着乙校女生人数为 $250 \times 58\% = 145$（人）。

因此两校女生总人数占两校学生总人数的百分比为：

(30 + 145) ÷ (100 + 250) = 0.5 = 50%。

小结：在一些竞赛数学应用题与数学常规题中，我们往往会遇到两个或两个以上的个体或对象之间存在着抽象百分比或比例的关系，而题目中又不存在具体的数据。此时我们就要学会化“抽象”为“具体”。

二、化陌生为熟悉

例 4.6.2：一个长方形(如下图所示)被两条直线分成四个小长方形。其中三个小长方形的面积分别是 25 平方米、20 平方米、30 平方米。问另一个长方形(图中阴影部分)的面积是多少平方米？

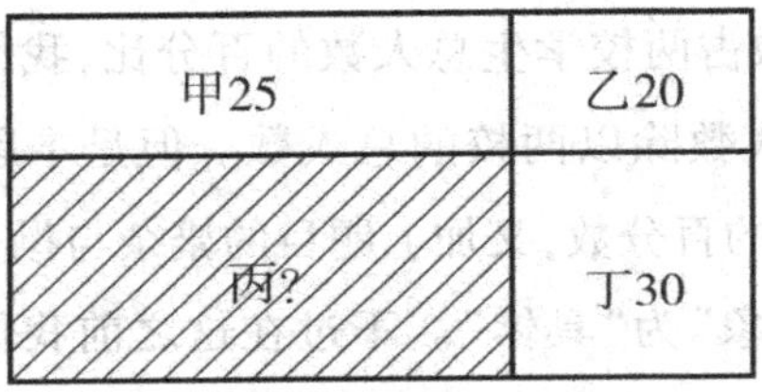

分析：

本题看似熟悉，实则陌生。如果直接去求阴影部分的长和宽，从而去求面积是不容易的；若用比的知识即两个长相等的长方形，面积之比等于宽之比，或用等分的方法(如下图所示)求解，学生一时也难以想到。因此我们不妨把陌生的情景转化为我们熟悉的情形，用我们熟悉的方法求面积。

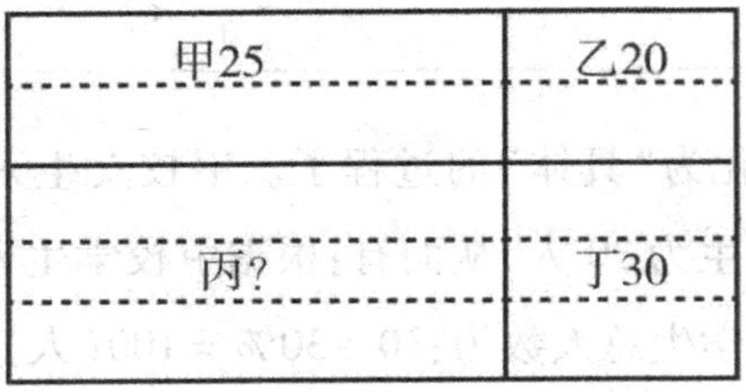

由题意给出的信息，即甲和丙同长，甲和乙同宽，乙和丁同长，丙和丁同宽，我们不妨用甲、丁表示各自长方形的长，乙、丙表示各自长方形的宽，这样我们就可以将面积转化为“甲 × 乙 = 25，乙 × 丁 = 20，丙 × 丁 = 30，甲 × 丙 = ?”，陌生的情节，就纳入了熟悉的轨道，从而求解得：

丙的面积 = 甲 × 丙 = $\frac{(甲\times乙)(丙\times丁)}{乙\times丁}=\frac{25\times30}{20}=37.5$(平方米)。

小结:竞赛数学题的情景往往很多都是我们不熟悉的,拿到不熟悉的题型时我们要镇定,思考可不可以转化为我们熟悉的情节,即把"陌生"化为"熟悉"。

三、化隐晦为明显

例 4.6.3:甲、乙两人分别从 A、B 两地同时出发,相向而行,在离 B 点 18 千米的地方相遇,相遇后继续前行,在离 A 地 8 千米的地方第二次相遇,则 A、B 两地相距多少千米?

分析:

这道题中的条件很隐蔽。由题意分析,可以将隐蔽的条件转化成明显的条件。

(1)从开始出发到两人的第一次相遇,甲、乙一起走完了一个全程的路程,其中乙走了 18 千米。也就是说甲、乙二人共同走完一个全程的路程时,乙走了 18 千米,若共同走完三个全程,那么乙就走 54($18\times3=54$)千米的路程。

(2)当甲、乙第二次相遇时,两人走了三个全程的路程,而乙走的是一个全程再加 8 千米。

(3)乙走的是一个全程加 8 千米应等于 54($18\times3=54$)千米,因此,A、B 两地的距离是 $18\times3-8=46$(千米)。

本题还可以这样分析,第一次相遇时离 B 点 18 千米,其实就是乙从出发到第一次相遇走过的路程,我们将其设为 S_{01},而乙从出发走到第二次相遇的位置,其路程就是 S_{02}。$S_{02}=AB+8$,而我们通过多次相遇的比例式可以知道 $S_{02}=3S_{01}$,即 AB $+8=18\times3$,因此 AB = 46 千米。

故 A、B 两地相距 46 千米。

例 4.6.4:有一堆糖果,其中奶糖占 45%,再放入 16 块水果糖后,奶糖就只占 25%,那么这堆糖中有多少块奶糖?

分析:

此题对象之间的关系比较隐晦,题中的 45% 与 25% 的标准量不一致。如果不加以转化就会陷入解题的困境,无从下手。审题可知:由于加入的是水果糖,虽然糖果的总数发生了变化，但奶糖的总数仍然不变。因此我们就要抓住这个不变量——原来糖果的45%与现在糖果的25%相等。即原来的糖果总数×45% = 现在的糖果总数×25%。也就是说，原来糖果是现在糖果的25% ÷45% $=\frac{5}{9}$。

即现在糖果、原来糖果和加入糖果分别为9份、5份和4份。这样，对象之间的关系就非常清楚了。问题就能被顺利解决了。

因为加入的水果糖占现在糖果的$\frac{4}{9}$，

所以现在的糖果$\times\frac{4}{9}=16$，即现在的糖果$=16\div\frac{4}{9}$。

又因为奶糖在现在的糖果中占25%，

所以奶糖有：$16\div\frac{4}{9}\times25\%=9$（块）。

分数法解：$16\div\frac{4}{9}\times25\%=9$（块）。

小结：许多竞赛数学题，其中涉及的条件比较隐晦，这时候，就需要认真分析题目中的字、词、句的含义，需要弄清这些字、词、句的本质。在必要的时候，可以借助图形进行分析，或者适当地对题目的条件进行等价转换，这样方才可能把题中隐蔽的条件转换为明显的条件，从而快速地解题。对于这些对象关系隐晦，不明显的题目，我们要抓住题目中的不变量进行思考。找出对象之间的关系，从而解答问题。

四、化复杂为简单

（一）应用题中的化复杂为简单

例4.6.5：计算$5.6\div1\frac{2}{3}\times\frac{1}{4}\div0.7$。

分析：

本题直接计算比较麻烦，我们只需要把题中的小数转化成分数，除法转化成乘法，就可以很快解答，所以有

$$5.6\div1\frac{2}{3}\times\frac{1}{4}\div0.7=\frac{28}{5}\times\frac{3}{5}\times\frac{1}{4}\times\frac{10}{7}=\frac{6}{5}=1\frac{1}{5}$$

例 4.6.6：有两袋大米共重 220 公斤，甲袋米吃去$\frac{1}{3}$，乙袋米吃去$\frac{1}{2}$，这时甲袋米剩下的是乙袋的$\frac{8}{5}$倍，求甲、乙两袋大米的重量分别是多少？

分析：

这是一道看似简单但比较复杂的应用题。它由多个基本应用题有机组成，可以分解成几道简单的应用题，我们可以提炼出这两个问题：(1) 甲、乙两袋米各剩下几分之几？(2) 甲袋米是乙袋米的几倍？

通过以上两个问题的过渡，复杂的问题就会简单化。

我们知道，甲剩下 $1-\frac{1}{3}=\frac{2}{3}$，乙剩下 $1-\frac{1}{2}=\frac{1}{2}$；而甲的$\frac{2}{3}$是乙的$\frac{1}{2}$的$\frac{8}{5}$倍。即甲的$\frac{2}{3}$ = 乙的$\frac{4}{5}$，也就是说甲是乙的$\frac{6}{5}$倍。即：11 份中甲占 6 份，乙占 5 份。由此一来，便有：

甲袋米重：$220\times\frac{6}{11}=120$(公斤)，

乙袋米重：$220\times\frac{5}{11}=100$(公斤)。

所以甲、乙两袋大米的重量分别是 120 公斤、100 公斤。

例 4.6.7：请计算下列式子的结果：$(9999+9997+\cdots+9001)-(1+3+\cdots+999)$。

分析：

此题看似复杂，可是在实际运算过程中，只要稍微运用一下转化的方法，将两个括号中的内容拆开再重组，比如：$(9999-999)$，$(9997-997)$，…，$(9001-1)$，就可以把复杂问题简单化了。即：

原式 $=(9999-999)+(9997-997)+\cdots+(9001-1)$

$$=\underbrace{9000+9000+\cdots+9000}_{500个}$$

$=45000000$。

例 4.6.8:大华服装厂生产一批服装,原计划 30 人 12 天完成,由于商家急需,要提前 4 天取货,为完成任务,厂家再需要增加几人加入生产?

分析:

审题可知,由于工作时间发生了变化,且服装数量不知,不妨把服装数量当作“1”。则每天每人完成的工作量是$\frac{1}{30\times12}$,要提前四天完成,即 8 天完成。如果不增加人加入生产,则 8 天内 30 个人的总工作量是$\frac{1}{30\times12}\times30\times8=\frac{2}{3}$,还有$\frac{1}{3}$的工作量没完成。我们可以把题目转化为“$\frac{1}{3}$批的服装要求 8 天内完成,每个人每天的工作量是$\frac{1}{30\times12}$,需要多少人”来进行求解。这样就有,

需要增加的 $=(1-\frac{1}{30\times12}\times30\times8)\div\frac{1}{30\times12}\div8$

$=\frac{1}{3}\div\frac{1}{30\times12}\div8$

$=\frac{1}{3}\times30\times12\div8$

$=120\div8$

$=15$(人)。

所以厂家再需要增加 15 人加入生产。

小结:此题的关键是把原来复杂的题目转化成比较容易的、单一明了的问题。同时,在解题过程中把复杂的分数形式转化成整数形式,把除法转化成乘法来进行计算。

例 4.6.9:古代有一农夫临终前对 3 个儿子说:我仅有 17 头羊留给你们,老大得一半,老二得三分之一,老三得九分之一。说完就去世了,兄弟 3 人都没有办法分羊。请你替他们分一分。

分析:

如果按照 17 头羊来分,则每个人分得的羊都不是整数,所以兄弟 3 人都没有办法。既然用 17 来分得不到整数,我们就必须想办法使得每个人分到的羊都是整

数，因为2、3、9的最小公倍数是18，我们假设羊的总数是18，因此有：

$18\times\frac{1}{2}=9$（头），

$18\times\frac{1}{3}=6$（头），

$18\times\frac{1}{9}=2$（头），

本题即老大分得9头羊，老二分得6头羊，老三分得2头羊。

而$9+6+2=17$（头），$18-17=1$（头），剩余了1头羊，那么意味着17头羊刚好使得老大得一半，老二得三分之一，老三得九分之一，即老大分得9头羊，老二分得6头羊，老三分得2头羊。

还可以这样求解，因为老大得一半，老二得三分之一，老三得九分之一，所以他们得的羊数之比为$\frac{1}{2}:\frac{1}{3}:\frac{1}{9}$，故他们分得的总量为$\frac{1}{2}+\frac{1}{3}+\frac{1}{9}=\frac{17}{18}$，按照这样的分法，得：

$17\times\frac{\frac{1}{2}}{\frac{17}{18}}=9$（头），$17\times\frac{\frac{1}{3}}{\frac{17}{18}}=6$（头），$17\times\frac{\frac{1}{9}}{\frac{17}{18}}=2$（头）。

即老大分得9头羊，老二分得6头羊，老三分得2头羊。

例4.6.10：甲、乙两数的和是21，甲数的$\frac{1}{2}$等于乙数的$\frac{1}{5}$。求甲、乙两数各是多少？

分析：

由题意知甲数的$\frac{1}{2}$等于乙数的$\frac{1}{5}$，即甲数＝乙的$\frac{2}{5}$，也就说乙数是甲数的$\frac{2}{5}$倍。即7份中甲占2份，乙占5份。

所以甲数为：$21\times\frac{2}{7}=6$；乙数为：$21\times\frac{5}{7}=15$。

（二）几何图形中的化复杂为简单

转化在几何图形中的应用是十分广泛的。在计算比较复杂的平面图形的面积时，可以灵活运用所学的几何知识，借助图形本身的特征，采用“割补”的方法，把原来的图形转化成我们熟悉的图形，也可以用“分解法”把复杂的图形分成几个简单的图形，从而将问题简化。

周长的转化。

周长是指封闭图形一周的长度。其中不规则图形的周长、拼剪图形的周长都可以转化为规则图形的周长。

例 4.6.11：求下面图形的周长。

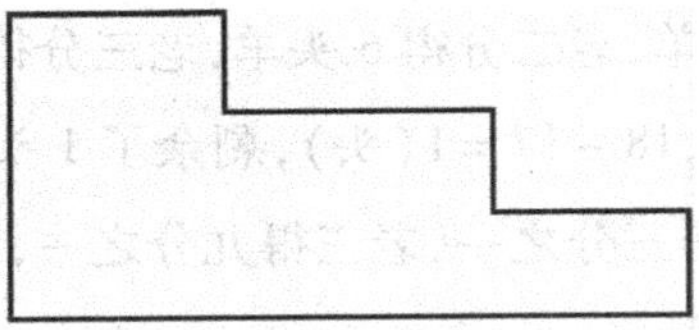

分析：

由题设我们知道，根据周长的定义，将所有边的长度直接相加是很难做到的。仔细观察上图，我们不妨稍加思考把上图做一下改变，转化成如下图所示的图形，那么答案就清晰明了了。

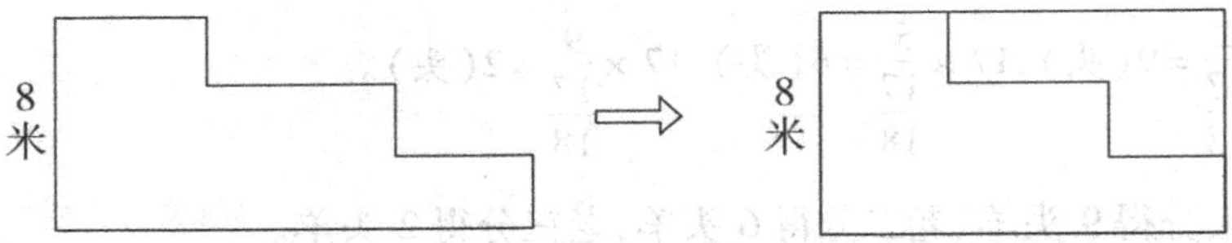

如上图所示，用转化的思想，将水平方向的线段平移，垂直方向的线段平移，这样正好得到一个长方形的周长，从而实现由不规则图形到规则图形的转化。所以它的周长是：$(12+8)\times 2=40$（米）。

小结：求不规则图形的周长时，用平移的方法，使不规则图形转化成规则图形，然后求其周长。

例 4.6.12：求下面图形阴影部分面积。

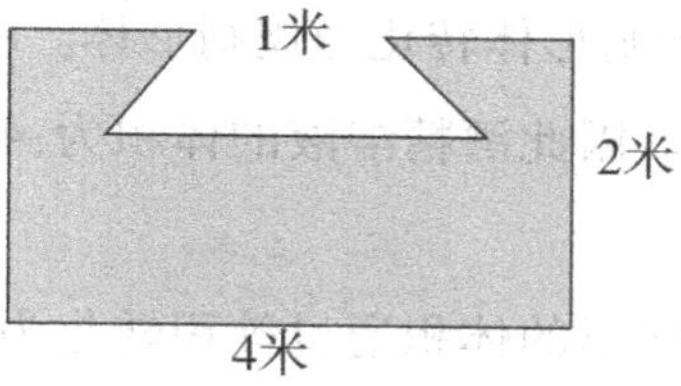

分析：

题中所给的图形是不规则图形，它没有特定的面积公式，因此要直接求它的面积是有一定的难度的。仔细观察图形，我们会发现它是一个上端被挖掉一个梯形的矩形，即

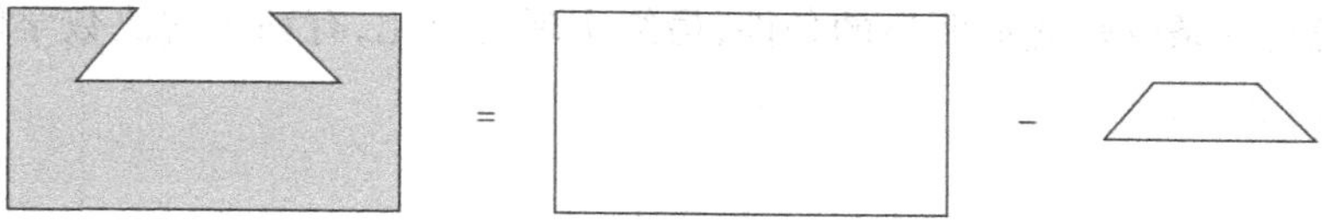

所以，要求阴影部分的面积 $=2\times4-\frac{(1+2)\times2}{2}=5$（平方米）。

小结：例 4.6.12 中我们将不规则的图形转化成规则图形，通过对规则几何图形求面积进而获得答案，这就是转化法在几何图形中求不规则图形面积的作用，即先“化整为零”，再“集零为整”。很多图形的面积不能直接运用公式，这样可以通过转化将隐性的条件转化为已知的条件，化复杂为简单，化新知为旧知。

例 4.6.13：如下图所示，一个酒精瓶，瓶身呈圆柱形（不含瓶颈），它的容积是 401.96 立方厘米，瓶子正放时，瓶内酒精溶液的高度是 6 厘米，如果瓶子倒放时，空余部分的高度是 2 厘米。求瓶内酒精的体积是多少立方厘米？

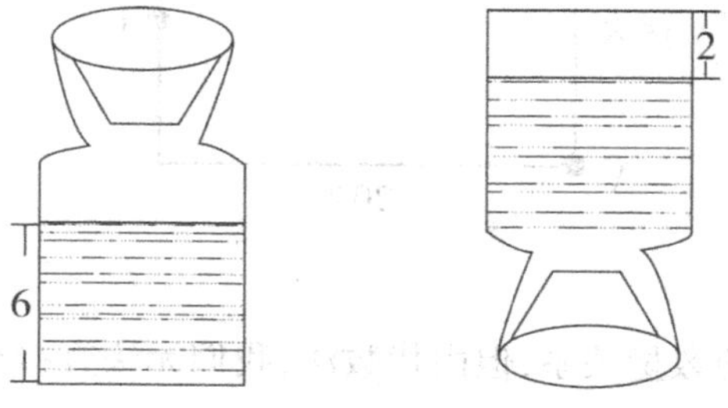

分析：

根据题意得，瓶身是一个圆柱体，而瓶颈是一个不规则立体图形。酒精溶液的体积不变，空余部分的体积也不变。但通过比较，会发现，瓶颈正好是一个高 2 厘

米的圆柱，从而实现了由不规则形体转化为规则形体。所以酒精瓶相当于一个高为 $6+2=8$（厘米）的圆柱体。因此酒精溶液的体积为：$401.96\div8\times6=50.24\times6=301.44$（立方厘米）。

小结：很多不规则立体图形的体积通过等积转化为规则图形的体积，可以化复杂为简单。

总结：所谓解题的转化策略，就是在解题的过程中，从不同的角度、侧面去探究问题的解法、寻找最佳的方案，这一过程需要转化解题的思路与方向。在数学解题中，转化法是一个非常重要的技巧，它可以帮助人们将抽象的题目转化为具体的题目，将隐晦的条件转化成明显的条件，最终实现简单化，有利于解决数学问题，达到我们的目的。

第七节　图示法

解题时，先把题中的条件和问题用图表示出来，便于看清楚题中的数量关系，然后"按图索骥"，寻求解题的方法，这种思维方法叫图示法。

下面举例来说明如何利用图示法解答竞赛数学题。

例 4.7.1：下图是一块长 20 米、宽 15 米的长方形草地。若在 A、B、C（草地中央）三处各用一根长 5 米的绳子拴一只羊。这三只羊最多各能吃多少平方米的草？

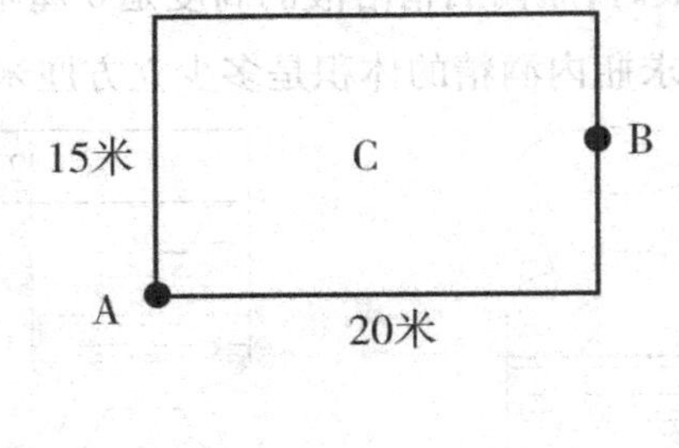

分析：

本题虽说有具体的数量关系，但由代数法，我们无法直接计算。为了使题意更清晰明了，我们把题中的数量关系用几何图形表示，我们先假设点 A、点 B、点 C 所在的羊能拉直绳子跑到最远处吃到草，把最远处的草吃掉，那么羊刚好以 A、B、C 点作为圆心，以 5 米长的绳子作为半径画圆，于是我们用下图表示题中的关系：

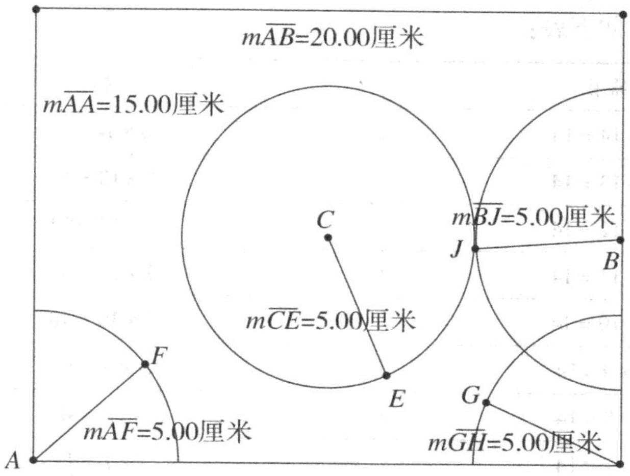

从上图得中可以清楚地看出三者各自的数量关系：

(1)在 A 处的山羊最多能吃半径为 5 米的圆的面积的四分之一的草，即

$$S = \frac{1}{4} \times \pi \times r = \frac{1}{4} \times \pi \times 5 = \frac{5}{4}\pi \text{（平方米）；}$$

(2)在 C 处的山羊最多能吃半径为 5 米的圆的面积的草，即

$$S = \pi \times r = \pi \times 5 = 5\pi \text{（平方米）；}$$

(3)在 B 处的山羊最多能吃半径为 5 米的半圆的面积的草。因为由题中信息我们并不知道 B 点的准确位置，但我们可以把 B 点当作一个动点，在所在边上进行移动，且我们要求解的问题是要知道在 B 点的羊能吃到最多的草是多少，所以我们必定不能和在 C 点的羊起冲突，由观察衡量计算，当 B 点在所在边的中点的时候，所做的圆刚好和 C 点的圆相切不起任何冲突，此时羊所吃到的草最多。即

$$S = \frac{1}{2} \times \pi \times r = \frac{1}{2} \times \pi \times 5 = \frac{5}{2}\pi \text{（平方米）。}$$

故 A、B、C 三处的羊最多各能吃$\frac{5}{4}$平方米、5 平方米、$\frac{5}{2}$平方米的草。

例 4.7.2：把 14 分成两个自然数的和，使两个数的乘积最大，应该怎样分？最大乘积是几？试说明理由。

分析：

列举 14 分成两个自然数的和的 8 对自然数，以及求解两个数之积，进行比较，

得出最大乘积。如下表：

乘积	和
0 +14 =14	0 ×14 =0
1 +13 =14	1 ×13 =13
2 +12 =14	2 ×12 =24
3 +11 =14	3 ×11 =33
4 +10 =14	4 ×10 =40
5 +9 =14	5 ×9 =45
6 +8 =14	6 ×8 =48
7 +7 =14	7 ×7 =49

从上面的表格，我们可以很容易得出本题的答案，把 14 分成 7 和 7 两个自然数的和，使 7 和 7 两个数的乘积 49 最大。

本题除了用表格图示的方法，还可以用几何的方法解决。考虑两数之和、两数之积，我们会联想到规则图形，如矩形的面积公式。显然，我们把 14 分成两个自然数作为矩形的长和宽，那么长和宽的乘积即我们要求解的面积。同时我们知道零乘任何数都为零，在此不再考虑零这个自然数。所以我们利用图示法，把问题转化为求解矩形的最大面积，此时面积最大的长、宽就是我们要求解的和为 14 的两个自然数。在学习简单几何图形的时候，我们知道：当一个矩形的周长一定的时候，要使面积最大，则这个矩形是一个正方形。

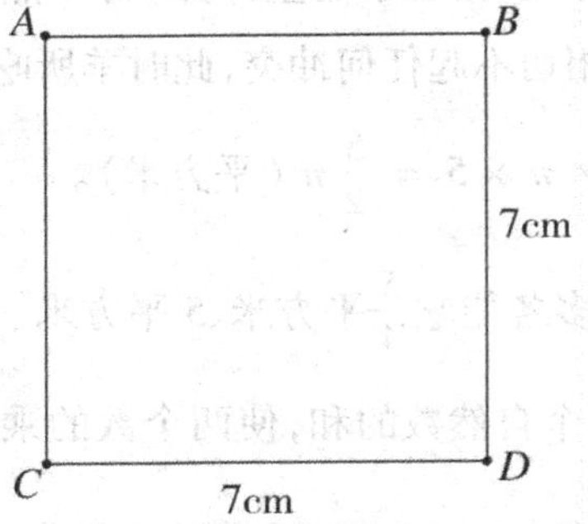

所以我们把邻边和为 14 的矩形转化成长为 7，宽为 7 的正方形，面积在同周长的矩形中最大。面积 7 ×7 =49 即为所求。

例 4.7.3：某校和某工厂之间有一条公路，该校下午 2 时派车去该厂接某劳模做报告，往返需 1 小时，这位劳模在下午 1 时便离厂步行向学校走来，途中遇到接他的汽车，便立即上车驶向学校，在下午 2 时 40 分到达。问汽车速度是劳模步行速度的几倍？

分析：

审题可知，车与人相向而行。汽车与人相向而行的路程之和就是学校与工厂间的距离，题目给的是往返的时间，往返时间的一半就是走完学校与工厂这段距离所需要的时间。还需要注意的是要找出劳模行走的时间并换算时间单位。

为了使得题意更加清晰明了，我们根据题意做出下图，辅助分析。

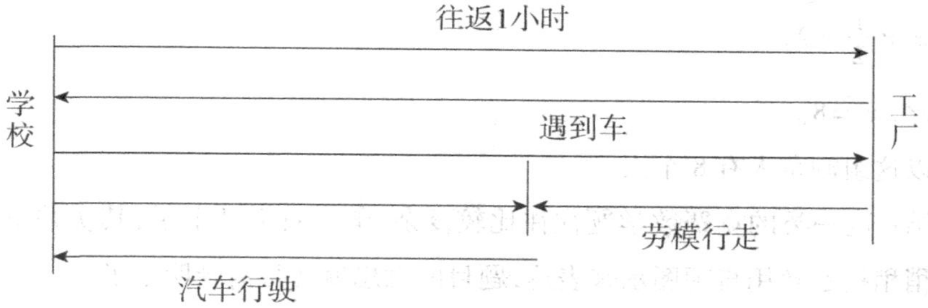

设汽车行驶的速度为 $V_{车}$，劳模行走的速度为 $V_{人}$。由题意知，劳模行走的时间为 1 小时 20 分，即 80 分。则：

$20V_{车}+80V_{人}=30V_{车}$。

所以$\frac{V_{车}}{V_{人}}=8$，汽车速度是劳模速度的 8 倍。

例 4.7.4：一组割草人要把两块草地的草割掉，大的一块草地比小的一块草地大一倍。全体组员用半天的时间割大的一块草地，下午他们便分开。一半仍留在大草地上。另一半就到小草地上割草，到傍晚还剩下一小块。这块地由一个割草人又用了一天时间才割完。问这组割草人有多少？

分析：

审题可知，大块草地是小块草地的一倍，这是一个等量关系，将小块草地扩大一倍就与大块草地一样大，根据等量关系建立简单的数学模型。根据题意可画出如下图形：

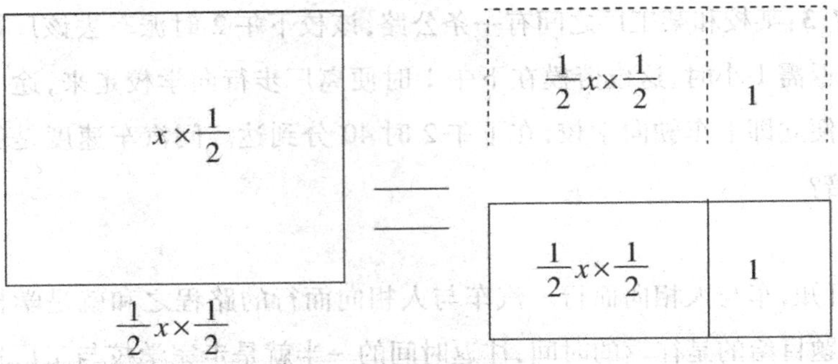

将小块草地扩大一倍，则这两块草地的大小一样，设这组割草人有 x 人，由图形可得出：

$\frac{1}{2}x\times\frac{1}{2}=2$，

因此，$x=8$。

所以这组割草人有 8 个人。

总结：这一类的竞赛数学题往往比较复杂，乍一看无从下手，其实并不难，我们只要稍稍把题意用直观图示来表达，题目的意思就变得清晰明了了。

由前面的例题我们知道，图示法是以图的形式对题意做出反应，图示法也称为数形结合法，数形结合思想是人们借助"形"把相应的数量关系形象生动地表现出来，上述的图示法就是典型的数形结合的例子，通过图示法，可轻而易举地解决问题。

第八节　方程法

解应用题时，用字母代表题中的未知量，并根据题目中给出的等量关系列出方程，然后通过解方程求出未知数的值的一种方法叫作方程法。列方程解应用题的关键是找准等量关系，根据等量关系列出方程。

例 4.8.1：希腊数学家丢番图的墓碑上记载着：

他生命的六分之一是幸福的童年。

再活十二分之一，颊上长起了细细的胡须。

丢番图结了婚，可是还不曾有孩子，这样又度过了一生的七分之一。

再过五年，他得了儿子，感到很幸福，可是命运给这个孩子在世界上的生命只有他父亲的一半。

自从儿子死后，这老头在深深的悲痛中活了四年，他离开了人间。

请你算一算，丢番图活了多少岁？

分析：

问题中把丢番图的全部年龄分成了六部分，若设丢番图活的岁数为 x，则在图上就可以表示出他年龄的六个部分：

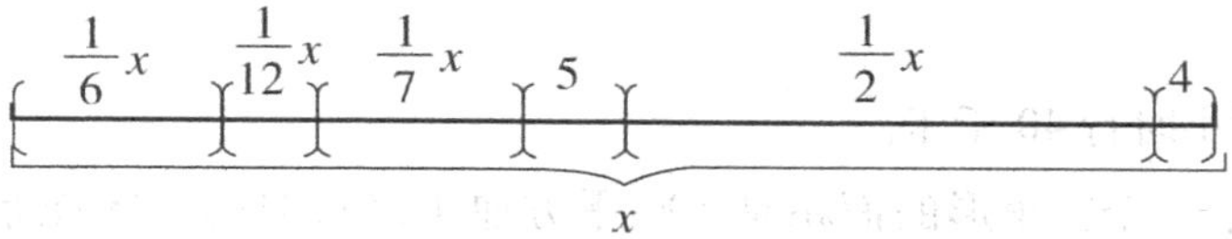

则由题目意思可以列出下面的方程：$\frac{1}{6}x+\frac{1}{12}x+\frac{1}{7}x+5+\frac{1}{2}x+4=x$ 去分母得：$84\times\frac{1}{6}x+84\times\frac{1}{12}x+84\times\frac{1}{7}x+84\times5+84\times\frac{1}{2}x+84\times4=84x$

$\frac{9}{84}x=9$。

整理得 $9x=756$，

解得 $x=84$。

经过验算 84 是以上问题的解，所以丢番图活了 84 岁。

例 4.8.2：一名工人每小时可以制作 27 个机器零件。要制作 351 个机器零件，要用多少小时？

分析：

设制作 351 个机器零件，要用 x 小时。

根据“工作效率 × 时间 = 工作总量”这个数量关系，列方程得：

$27x=351$

$x=351\div27=13$（小时）。

所以这名工人制作 351 个机器零件要用 13 个小时。

例 4.8.3：A、B 两地相距 510 千米，甲、乙两车同时从 A、B 两地相向而行，6 小时后相遇。已知甲车每小时行45千米，乙车每小时行多少千米？

分析：

设乙车每小时行 x 千米。根据“部分数 + 部分数 = 总数”，列方程得：

$45\times6+6x=510$

$6x=510-45\times6$

$6x=510-270$

$6x=240$

$x=240\div6$

$x=40$。

故乙车每小时行40千米。

例 4.8.4： 一个三角形的面积是100平方厘米，它的底是25厘米，高是多少厘米？

分析：

设三角形的高是 x 厘米。

根据三角形的面积公式“底 × 高 ÷ 2 = 三角形面积”，列方程：

$25x\div2=100$

$25x=100\times2$

$x=100\times2\div25$

$x=8$。

故三角形的高是8厘米。

例 4.8.5： 小木、小林、小森3人去看电影，如果小木带的钱去买3张电影票，还差0.55元；如果小林带的钱去买3张电影票，还差0.69元；如果3个人带去的钱去买3张电影票就多了0.30元。已知小森带了0.37元，那么买一张电影票多少钱？

分析：

设电影票 x 元一张，三个人所要买三张电影票的钱就是 $3x$，则小木带 $(3x-0.55)$ 元，小林带 $(3x-0.69)$ 元。

由题目之间的等量关系，就可以列出代数式：

$0.37+3x-0.55+3x-0.69-0.3=3x$

解得 $x = 0.37$。

所以，买一张电影票花 0.37 元。

例 4.8.6：猎犬发现在离它 10 米远的前方有一只奔跑着的野兔，马上紧追上去，猎犬的步子大，它跑 5 步的路程，兔子要跑 9 步，但是兔子的动作快，猎犬跑 2 步的时间，兔子却能跑 3 步。猎犬至少跑多少米方能追上兔子？

分析：

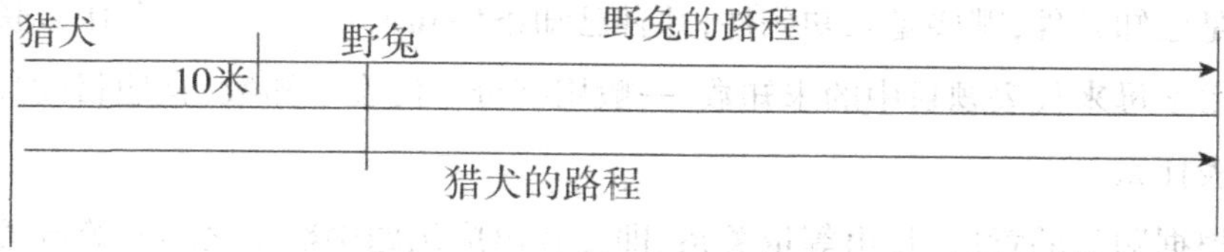

设兔子每步跑 $5x$ 米，则猎犬每步跑 $9x$ 米，所以每单位时间猎犬可以跑 $9x2 = 18x$ 米，兔子可以跑 $5x \times 3 = 15x$ 米。设需要 t 的时间可以追上，$3x \times t = 10$，得到 $t = 10/3x$ 所以猎犬至少要跑 $10/3x \times 18x = 180/3 = 60$ 米才能追上兔子。

猎犬至少跑 60 米方能追上兔子。

例 4.8.7：鸡兔同笼，共 100 个头，272 条腿，鸡兔各多少只？

依据鸡兔共有 272 条腿来列方程式，设鸡有 x 只，可列出如下方程：

$2x + 4 \times (100 - x) = 272$

$2x + 400 - 4x = 272$

$2x = 128$

$x = 64$。

则兔子的只数为：$100 - 64 = 36$（只）。

故鸡有 64 只，兔子有 36 只。

总结：对于这一类数量关系比较复杂的竞赛数学题，用方程可以很容易地把它们之间的关系表示出来，然后通过解方程可以很快得到答案。我们把方程解题的步骤总结如下：

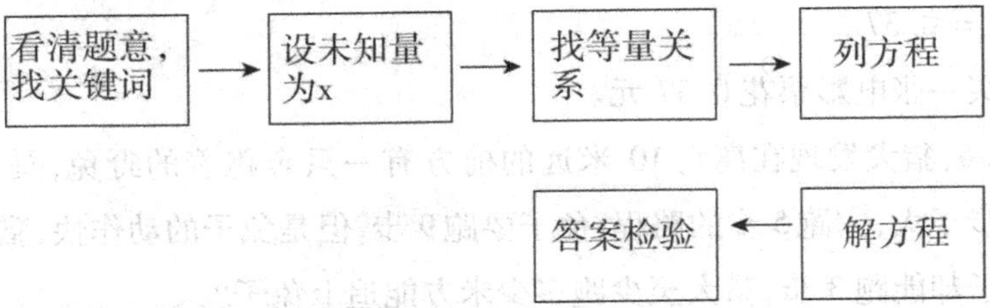

1. 看清题目的意思，然后找关键词。通过读题，弄清楚题目中讲的是什么意思，有哪些是已知条件，哪些是未知条件，并且已知条件和未知条件之间有什么联系。

2. 用字母来代表题目中的未知数。一般用字母 x 代表未知数，且题目问什么就用 x 代表什么。

3. 根据题目的意思，找出等量关系。即要找出应用题中数量之间的等量关系。

4. 列方程。列方程要同时符合如下的三个条件：(1) 等号两边的式子表示的意义要相同；(2) 等号两边数量的单位要相同；(3) 等号两边的数量要相等。

5. 解方程。解方程就是根据四则运算进行推算，并且计算要有理有据，书写格式要正确。解出 x 的数值后，不必注单位名称。

6. 答案检验。求出 x 的值以后，不要忙于写出答案，而是要先把 x 的值代入原方程进行检验，检验方程左右两边的得数是不是相等。如果方程左右两边的得数相等，则未知数的值是原方程的解；如果方程左右两边的数值不相等，那么所求出的未知数的值就不是原方程的解。这时就要重新检查：未知数设得对不对？方程列得对不对？计算过程有没有问题？……一直到找出问题的根源。值得注意的是：即使求出的未知数的值是原方程的解，也应仔细考虑一下，得出的这个值是否符合题意，是否有道理，当证明最后的得数确实正确后再写出答案。

第九节　构造法

三个苹果放进两个抽屉，总有某个抽屉中的苹果数不止一个，一个抽屉恰好放一个苹果是不可能的。如果我们在解数学题时注意巧妙地运用构造法，就能解决一些看上去非常复杂，有时甚至是无从下手的问题。

构造法也就是“抽屉原理”，“抽屉原理”是解决存在性问题中较常用的一种方法，是由德国数学家 P. G. T. Dirichlet（狄利克雷）首先提出来的。因此，这个定理也称为狄利克雷定理。

下面举例来剖析如何利用构造法解答竞赛数学题。

例 4.9.1：班上一共有 50 名学生，老师把参考书分给大家，请问至少要多少本书，才能保证至少有一个学生能够拿到两本或者两本以上的书？

分析：

审题可知，如果把 50 名学生看作 50 个“抽屉”，把书看作“苹果”。根据抽屉原理，书的数目应该多于学生的人数，即书本数至少需要 $50+1=51$ 本，就可以满足要求。

例 4.9.2：11 名学生到老师家借书，老师的书房里有 A、B、C、D 四类书。每名学生最多可借两本不同类的书，最少借一本。试证明：必有两个学生所借的书类型相同。

分析：

假如每名学生只借一本书，则不同的类型有 A、B、C、D 四种；假如学生借两本不同类型的书，则不同类型有：AB、AC、AD、BC、BD、CD 六种，一共有 10（$4+6=10$）种情况，我们把这 10 种情况看作 10 个“抽屉”，把 11 个学生看作“苹果”，根据抽屉原理可以知道，至少有两名学生所借的书的类型相同。

例 4.9.3：从 1，2，……，2002 这些自然数中，最多可以选取多少个数，能使这些数中任意两个数的差都不等于 6？

分析：

根据题意，我们不妨把 2002 个数依次每 12 个一组，最后 10 个数分成一组，共分成 167 组，我们可以表示为：（1，2，……，12）；（13，14，……，24）；……；（1981，1982，……，1992）；（1993，1994，……，2002）。在每一组中取前 6 个数，一共取 $6\times167=1002$ 个数，显然这些数任意两个的差都不等于 6。另外，若取 $1002+1=1003$ 个数，那么在上述 167 组中必有一组，在这一组中取出的数多于 6 个，而这组中 12 个数可以分成 6 组，每组两个数（最后一组可能只有一个数，但不影响结果），形如 a 和 $a+6$，所以取出的数多于 6 时，必有一组中两个数都被取出，它们的差等于 6。因此，最多只能取出 1002 个数。

例 4.9.4：一次象棋比赛一共有 n 名选手参加，证明一定有两名选手与同样多的对手下过棋。

分析：

我们把与同样多的对手下过棋的人归入同一组。这里的"苹果"就是选手，"抽屉"就是所分的组。"苹果"有 n 个，那么"抽屉"的个数呢？根据对手的个数与题目的意思可知：有 n 种情况，即对手的个数分别为 0，1，2，……，$n-1$，但是 0 与 $n-1$ 这两种情况不可能同时出现，所以实际上只有 $n-1$ 种情况，即 $n-1$ 个"抽屉"。因此，根据抽屉原理，一定有两个人在同一组，也就是说他们与同样多的对手下过棋。

第十节 发散思维法

所谓凝聚，就是思考，找出问题的规律；相对的，发散，就是运用规律，指导行动，使规律用于解决问题，进而可以发展规律的广泛性，向"纵、横、深、广"拓展，向"少、精、活"探索。有资料表明，发散思维，又称辐射思维、放射思维、扩散思维或求异思维，是指大脑在思考时呈现的一种扩散状态的思维模式，它表现为思维视野广阔，思维呈现出多维发散状。如"一题多解""一事多写""一物多用"等方式。

我们在解竞赛数学问题时，可以从不同方向来寻求解决问题的途径，也就是我们常说的一题多解，发散性思维富于联想，能使学生善于分解、组合、引申及推导，灵活采用各种变通手法。因而"发散思维法"作为一种常用的数学解题方法在竞赛数学题中经常使用。

下面我们举例来说明发散思维法在解数学题中的巧妙运用。

例 4.10.1：大约在一千五百年前，大数学家孙子在《孙子算经》中记载了这样的一道题："今有雏兔同笼，上有三十头，下有七十足，问雏兔各几何？"这四句的意思就是：有若干只鸡和兔在同一个笼子里，从上面数，有三十个头，从下面数，有七十只脚，问这个笼子里的鸡、兔各有多少只？

分析：

根据题意"今有雏兔同笼，上有三十头，下有七十足"，我们知道鸡和兔一共有

30 只，一般来说鸡有两只脚，兔有四只脚，也就是说鸡的两倍加上兔的四倍就等于 70。此时，一只鸡的头数与脚数之比变为 1:2，一只兔的头数与脚数之比变为 1:4。

为此，孙子提出了大胆的设想。他假设如果每只鸡都是单脚而立、每只兔自都蜷缩着前肢站立，那么每只鸡就变成了“独脚鸡”，而每只兔就变成了“双脚兔”。这样，“独脚鸡”和“双脚兔”的脚就由 70 只变成了 35 只；而每只鸡的头数与脚数之比变为 1:1，每只兔的头数与脚数之比变为 1:2。于是有一只“双脚兔”，脚的数量就会比头的数量多 1。所以，“独脚鸡”和“双脚兔”的脚的数量与他们的头的数量之差，就是兔子的只数，即：$35-30=5$（只）；鸡的数量就是：$30-5=25$（只）。

那么孙子的解法一定正确吗？明代哲学家陈献章说过：“前辈谓学贵有疑，小疑则小进，大疑则大进。”所以质疑常常是培养创新思维的突破口，培养质疑能力对启发学生的思维发展和创新意识具有重要作用。孟子也说过：“尽信书，则不如无书。”书本上的东西，不一定都是全对的。真理有其绝对性，又有其相对性，任何一道题目的解法都有其可推敲之处，我们可以大胆怀疑孙子的解法是否正确，发表自己的独特见解。

众所周知，通向成功的路不止一条，仔细阅读题目，我们会发现可以得出这样的两个式子：

鸡头 + 兔头 = 30

鸡脚 + 兔脚 = 70

又因为鸡脚 = 2 × 鸡头，兔脚 = 4 × 兔头，所以上面的式子就可以转化为：

鸡头 + 兔头 = 30

2 × 鸡头 + 4 × 兔头 = 70

再将上式做小小的变化，即将 2 × 鸡头 + 4 × 兔头 = 70 两边同时除以 2，把式子简化成为：鸡头 + 2 × 兔头 = 35，所以进一步简化的式子为：

鸡头 + 兔头 = 30

鸡头 + 2 × 兔头 = 35

而 2 × 兔头 = 兔头 + 兔头，所以鸡头 + 2 × 兔头 = 35

意味着有：鸡头 + 兔头 + 兔头 = 35，鸡头 + 兔头 + 兔头 = 35 对比鸡头 + 兔头 = 30，只是多了兔头，用“鸡头 + 兔头 + 兔头 = 35”减去“鸡头 + 兔头 = 30”，就可以

得到兔头 =5,那么鸡头 =30 - 兔头 =30 - 5 =25。

所以这个笼子里有25 只鸡和5 只兔。

得到的答案和孙子的是一样的,我们思考新解法的过程就是一个“发散思维”的过程,可以根据不同方向来思考问题,寻求解决问题的多种方法,也就是我们常说的一题多解。

例4.10.2:一项工程,甲队单独做40 天可完成,乙队单独做60 天可完成。开始时两队合作,但中间甲队因另有任务调走几天,所以经过27 天才能完成全部工程,问甲队离开了几天?

分析:

根据题目“甲队单独做40 天可完成,乙队单独做60 天可完成”,也就是说:甲队单独完成此项工程所需天数就是乙队单独完成此项工程所需天数的$\frac{2}{3}$。

这句话换个说法就是:甲队单独做40 天的工作量,乙队需要60 天才能完成。即甲队40 天的工作量 = 乙队60 天的工作量,也就是甲队2 天的工作量 = 乙队3 天的工作量。

我们把这项工程看作单位“1”,很容易得到数量关系,即甲队40 天的工作量 = 1,乙队60 天的工作量 =1,那么甲队每天的工作量就是$\frac{1}{40}$,乙队每天的工作量就是$\frac{1}{60}$。

根据题目意思“开始时两队合作,但中间甲队因另有任务调走几天,所以经过27 天才能完成全部工程”。也就是说,乙队一直都在工作,工作了27 天,所以乙队完成的工作量是整个工程工作量的$27 \times \frac{1}{60} = \frac{27}{60}$,那么剩下的工作量都是由甲队来完成的,甲队完成的工作量为:$1 - \frac{27}{60} = \frac{33}{60}$,那么甲队工作了:$(1 - \frac{33}{60}) \div \frac{1}{40} = 22$ 天,所以甲队离开了:27 - 22 =5(天)。

德国著名的哲学家黑格尔说过:“创造性思维需要有丰富的想象。”而人的想象力是无限的,只要搭建一个平台,他们就能思考出多种不同的解法解答同一道数学题。例4.10.2 不局限于一种解题方式,还有其他不同的解法。

我们假设如果甲队中途没有离开，甲队和乙队做这个工程每天的工作量就为：$(\frac{1}{40}+\frac{1}{60})$，也就是说完成这项工程所需要的天数为：$1\div(\frac{1}{40}+\frac{1}{60})=24$（天）。甲队中途离开之后，乙队继续完成这项工程，一共历时 27 天。如果甲队没有中途离开，甲队和乙队一起完成这项工程，只需要 24 天，意味着乙队原本在第 24 天就可以完成任务，不用再工作了。但是由于甲队的离开，乙队多了 $27-24=3$（天）的工作量，又已知甲队 2 天的工作量 = 乙队 3 天的工作量，也就意味着乙队帮甲队完成了两天的工作量，那么甲队只工作了：$24-2=22$（天），同样也得到甲队离开了：$27-22=5$（天）。

例 4.10.3：一项工程，由甲队单独做 12 天可以完成。甲队做了 3 天后，另有任务，余下的工程由乙队做 15 天完成，求乙队单独做这项工程要多少天？

分析：

我们把这项工程看作单位“1”，根据题目意思“一项工程，由甲队单独做 12 天可以完成”，也就是说甲队 12 天的工作量 $=1$，甲队每天完成这项工程的工作量为 $\frac{1}{12}$，“甲队做了 3 天”也就是说甲队完成了这项工程总量的 $3\times\frac{1}{12}=\frac{1}{4}$，那么甲队离开后，剩下的工作量是由乙队完成的，“余下的工程由乙队做 15 天完成”也就意味着乙队用了 15 天的工作量完成甲队 9 天的工作量，所以甲队 9 天的工作量 = 乙队 15 天的工作量，即甲队 3 天的工作量 = 乙队 5 天的工作量。又因为甲队 3 天的工作量 + 甲队 9 天的工作量 = 甲队 12 天的工作量 $=1$，甲队 3 天的工作量 + 乙队 15 天的工作量 $=1$。故乙队 5 天的工作量 + 乙队 15 的工作量 = 乙队 20 天的工作量 $=1$，因而得到乙队单独做这项工程所需要的时间为 20 天。

例 4.10.4：有甲、乙两堆煤，甲堆煤的重量是乙堆煤的 2 倍，如果从甲堆运走 50 吨到乙堆，那么，乙堆煤的吨数就是甲堆煤的 3 倍。问原来两堆煤各重多少吨？

分析：

题中甲、乙两堆煤的重量都有变化，不易从两堆煤的重量入手解答，应寻找不变的量。审题可知，虽然从甲堆运走一些煤给乙堆，但两堆煤的总重量保持不变。

所以不妨设两堆煤的总量为单位"1"，则原来甲堆煤的重量相当于总量的$\frac{2}{(2+1)}=\frac{2}{3}$，从甲堆运走50吨到乙堆后，甲堆煤的重量相当于总重量的$\frac{1}{(1+3)}=\frac{1}{4}$，比较可知50吨相当于总重量的$\frac{2}{3}-\frac{1}{4}=\frac{5}{12}$。

即两堆煤的总重量为：$50\div\frac{5}{12}=120$（吨）。

原来甲堆煤重：$120\times\frac{1}{4}+50=80$（吨）；

原来乙堆煤重：$120-80=40$（吨）。

例4.10.5：某小学原有科技、文艺书共630本，其中科技书占20%，后来又买进一些科技书，这时科技书占两种书的30%，又买进科技书多少本？

分析：

审题可知，题中科技书的数量发生了变化，同时科技书、文艺书的总量也随之改变了。所以例4.10.5不能用例4.10.4的方法。仔细审题，我们发现虽然两种书的总量发生了变化，但是文艺书的数量（部分量）始终是一个不变量。

买进科技书前，科技书占全书的20%，则文艺书占全书的$1-20\%=80\%$，那么文艺书有：$630\times80\%=504$（本）。买进一些科技书后，文艺书占全书的$(1-30\%)=70\%$。因为文艺书是一个不变量，所以此时新总量的70%仍然是504本。由此我们可以求出新总量为：$504\div70\%=720$（本）。那么此时科技书有：$720\times30\%=216$（本）。原来的科技书有：$630\times20\%=126$（本）。

所以买进的科技书本书为：$216-126=90$（本）。

例4.10.6：24个人排成6列，要求每5个人为一列，请问该怎么排列好呢？

分析：

如果按照常规的想法，排列肯定是平时我们认识的平行列队，6列每列5个人，需要30个人，24个明显不够。如果换一种想法，如果队列不是平行而是每队列头尾连接。这样就构成了一个六边形，每边五个人，刚好24个人。画一个正六边形，每条边安排五个人，则先让六个人站在六个角，那么每边插进3个人即可。见下图。

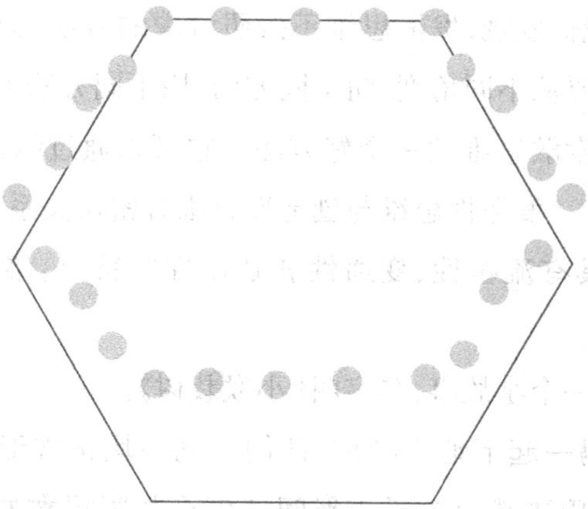

例4.10.7:100个人站成一排,自1起报数,凡报奇数者离队,留下的再次自1起报数,凡报奇数者又离队。这样反复下去,最后留下一个人,问这人第一次报数为多少?

分析:

若顺着题目事先设计好的顺序去思考,则可能越想越混乱。这里可考虑逆转程序思考。最后被留者在倒数第一轮必报2,在倒数第二轮必报4,在倒数第三轮必报8,…,依此类推,此人报的是16,32,64,128,…,但128显然不合题意。故其第一轮是报64。

例4.10.8:计算$3(2^2+1)(2^4+1)(2^8+1)(2^{16}+1)(2^{32}+1)-2^{64}+1$。

分析:

审题可知,题中式子长,而且数字大,若按照乘法直接展开计算,显然不容易做到,并且容易出错。换个角度思考,我们把3看成$3=4-1=2^2-1$,再反复运用平方差公式$(a+b)(a-b)=a^2-b^2$,于是就有:

$3(2^2+1)(2^4+1)(2^8+1)(2^{16}+1)(2^{32}+1)-2^{64}+1$

$=(2^2-1)(2^2+1)(2^4+1)(2^8+1)(2^{16}+1)(2^{32}+1)-2^{64}+1$

$=(2^4-1)(2^4+1)(2^8+1)(2^{16}+1)(2^{32}+1)-2^{64}+1$

$=(2^8-1)(2^8+1)(2^{16}+1)(2^{32}+1)-(2^{64}+1)$

$=2^{64}-1-2^{64}+1$

$=0$。

通过以上例题，我们发现，发散思维不按照常规的方法，而是寻求变异。对于题目给出的材料信息要从不同角度、向不同方向、用不同方法或途径进行分析。一题多解的训练是培养发散思维的一个好方法。它可以通过纵横发散，使知识串联起来，让学生举一反三。发散性思维与创造性思维有密切关系，发散性思维是一种重要的创造性思维，具有流畅性、变通性和独创性等特点，培养发散性思维十分重要。

下面我们来分享一个小故事，名字叫《小猴栽树》。

春天，小猴和妈妈一起下地去种树，他们来到一块正方形的麦田边。猴妈妈说："咱们要在这块麦田边栽上树。"小猴问："怎么栽呢？"猴妈妈说："每条边栽 4 棵，其中每个角各栽 1 棵。"小猴跟着妈妈挖坑栽树，忙了半天才栽完。猴妈妈说："你算算栽了多少棵树？"小猴边想边算，正方形有四条边，每边栽 1 棵，一共栽了 $4\times4=16$ 棵。猴妈妈听了说："你自己数数看。"小猴数了一遍又一遍，怎么不够 16 棵呢？

猴妈妈的话，实际上就是在对孩子进行发散性思维训练。故事中，蕴含了数学的题材，充分展现了超常的想象力。

培养学生的创造性思维是需要老师和家长互相支持、互相配合的。老师和家长要善于从教学和生活中捕捉能激发学生的创造欲望的情景，为学生提供一个能充分发挥想象力的空间与契机，让学生也有机会"异想天开"。所以，要求老师充分挖掘教材的潜在因素，通过课堂活动，启发学生思考，让学生展开丰富、合理的想象，促使学生找到解决问题的途径。

第十一节 设数代入法

对于题目中所“缺少”的条件，假设一个数代入（假设的这个数应尽量方便计算），然后求出解答，这种思维方法就称为设数代入法。

下面举例来说明如何利用设数代入法解答竞赛数学题。

例 4.11.1：某校六年级 3 个班的人数相等，一班的男生人数和二班的女生人数相等，三班的男生人数是全部男生人数的$\frac{2}{5}$，求全部女生人数占全年级人数的几分之几？

分析：

审题可知，二班男生的人数等于一班女生的人数，因此一、二班男生人数的总和等于每个班的人数。又知三班的男生人数是全部男生人数的$\frac{2}{5}$。由于题设只需求出全部女生人数占全年级人数的几分之几，不需要求出具体的人数，所以不妨设三班男生人数为 20 人，则全部男生人数为 $20 \div \frac{2}{5} = 50$（人）。于是每班人数为 $50 \times (1 - \frac{2}{3}) = 30$（人）。所以全部男生人数占全年级人数的 $50 \div (30 \times 3) = \frac{5}{9}$（人），因此可得全部女生人数占全年级人数的 $1 - \frac{5}{9} = \frac{4}{9}$。

小结：这一道题看起来缺少条件，但是题目中缺少的条件，对于问题结果并无影响。所以按常规解法似乎无法求解，但仔细分析可发现，题中涉及几个存在着倍数或比例关系的数量，这时就可以采用“设数代入法”，即对于题中“缺少”的条件，假设一个数代入进去（当然假设的这个数应尽量方便计算），然后求出解答。

对于这类题目，设数代入解题的过程中，即便假设不同的数值代入，最后的答案都一样。

例 4.11.2：已知图中长方形的面积是 9 平方厘米，求非阴影部分的面积。

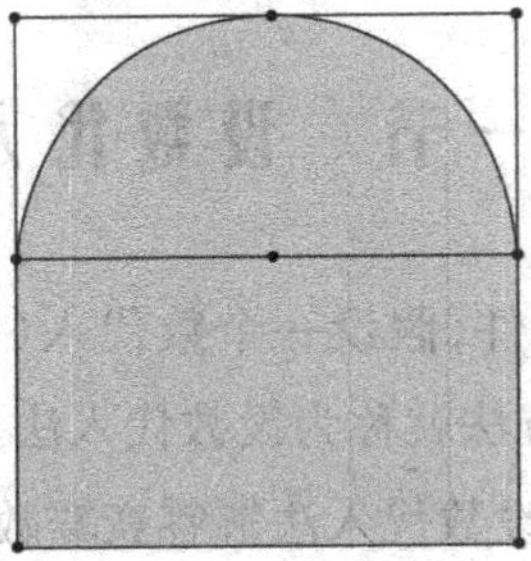

分析：

我们只知道题设给出的长方形的面积是 9 平方厘米，既然如此，我们假设长方形的长、宽都为 3 厘米。那么此时长方形的边的关系如下：

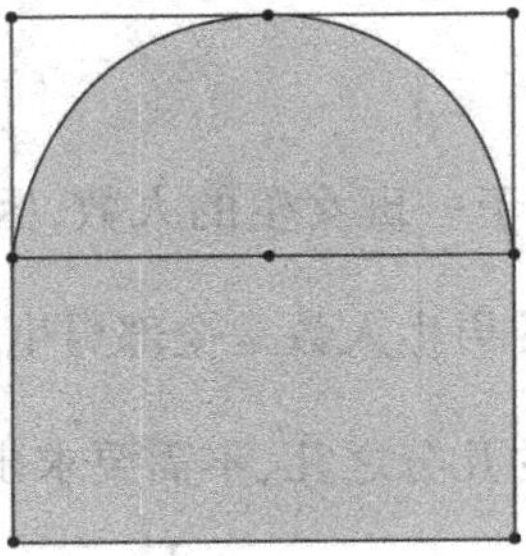

$$S_{非阴影} = \frac{1}{2} \times S_{长方形} - S_{半圆}$$

$$= \frac{1}{2} \times 3 \times 3 - \frac{1}{2} \times \pi \times 1.5^2\text{（平方厘米）。}$$

答：非阴影部分的面积为$\frac{36-9\pi}{8}$平方厘米。

小结：对于这一类的开放题，设满足已知条件的值代入，不同的假设值会有不同的结果，在此我们选择假设的这个数应尽量方便计算，然后求出其中一解即可。

例 4.11.3：足球赛门票 15 元一张，降价后观众增加一倍，收入增加五分之一。问：一张门票降价多少元？

审题可知，不知道实际观众人数与一张门票降价多少元，我们可以假设最简单的情况，那就是只有一个观众。又已知“降价后观众增加一倍，收入增加五分之一”，那么如果原来只有一个观众，收入为 15 元，则降价后就有两个观众，收入为：$15 \times (1 + \frac{1}{5}) = 18$（元）。

所以降价后每张票价为 9(18 ÷ 2 = 9)元，则每张票降价：15 − 9 = 6(元)。

即一张门票降价 6 元。

例 4.11.4：甲车从 A 地到 B 地需行 6 小时，乙车从 B 地到 A 地需行 10 小时。现在甲、乙两车分别从 A、B 两地同时出发，相向而行，相遇时甲车比乙车多行 90 千米，求 A、B 两地的距离？

分析：

审题可知，要直接求 A、B 两地的距离很困难，我们不妨先假设 A、B 两地的距离，根据题意求出甲、乙相遇时甲车比乙车多行的路程，再根据假设得出相遇时甲车比乙车多行的路程与实际多行的 90 千米做比较，得出倍数关系，这个倍数关系就是假设的 A、B 两地距离和实际的 A、B 两地距离的关系。

假设两地相距 30 千米，可得甲车的速度为 30 ÷ 6 = 5(千米/时)，乙车的速度为 30 ÷ 10 = 3(千米/时)，两车相遇需 30 ÷ (5 + 3) = 3.75(小时)，相遇时甲车比乙车多行(5 − 3) × 3.75 = 2 × 3.75 = 7.5(千米)。而实际上甲车比乙车多行 90 千米，由 90 ÷ 7.5 = 12 得：

A、B 两地实际距离为 30 × 12 = 360(千米)。

故 A、B 两地的实际距离是 360 千米。

例 4.11.5：一艘轮船从甲港开往乙港，去时顺水，每小时行驶 30 千米；返回时逆水，每小时行驶 20 千米。求这艘轮船往返的平均速度？

分析：

审题可知，题中未告知甲、乙两港之间的路程，使得所求往返的平均速度较为困难。故不妨假设甲、乙两港之间的路程为 60 千米，那么去时用的时间是：60 ÷ 30 = 2(小时)，返回时用的时间是：60 ÷ 20 = 3(小时)。往返一共用的时间是：3 + 2 = 5(小时)，往返的平均速度是：60 × 2 ÷ 5 = 24(千米/小时)，综合算式：

$$
\begin{aligned}
60 \times 2 \div (60 \div 30 + 60 \div 20) &= 120 \div (2 + 3) \\
&= 120 \div 5 \\
&= 24(\text{千米/小时})。
\end{aligned}
$$

则这艘轮船往返的平均速度为 24 千米/小时。

例 4.11.6：用甲、乙两台收割机分别收割一块地的小麦时，甲用 6 小时可以收割完，乙用4小时可以收割完。用这两台收割机同时收割这块地，多少小时可以收割完？

分析：

审题可知，这块地的面积是个未知的数量，不利于计算，我们如果假设这块地是12亩。那么甲收割机的速度是：$12\div6=2$（亩/小时），乙收割机的速度是：$12\div4=3$（亩/小时）。而甲、乙两台收割机同时收割这块地的速度是：$2+3=5$（亩/小时），收割完的时间为：$12\div(2+3)=2.4$（小时）。故两台同时收割2.4小时就可以收割完。

例4.11.7：有一堆苹果，如果平均分给大、小两个班的小朋友，每人可以得6个；如果只分给大班，则每人可得10个。如果只分给小班，每人可得几个？

分析：

题中未告知苹果的数量、大小班的人数，那我们可以假设有120个苹果，则由已知条件知大、小两个班共有小朋友：$120\div6=20$（人）。大班有：$120\div10=12$（人），小班有：$20-12=8$（人）。

如果只分给小班，则小班每人可分得苹果：$120\div8=15$（个）。

本题还可以假设两个班的总人数是30人，则苹果的总个数是：$6\times30=180$（个）。那么大班的人数是：$180\div10=18$（人），小班的人数是：$30-18=12$（人），故小班每人可分得苹果：$180\div12=15$（个）。

小结：这一类型的竞赛数学题，本质上都是缺少一定的条件，直接求解很复杂或者求解不了，但是仔细研究题意会发现条件对最后的答案无影响，所以我们只需要考虑算出的结果与已知条件的关系，灵活设数代入便可以很好地解决这一类竞赛数学题。设数代入法是解竞赛数学题常用的方法，首先假设数值，用已知代替未知，最后根据题意得出结果。

第十二节　分析综合法

综合法是从已知条件出发，由因导果，思维发散，逐步推出要求问题的方法。分析法执果索因，实际上是一个逆推的过程，即从应用题的最后问题入手，根据数量关系，找出解答这个问题所需的条件。综合法不容易奏效。分析法，根据一步步逆推分析，到使结论成立的条件和已知条件吻合为止。因此，在实际解题时，把分析法和综合法结合起来运用，形成新的解题方法——分析综合法，就可以抵消分析法和综合法的不足，从而使题目解答起来更加简洁、明了和迅速。

分析综合法是解竞赛数学题时常用的逻辑思维方法。下面举例来说明如何利用分析综合法解答竞赛数学题。

例 4.12.1：一方阵形桃园共 11 层，最里层共种 16 棵桃树，若每棵桃树结桃 60 千克。这个桃园共结桃多少千克？

分析：

题目中提到最里层共种 16 棵树，因为方阵的四个角的桃树（共 4 棵）是相邻两边所共有的，所以可以先根据"每边棵数 =（空心方阵的四周棵数 +4）÷4"，计算出最内层每边棵数是(16 +4) ÷4 =5 棵，因为桃树共有 11 层，且每相邻的两层每边点数相差是 2，相邻两层相差 8 棵桃树，所以最外层每边棵数是：5 +2 ×10 =25 棵，最外边的桃树为：16 +8 ×10 =96 棵。由此可知，从最内层到最外层的桃树依次是 16，24，32，40，48，56，64，72，80，88，96，所以这个方阵的桃树总棵数为：

$$16+24+32+40+48+56+64+72+80+88+96$$

$$=\frac{(16+96)\times 11}{2}=616(\text{棵})，$$

故这个桃园总结桃：616 ×60 =36960（千克）。

所以这个桃园共结桃子 36960 千克。

小结：例 4.12.1 是典型的方阵问题——将若干人或物以一定条件排成正方形（简称方阵），根据已知条件求总人数或总物数。方阵每边的实物数量是相等的，同边上的相邻两层的实物数量相差 2，相邻两层的实物数量相差 8。

例 4.12.2：将高都是 1 米，底面半径分别是 1.5 米、1 米和 0.5 米的 3 个圆柱体组成一个物体（如下图所示），求这个物体的表面积？

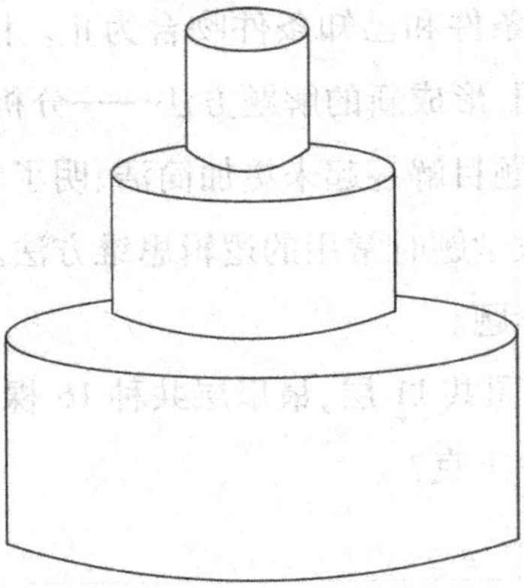

分析：

审题可知，有三个圆柱体，根据圆柱的大小，我们分别记为大圆柱、中圆柱和小圆柱。题设要求上图物体的表面积，那么就必须先分别求出大圆柱、中圆柱和小圆柱的底面积和侧面积。我们知道三个圆柱有些表面是重叠的，所以这个物体的表面积 =（大圆柱表面积 + 中圆柱表面积 + 小圆柱表面积）-（2 × 中圆柱底面积 + 2 × 小圆柱底面积），又有，

大圆柱的表面积 = 2 × 底面积 + 侧面积

$= 2 \times 1.5 \times 1.5 \times \pi + 1.5 \times 2 \times \pi \times 1$

$= 4.5\pi + 3\pi = 7.5\pi$（平方米），

中圆柱的表面积 = 2 × 底面积 + 侧面积

$= 2 \times 1 \times 1 \times \pi + 1 \times 2 \times \pi \times 1$

$= 2\pi + 2\pi = 4\pi$（平方米），

小圆柱的表面积 = 2 × 底面积 + 侧面积

$= 2 \times 0.5 \times 0.5 \times \pi + 0.5 \times 2 \times \pi \times 1$

$= 0.5\pi + \pi = 1.5\pi$（平方米）

故这个物体的表面积 =（大圆柱表面积 + 中圆柱表面积 + 小圆柱表面积）-（2 × 中圆柱底面积 + 2 × 小圆柱底面积）

$= (7.5\pi + 4\pi + 1.5\pi) - (2 \times \pi + 2 \times 0.25\pi)$

$= 10.5\pi$。

故这个圆柱的表面积为 10.5π。

小结:以上例题是运用分析综合法解决竞赛数学问题的典型,这一类题目的解决方法就是结合条件分析应用题的数量关系,然后列出综合算式,最后计算出结果。

综合法和分析法是解应用题时常用的两种基本方法。在解比较复杂的应用题时,只单独运用综合法或分析法分析问题,很容易遇到障碍,而把综合法和分析法结合起来往往起到事半功倍的效果。分析综合法是促进学生思维、加快解题速度、提高解题质量和效率的一种好方法。这种两头进行的思维策略常常能缩短中间推理步骤,有利于发现知识间的联系,找到解题所需的知识点。其解题模式可归纳为三步:遵照条件顺推几步,依据结论即目标逆推几步,注重前后联系。

第十三节 极端假设法

我们都知道,如果某一问题被推向"极端"之后,一般就能排除许多干扰,使问题的本质清楚地显露出来,从而有利于我们发现解决问题的途径,进而使问题得以迅速解决,我们把这种解题思维方法简称为极端法。所谓极端法,就是依据题目所给的具体条件,假设某种极端的物理现象或过程存在,然后做科学分析,从而得出正确判断或导出一般结论的方法。这种方法要有较高的综合分析能力和数学应用能力,应用恰当,则能出奇制胜。

极端假设法一般包括极端值假设、临界值分析、特殊值分析三种。

快速准确地解答数学运算题目的关键是合理使用解题方法。极端假设法不仅能帮助考生快速找到思路、简化解题过程、优化计算步骤,而且适用于大多题型。有些数学题的数量关系复杂又特殊,采用一般的解题方法很难作答。这时可采取一种把问题推向"极端"的策略,也就是考察取最大或最小值的情形,此时有利于我们找到解题的途径。

若题目最后问的是"最多的量最多是多少""最多的量最少是多少""最少的量最多是多少"这一类问题,解题思路是一样的,都是采用极端假设法,得出符合题意的情况。"最多的量最多是多少"的极端情况是让其他的量尽可能地少。"最多的量最少是多少"和"最少的量最多是多少"的极端情况是一样的,都是让给出的一列数尽可能地平均，即先求出平均数，在平均数周围构造出一个满足条件的数。

下面举例来说明如何利用极端法解答竞赛数学题。

例 4.13.1：有一块菜地长 37 米、宽 25 米，菜地中间留了 1 米宽的路，路把菜地分成 4 块（见下图），菜地的实有面积是多少？

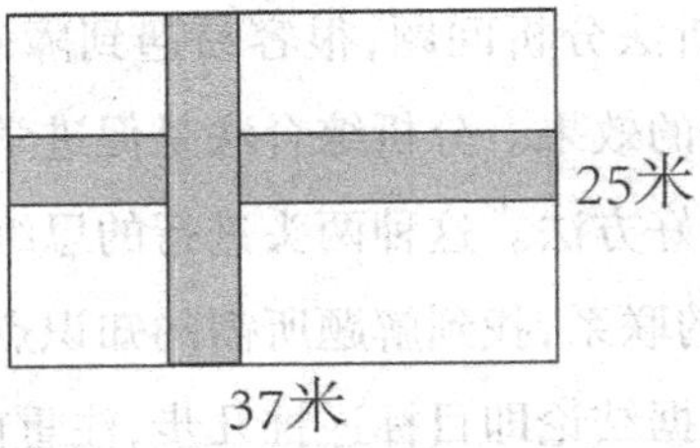

分析：

根据题意得，菜地中间留的路把菜地分成了四块，用菜地的面积减去道路面积就可以得到菜地实有的面积。但是再仔细揣测题目的意思，“菜地中间留了 1 米宽的路”，并没有说明道路的位置，我们知道不管道路的位置怎样，最后菜地的面积都是一样的，又考虑到当我们让“路”靠边（如下图）的时候，可以得到一个长方形的菜地，而这个长方形的面积就是菜地的面积，即此时只需要计算这个新的长方形的面积就可以得到菜地实有的面积。

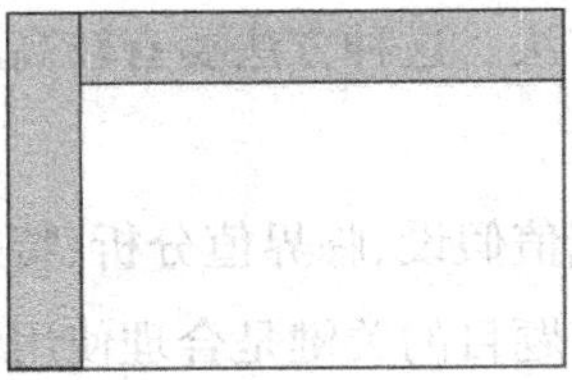

所以新长方形的长为：$37-1=36$（米）；宽为：$25-1=24$（米）。

故菜地的实有面积为：

$$
\begin{aligned}
S &= (37-1)\times(25-1)\\
&= 36\times 24\\
&= 864。
\end{aligned}
$$

小结：对比直接用菜地的面积减去道路面积得到菜地实有的面积来说，我们采用上述方法，计算起来就会简单很多。上述方法就是我们讲过的极端法。极端法排除了许多枝节问题的干扰，在例 4.13.1 中，让“路”靠边，问题的答案就很清晰了。这一种思想方法很灵活，把运动变化的点固定在特殊点上，然后运用极端法处理，这样就容易找到突破口，从而巧妙地解题。

例 4.13.2：P 是长方形 ABCD 的对角线 BD 上的一点，M 为线段 PC 的中点，如果三角形 ABP 的面积是 2 平方厘米，则三角形 BCM 的面积是多少平方厘米？

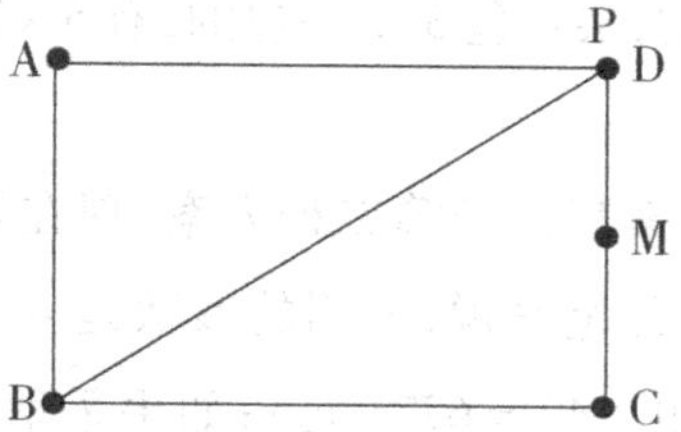

分析：

我们知道三角形 BCM 是一个一直在变化的三角形，要求三角形 BCM 的面积，利用我们常规的求积公式是很难求解的。我们不妨极端地假设：P 点与长方形顶点 D 重合。可以得到 $S_{\Delta ABD} = S_{\Delta PBC} = 2$ 平方厘米。所以有，

$$S_{\Delta BMC} = \frac{1}{2}S_{\Delta ABP} = 2 \times \frac{1}{2} = 1 \text{ 平方厘米}$$

故三角形 BCM 的面积为 1 平方厘米。

例 4.13.3：有 47 位小朋友，老师要给每人发 1 支红笔和 1 支蓝笔，商店中每种笔都不能打开包零售，5 支一包的红笔 61 元、蓝笔 70 元，3 支一包的红笔 40 元、蓝笔 47 元。问老师买所需笔最少要花多少元？

分析：

根据题意，我们知道，5 支一包的红笔 61 元（即每支 12.2 元），3 支一包的红笔 40 元（即每支约为 13.3 元），5 支一包的蓝笔 70 元（即每支 14 元），3 支一包的蓝笔 47 元（即每支约为 15.6 元）。题设要求老师买所需笔最少花多少钱，而通过比较发现 5 支一包的笔单价较低，所以要使总钱数最少，应尽可能多买 5 支一包的，但是 $47 = 5 \times 9 + 2$，$47 = 5 \times 10 - 3$，也就是说买 9 包 5 支一包的笔，还差两支，买 10 包 5 支一包的笔，又多出了三支。考虑到花钱最少的问题，所以不可能全是买 5 支一包的笔，也要买 3 支一包的笔。

该怎么买呢？本着尽可能多买 5 支一包的原则，现制定以下 3 种方案：

第一,买9包5支一包的,买1包3支一包的,有$5\times9+3\times1=48$(支),这样就得多花一支笔的钱;

第二,买8包5支一包的,买3包3支一包的,有$5\times8+3\times3=49$(支),这样得多花两支笔的钱;

第三,买7包5支一包的,买4包3支一包的,有$5\times7+3\times4=47$(支),刚好是47支,不多也不少。

显然第一种和第三种方案都优于第二种方案,现在就第一种和第三种情况分析:如果采取第一种方案,对红笔来说,要用的钱数是$61\times9+40=589$(元),对蓝笔来说,要用的钱数是$70\times9+47=677$(元);如果采取第三种方案,对于红笔来说,要用的钱数是$61\times7+40\times4=587$(元),对于蓝笔来说,要用的钱数是$70\times7+47\times4=687$(元)。

综上所述,基于花钱最少的原则,购买红笔应该采取第三种方案,花费587元;购买蓝笔应该采取第一种方案,花费677元,这样钱用得最少,所用钱数是:$587+677=1264$(元)。

故老师买所需笔最少要花1264元。

例4.13.4:两个4位数的差为1996,我们把这样的两个4位数称为一个数对,像3210和1214、8059和6063等。求这样的数对一共有多少对?

分析:

根据题意,我们知道这样的数对是很多的,用枚举法列不全,而且也没有必要把数对都列出来。仔细思考题意,如果把问题推向极端,情况就变得十分简单了。

首先,可把数对中的大数推向最大的一端,即9999(4位数中的最大数),此时,与它为数对的数就是8003($8003=9999-1996$);接着把数对中的小数推向最小的一端是1000(4位数中最小数),此时,与它为数对的数是2996($2996=1000+1996$)。抓住数对中的两个极端,数对的个数就求出来了。

根据以上分析,我们知道从2996—9999都有对应的数与其做差,使得差为1996,即两个4位数的差为1996,这样的数对有:$9999-2996+1=7004$(对)。

又或者说从1000—8003都有对应的数与其相加,使得和为1996,即也可以算出两个4位数的差为1996,这样的数对有:$8003-1000+1=7004$(对)

故两个4位数的差为1996,这样的数对一共有7004对。

例4.13.5:耿村小学五年级总共51名学生共植树251棵,已知植树最少的同学植树3棵,又知最多能有11名同学植树的棵数相同。试问,植树最多的同学可能植树多少棵?

分析:

根据题意得,题中要求植树最多的同学可能植树的棵数。由已知条件知植树最少的同学植树3棵,且最多能有11名同学植树的棵数相同,那就必须把其他同学推向植树最少的极端,即让11人各植树3棵,11人各植树4棵,11人各植树5棵,11人各植树6棵,但又不能还让11人各植树7棵,因为如果11人各植树7棵,人数就有$11\times5=55$人,超过了总人数51名学生,所以只能是:11人各植树3棵,11人各植树4棵,11人各植树5棵,11人各植树6棵,此时一共$11\times4=44$人,还剩下$51-44=7$人,$251-11\times3-11\times4-11\times5-11\times6=53$棵树没种,如果每个人都种7棵,那就是$7\times7=49<53$,所以应让6个人各植树7棵,那剩下的那个人植的树肯定是最多的。

所以其他同学植树最少时棵树应为:

$11\times3+11\times4+11\times5+11\times6+6\times7=240$(棵),

则植树最多的同学可能植树的棵树为:$251-240=11$(棵)。

小结:这个问题看起来简单,审题后发现题目的已知条件有“最多”和“最少”两个关键词,但具体数字是不确定的,要求植树最多的同学可能植树的棵树就显得比较困难,运用“极端法”,将其他同学推向植树最少的极端,就可以很容易地找到解题的途径,得到答案。

例4.13.6:现有6份白糖,质量分别为8.5千克、6千克、4千克、4千克、3千克、2千克,要把它们分成3堆,使质量最大堆尽可能轻,应该怎样分?

分析:

按常规的解题思想,很多同学看到这个题目,会先把6份白糖进行组合,到最后会得到答案,但这样会浪费很多时间。本题涉及最重和最轻两个词。通过分析可以发现,至少10千克能组成质量最大的一堆,于是把质量最大的那一堆推向10千克,就很容易得到质量最大堆且尽可能轻的白糖,即把问题推向极端就可以将问题变得十分简单。

由题设,我们知道,所有白糖质量加起来共 27.5(8.5 +6 +4 +4 +3 +2 = 27.5)千克,要使质量最大堆尽可能轻,那么就将所有白糖尽可能地平均分。按质量平均分成三堆,平均每堆接近 9.2 千克。利用极端思想,与 9.2 千克最接近的最大值,可能出现的值为 10 千克。若最大质量为 10 千克,则 8.5 千克必为其中一堆,其他两堆配凑出最大为 10 千克,则分法成功。

因为题中并没有要求必须每一堆分成两份,

所以可以分成:(2 +3 +4)　(4 +6)　(8.5),

或者:(2 +4 +4)　(6 +3)　(8.5),

故把它们分成 3 堆,使质量最大堆尽可能轻,应可以分成(2 +3 +4)千克、(4 +6)千克 、(8.5)千克,或者(2 +4 +4)千克 、(6 +3)千克 、(8.5)千克。

例 4.13.7:现在要加工 300 个零件,加工出一件合格品可得加工费 50 元,但是加工出一件不合格品不仅得不到加工费还得赔偿 100 元。如果加工完毕共得 14550 元,那么加工出合格品的件数是(　　)。

A. 294　　B. 295　　C. 296　　D. 297

分析:

采用极端法,假设全部合格,那么可赚 $50 \times 300 = 15000$ 元,而实际只赚了 14550 元,那么就少了 $15000 - 14550 = 450$ 元。由题可知,加工出一件合格品可得加工费 50 元,而加工出一件不合格品不仅得不到加工费还要赔偿 100 元。因此每加工一个不合格品利润就减少 $50 + 100 = 150$ 元,因此共有 $450 \div 150 = 3$ 个产品不合格,所以合格品有 297 个。故此题答案为 D。

【参考文献】

[1] 赵嘉琦. 初中生数学学习策略的调查研究[D]. 东北师范大学,2006.

[2]孙林. 高中生数学学习策略的现状调查及教学建议[D]. 扬州大学,2012.

[3]李有俊. 再探二次根式概念的学习[J]. 数学教学通讯,2005,(8).

[4]朱翠丽. 九、十年级学生对二次根式概念理解的研究[D]. 华东师范大学,2011.

[5]周永垒.学习困难生的学习策略研究[D].辽宁:辽宁师范大学,2004.

[6]John Dewey. How We Think[J]. Heath and Company,1933.

[7]王芳. 高中数学错题订正与收集的研究[D].上海师范大学,2012.

[8]林峰.高中生数学题错解订正与反思的调查研究[J].浙江师范大学.学科教学(数学),2008.

[9]SieglerR S. Strategy Choice Procedures and the Development Multiplication Skill[J]. Journal of Experimental Psycho-logy: Genera, 1988.

下篇

竞赛数学问题解决的理论与实践探究

第一章　小学奥数学习对学生数学思维的养成探究

韦宏　魏娇　叶青梅①

摘　要:素质教育的今天,教会学生掌握优秀的学习方法,促进学生对数学知识的深入理解,使之能够成为全方位发展的新世纪学生,是教育工作者的共同目标。数学是锻炼思维的体操,数学教学、数学训练的目的,是为了培养与发展学生的数学思维品质,而不是"制造"数学解题机器。在小学奥数学习中,数出某种图形的个数是一类有趣的图形问题。巧数图形,关键是要仔细观察,发现规律,而由于图形千变万化,错综复杂,所以要想准确地数出其中包含的某种图形的个数,需要动脑筋,做到有条理、不重复、不遗漏地数出所要数或计算的图形的个数,我们最常用的方法就是逐个计数法或分类计数法;对于较复杂的组合图形,可采用分步计数法,把图形分成若干个组成部分,先数各部分图形的个数,再把结果相加;若能发现规律,也可直接计算图形的个数。

关键词:数学;数学思维;巧数图形

学习数学作为数学思维活动的学习,可以健全和发展人们的数学思维品质,进而提高数学素养。数学的思维品质一般包括:反映思维宽度的思维深刻性和广阔

① 魏娇,女,广东梅州人,南宁市第三十七中学教师,主要研究方向为学科教学(数学);叶青梅,女,广东河源人,东莞市厚街镇三屯小学教师,主要研究方向为学科教学(数学)。

性，反映思维速度的思维敏捷性和灵活性，反映思维力度的思维批判性和独创性。徐利治教授指出：透视本质的能力是构成创造力的一个因素。本文将结合实例，着重探究数学思维的广阔性和灵活性，表现在能多方面、多角度地去思考问题，善于发现事物之间的多方面的联系，找出多种解决问题的方法，并能推广到类似的问题中去。传统教学提倡的“一题多解”对于数学思维的灵活性的培养是一个不错的尝试。

例 1.1：数数下图共有多少条线段？

解法一：要正确解答这类问题，关键要按一定的顺序数，做到不重复，不遗漏。从图中可以看出，从 A 点出发的线段有 4 条：AB、AC、AD、AE；从 B 点出发的线段有 3 条：BC、BD、BE；从 C 点出发的线段有 2 条：CD、CE；从 D 点出发的线段有 1 条：DE。因此总共有 4 +3 +2 +1 =10 条线段。

解法二：把图中 AB、BC、CD、DE 4 条线段看作基本线段，有两条基本线段组成的线段有 AC、BD、CE 3 条，由三条基本线段组成的有 AD、BE 2 条，由四条基本线段组成的只有 1 条，从而总共有 4 +3 +2 +1 =10 条线段。

解法三：从排列组合的角度，任意两点即可构成一条线段，则总共有 $C_5^2=10$ 条线段。

小结：线段上有 n 个点（$n\geqslant2$）时，以 n 这个点为端点的线段共有$\frac{n(n-1)}{2}$条。

练 习

1. 数一数图中有多少个锐角？

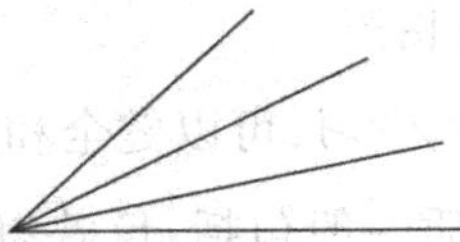

小结：有公共顶点的 n 条射线能组成$\frac{n(n-1)}{2}$个锐角。

2. 数一数图中共有多少个三角形？

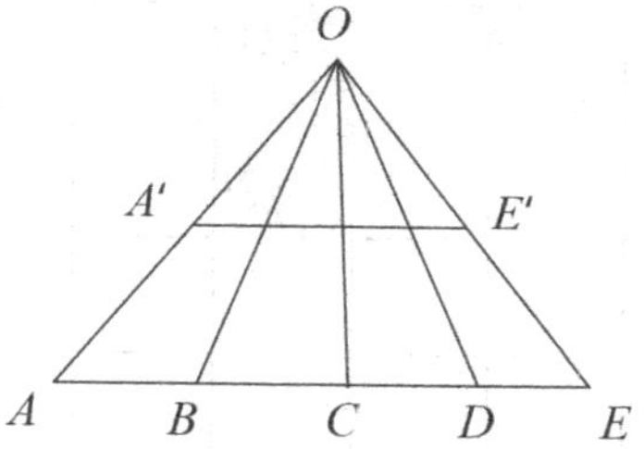

小结：数三角形的方法和数线段、数角的方法相似，有公共顶点的 n 条线段能组成$\frac{n(n-1)}{2}$个三角形，如果添加线段 AE′，则变成原来个数的 2 倍。

例 1.2：在下图 4×4 的方格中有多少个正方形？

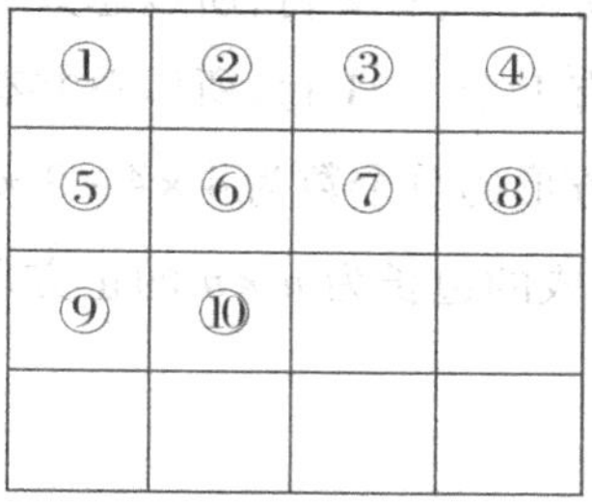

解法一：将每个小正方形按顺序标号：①、②、③、④、⑤、⑥……，则由单个小正方形构成的正方形有 16 个：①、②、③、④、⑤、⑥……

由 4 个小正方形构成的正方形有 9 个：①②⑤⑥、②③⑥⑦、③④⑦⑧、⑤⑥⑨⑩……

由 9 个小正方形构成的正方形有 4 个：①②③⑤⑥⑦⑨⑩⑪……

由 16 个小正方形构成的正方形有 1 个：①②③④⑤⑥⑦⑧⑨⑩……

解法二：如下图，用手指逐一数出由单个小正方形构成的正方形有 16 个；接下来数 4 个小正方形构成的正方形的时候，我们可以用双手蒙住其他地方，只留出第一、二排和第一、二列的黑色和白色部分，此为第一个，继续用同样的方法，只留出第一、二排和第二、三列白色和斜线格部分，此为第二个，以此类推……总共有 9 个；数由 9 个正方形构成的正方形时，也用同样的方法，可以找到 4 个这样的正方形；最后由 16 个正方形构成的正方形很显然只有 1 个。所以总共有 16+9+4+1=30 个。

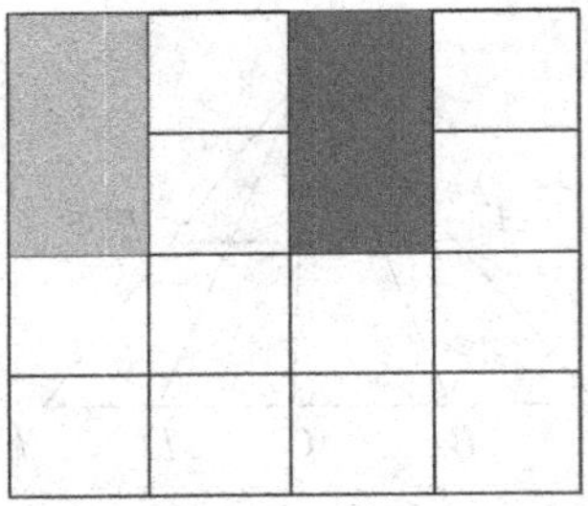

解法三：设小方格的边长为 1，按照正方形的边长分类研究：

边长为 1 的正方形每行有 4 个，有 4 行，所以总共有 4×4 个；

边长为 2 的正方形每行有 3 个，有 3 行，所以总共有 3×3 个；

边长为 3 的正方形每行有 2 个，有 2 行，所以总共有 2×2 个；

边长为 4 的正方形每行有 1 个，有 1 行，所以总共有 1×1 个；

最后根据加法原理得正方形的总个数为 $4\times4+3\times3+2\times2+1\times1=30$ 个。

小结：由单位小正方形拼成的边长为 $n\times n$ 的正方形中，共 $n\times n+(n-1)\times(n-1)+\cdots+1\times1$ 个正方形。

练习

1. 数一数图中总共有多少个正方形？

小结：由单位小正方形拼成的边长分别为 m 和 n 的长方形中（$m\geqslant n$），

共有正方形 $m\times n+(m-1)\times(n-1)+\cdots+(m-n+1)\times1$ 个。

2. 数一数图中总共有多少个长方形?

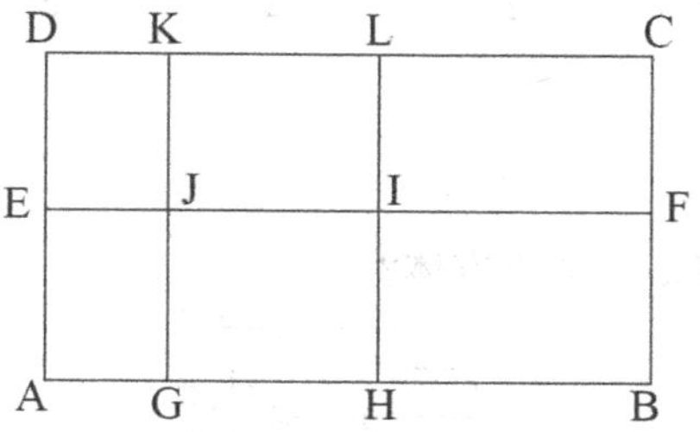

小结:如果最大的长方形一边有 m 个点,另外一边有 n 个点时,共有长方形 $\frac{m(m-1)}{2}\cdot\frac{n(-1)}{2}$个。

例 1.3:数一数图中有多少个长方体?

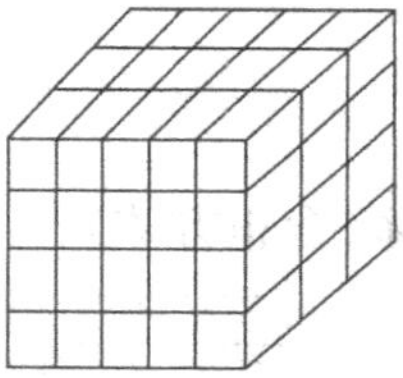

解法一:(1)第 1 层有$\frac{6\times5}{2}\cdot\frac{4\times3}{2}=90$ 个长方体,

同理第 2 层、第 3 层、第 4 层各有 90 个长方体;

(2)第 1 层和第 2 层合在一起有 90 个长方体,

同理第 2 层和第 3 层合在一起有 90 个长方体,

第 3 层和第 4 层合在一起有 90 个长方体;

(3)第 1 层、第 2 层、第 3 层合在一起有 90 个长方体,

第 2 层、第 3 层、第 4 层合在一起有 90 个长方体;

(4)第 1、2、3、4 层合在一起尚未算过的长方体有 90 个。

共有 $90\times(4+3+2+1)=900$ 个长方体。

解法二:根据最大长方体长、宽、高上的点的个数,得长方体$\frac{6\times5}{2}\cdot\frac{5\times4}{2}\cdot\frac{4\times3}{2}=900$ 个。

小结:最大长方体的一边(长)有 m 个点,另外一边(宽)有 n 个点,第三边

(高)有 p 个点时,共有长方体$\frac{m(m-1)}{2}\cdot\frac{n(n-1)}{2}\cdot\frac{p(p-1)}{2}$个。

练习

1. 数一数图中总共有多少个正方体?

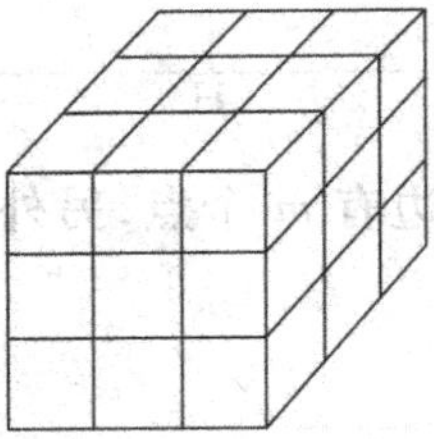

小结:用棱长为 1 的小正方体拼成棱长为几的大正方体中,共有正方体 $1^3+2^3+\cdots+n^3=[\frac{n(n+1)}{2}]^2$ 个。

2. 数一数图中有多少个长方体(含正方体)?

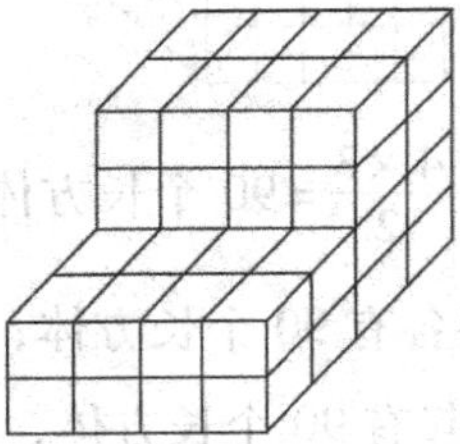

小结:由几部分长方体构成的组合图形,可以先进行分割处理,再减掉重合部分的个数,就可以得到最终结果。

赵慈庚教授认为:解题要多方面联系。对于同一个问题,能找出多种解法,使思维的发散性提高到了一个更高的层次,可以间接地认为学生的思路广阔。要正确解答这类问题,最起码的要求是做到数图形时不重复、不遗漏。既不能把同一个图形数两次,也不能把有的图形漏掉不数,这就需要我们按照一定的顺序去数,并找出它们的规律,巧妙地数出图形的个数。克鲁捷茨基指出:能'立即'进行概括的学生也能'立即'进行推理。反应迅速,"数感"灵敏,这是一条重要的思维品质。数学是载体,解题是手段,发展学生的数学思维是最终目的。我们可以感受到加法原理的应用是广泛的,作用是重要的。分解与叠加不仅有可能使问题在分析过程中得到简化，为我们采用各个击破的方法扫除障碍，而且能使我们更为透彻地和有条理地了解问题中所包含的各种信息。这对于比较自然、比较有把握地发现解题途径无疑大有好处。

【参考文献】

[1]蒋顺，李济元.奥林匹克小学数学举一反三[M].西安:陕西人民教育出版社,2011.

[2]包善贤.小学华罗庚金杯赛培训教程[M].浙江:浙江大学出版社,2012.

[3]周春荔，王中峰.奥林匹克原题解法初中数学[M].山西:山西教育出版社,2012.

第二章 奥林匹克数学学习对数学发散思维与聚合思维的促进

——以行程问题为例①

韦 宏 魏 娇 叶青梅

摘 要:本文对小学数学奥林匹克竞赛中热点题型之一的行程问题进行了分析、归纳和研究,此类问题思维难度较大,学生不易掌握解题的规律和实质,是小学生奥林匹克数学学习的一个难点,师生大都一筹莫展。如何把握问题间的本质联系,培养学生数学学习的转化能力,最后升华到培养学生的发散思维?笔者通过教学积累和总结,对行程问题及特殊的追及问题、车长问题、时钟问题做了深入分析,结合实例,透过现象抓住本质,最后回归行程问题这一类数学问题的解决。

关键词:行程问题;发散思维;创造性思维;奥林匹克数学

一、问题的提出

“数学是锻炼思维的体操”。人才必备的和首要的基本素质是创造性思维和创造能力,而发散思维是创造性思维的重要组成部分,是指对某个问题或结论改变原有的固有模式、思维角度,重新审视,进行多层次、多角度、多方位的探索,为求更深刻地认识某个问题或得出新的结论。它不受一定的解题模式的束缚,从问题个性中探求共性,寻求变异,沿着不同的方向,不同的角度去猜想、延伸、开拓。值得

① 原载:《南昌教育学院学报》,2013 年第 10 期,第 116 – 118 页。

肯定的是,它有利于学生养成善于观察、联想、质疑、思考、不因循守旧的创新能力。但是长期以来,受应试教育的影响,传统的数学课教学未摆脱灌输式教育模式,未完全把能力的培养渗透在知识的传授中,培养出来的学生动手实践能力弱,缺乏求异、求新、求实的创造精神。因此对学生的成长来说,发散思维的培养是要比某一知识点的讲解更为重要。我们应充分发挥数学思维的教育功能。数学奥林匹克近些年来一直备受关注也颇受争议,既有强烈反对的声音,也有不少亲身经历者对奥林匹克数学进行了积极肯定。那么奥林匹克数学究竟与创造性思维的培养有何关系?基于这一出发点,本文选择了这一数学问题进行分析探究。

二、研究目的

新一轮课改潮流,教师也要与时俱进,及时改变传统的教育观念和思想,为学生提供“自由想象、自由联想、自由思维”的环境和空间,真正使学生变成思维行动的主体。发散思维是开放性和多向性的求异思维方式,它认同事物的多样性、生动性和复杂性,不局限在一个框架、一个模式下,而是向思维的各个方向延伸,使学生的意识中形成一个纵横交错、丰富多彩、生动的网络,从而构成学生的发散性思维体系。在进行小学数学奥林匹克竞赛训练时,如何从个性中探求共性,最后归类为一种通用的方法,不仅可以真正减轻学生学习负担,更可以达到培养和锻炼思维的发散性目的,这也是本文的研究目的。

三、研究内容

近些年来,各种各样的数学竞赛走进了各大校园,至今热度依然。家长们把自己的孩子送入各种奥林匹克数学辅导班学习,应该说,接受适度的辅导,是有助于孩子的发散思维和创造性思维的形成的。奥林匹克数学解题有一定新颖性、独特性和创造性,有一定数学能力的孩子通过学习和引导,解题思路被打开,就有主动探究难题的欲望,逐渐懂得充分运用自己的大脑,发挥最大潜能,积极主动地解决问题,尤其享受难题被解决后的成功喜悦,有利于增强孩子学习的自信心。

沈文选教授充分肯定了奥林匹克数学教育及其教育价值,他指出:数学奥林匹克活动的教育价值是在发现、选拔、培养人才方面发挥了重要作用,它强化了能力培养的教育导向,培养了学生开拓探索型的智力与能力,从本质上激发了学生对科学的浓厚兴趣,有利于学生形成发展的认知结构。特别值得关注的是,小学阶段的奥林匹克数学教育因涉及学生数量大、低龄化、社会影响大等多方面原因而成为焦点,不少专家甚至批判:奥林匹克数学是害人的东西。那为什么会有这样的定论?也许我们更多看重奥林匹克竞赛的选拔功能,这是应试教育下的数学教育观的体现。真正的奥林匹克数学教育更注重的是对学生思考问题、解决问题及创新能力的培养,我们要把这一问题作为优先探讨和研究的课题。应该看到它对数学课程及改革有促进作用,在很大程度上打开了孩子的思路,开发了孩子的智力,培养了良好的观察能力和动手实践能力,对课堂教学本身也有很好的铺垫作用,是创新教育、素质教育的产物。是小学大班制背景下实现因材施教的有益补充,是实现尊重学生个性发展的有效路径之一。

行程问题在各类数学竞赛中有举足轻重的地位,笔者查阅了近些年来各地各类数学奥林匹克试题进行分析比较后发现,行程问题占了试题的五分之一左右,作为趣味性较强的几何、代数相结合的一类行程问题,关键点很难把握,而且还要有数学建模能力。因此行程问题是学生的弱项,而命题者却偏爱行程问题题型。

行程问题是反映物体匀速运动的应用题,是最为常见的应用题题型之一,它研究的是物体的速度、时间、路程三者之间的关系,包括相遇问题、追及问题和相离问题。但他们的特点是一样的,具体地说,它们反映出来的数量关系是相同的:速度×时间=路程。

行程问题一直困扰着学生,一旦碰到便好像进入了迷宫,那么如何帮助学生走出迷宫呢?本文将从特殊的追及问题、时钟问题、车长问题入手,结合实例,进行分析、归纳。

(一)特殊追及问题

特殊的追及问题是行程问题之一,它研究的是两个物体的同向运动。两个人同时向一个方向走去,一个走得快,一个走得慢,当走得慢的在前,走的快的过了一段时间就能追上他;走得快的追上走得慢的,实质上,就是在相同时间内,走得快的比走得慢的多走了走得慢的先走的一段距离,这个距离叫追及距离,可以分为双人追及和多人追及。

追及问题的出发地点因题而异,但方向是一定相同的。速度不同,必然会发生快者追慢者的问题。根据速度差、距离差、追及时间三者之间的关系,我们常会用到下列公式:速度差 = 快速 - 慢速,距离差 = 速度差 × 追及时间,追及时间 = 距离差 ÷ 速度差,速度差 = 距离差 ÷ 追及时间。

例2.1:一条街上,一骑自行车人甲和一步行者乙相向而行,甲的速度是乙的3倍,每隔10分钟有一辆公交车超过行人乙,每隔20分钟有一辆公交车超过骑车人甲,若公交车从始发站每隔相同的时间发一辆车,那么间隔几分钟发一辆公交车?

A. 10　　　B. 8　　　C. 6　　　D. 4

分析:

本题考查理解题意的能力,是个特殊的追及问题。这个题目出现了2个情况:(1)汽车与骑自行车人的追及问题;(2)汽车与步行者的追及问题。根据追及问题中的显著公式:路程差 = 速度差 × 时间;我们知道这里的2个追及情况的路程差都是汽车的间隔发车距离,是相等的。又因为我们要求的是时间,因此可以将汽车的间隔距离看作单位1。

解:

根据题意,题目涉及的是多人追及问题,追及情况的路程差都是汽车的间隔发车距离,我们在这里将它看作单位1,设每间隔T分钟发一辆公交车,根据追及公式:

(1) $V_{汽车} - V_{步行} = \frac{1}{10}$;

(2) $V_{汽车} - 3V_{步行} = \frac{1}{20}$;

(3) $2V_{汽车} - 6V_{步行} = V_{汽车} - V_{步行}$;$V_{汽车} = 5V_{步行}$;$5V_{汽车}T = 4V_{步行} - 10$;$T = 8$。

例2.2:如图,正方形ABCD的边长为100米,甲、乙两人同时分别从A、C两点顺时针出发,甲的速度为7米/秒,乙的速度为5米/秒,他们每到转弯处都要休息5秒,试问:当甲第一次追上乙时,用时多久?

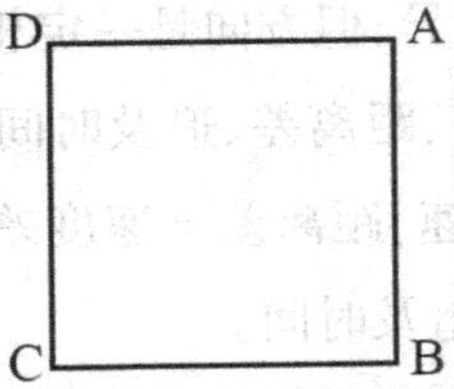

分析：

学生的解题思路一般为：甲从A点出发，而乙本身在C点处出发，由于甲到B、C两点处需要休息，也即甲比乙多休息了两次。但是这种理解是片面的，只考虑了在某条边上甲追上乙的情况。由于“每到转弯处都要休息5秒”，所以甲追上乙可以分为3种情况：

(1)甲乙同时到达某一点；(2)甲到达其中的某一点时乙还没休息完；

(3)甲到达其中的某一点时乙刚刚休息完。

解：

(1)假设乙在某点处刚刚休息完时甲追上了乙，此时甲比乙多休息一次。即除休息外，甲步行时间为：$(200+5\times5)\div(7-5)=112.5$ 秒，又甲步行一条边的时间为$\frac{100}{7}$秒，112.5不是它的整数倍，所以这种情况绝不会发生；

(2)假设甲在某条边上追上乙，则甲比乙多休息了2次。即除了休息，步行所用时间：$(200+5\times10)\div(7-5)=125$ 秒，在112.5和125秒之间有$\frac{800}{7}$秒刚刚好是$\frac{100}{7}$秒的整数倍，即甲除了休息外第一次追上乙所用的时间。此时，甲跑了$\frac{800}{7}\div400=2$圈，在乙刚刚到达A点处追上了乙；则甲休息的时间为$7\times7=49$秒，故甲第一次追上乙时间为$\frac{800}{7}+49=163\frac{2}{7}$。

(二)时钟问题

时钟问题是研究钟面上的时针和分针的关系问题，常见的有两种：(1)研究时针、分针成一定角度的问题，包括重合、成一条直线、成直角或成一定角度；(2)研究有关时间误差的问题。在这里主要研究第一种情况。在钟面上所有的针都沿着顺时针环形运动，只是速度不一样，但是分针追赶时针，或者分针超越时针的题目，是很有难度的,本文把常见的钟面问题化为行程问题来解。

在钟面上,我们知道各针转动的速度是确定的,分针的速度是时针的速度的12倍;所以,如果以格为单位,那么分针的速度是1格/分针,时针的速度是$\frac{1}{12}$格/分钟。如果以度为单位,因为钟面上360°共60格,所以6°/格,故分针的速度是6°/分针,时针的速度是0.5°/分针。

例2.3:一昼夜,钟表上的时针和分针重合多少次,各是几点几分重合的?

分析:

我们可把时针与分针的重合看成是行程追及问题。分针快,时针慢,分针什么时候追上了时针,两针也就重合了。那么根据追及问题相关公式路程差÷速度差=追及时间,求出两针重合所需要的时间,再加上原来的时刻,就可以得到两针在不同位置时的时刻。

解:

假如从1点开始计算,当1点时,分钟指到12,时针指到1。分钟在时针后边5小格,每分钟分针比时针多走$(1-\frac{5}{60})$格,要使两针重合,分针比时针多走5小格,所需时间是$5\div(1-\frac{5}{60})=5\frac{5}{11}$分,故时针与分针第一次重合的时刻为1点$5\frac{5}{11}$分。以此类推,按12小时算,其他重合的时刻为:2点$10\frac{10}{11}$分、3点$16\frac{4}{11}$分、4点$21\frac{9}{11}$分、5点$27\frac{3}{11}$分、6点$32\frac{8}{11}$分、7点$38\frac{2}{11}$分、8点$43\frac{7}{11}$分、9点$49\frac{1}{11}$分、10点$54\frac{6}{11}$分、12点。两针12小时内共重合11次,所以一昼夜时针、分针重合22次。

例2.4:时钟在12点时,时针与分针是重叠的,问时针至少转过多少角度时,时针与分针又重叠了?(精确到1″)

分析:

我们可将钟表盘面看作是环形跑道,分针和时针分别看作是甲、乙两个人,同重叠的问题转化为何时首次相遇的问题。相等关系为:分针转过的角度-时针转过的角度=360°。

解：

设时针至少转过 $x°$ 时，时针与分针又重合了，这时时针每分钟走 $0.5°$，因此走 $x°$ 用了$\left(\frac{x}{0.5}\right)$分，分针在$\frac{x}{0.5}$分转$6\left(\frac{x}{0.5}\right)°$，则$6\left(\frac{x}{0.5}\right)-x=360°$，所以$x\approx 32°43'38''$。

（三）车长问题

火车问题的特殊性在于是否需要考虑火车自身的长度。如果研究一列火车从上海开往北京所用的时间，那么火车的长度可以忽略不计。但是，如果研究一列火车通过一座桥所用的时间，那么就必须考虑火车的长度。像火车过隧道、两列火车会车、火车过桥等问题，我们称为车长问题。因此解决车长问题我们也用路程＝速度×时间，其中路程应该把火车的长度考虑在内。

行程问题是一元一次方程应用题中的重点之一，而火车问题又是行程问题中大家最头痛的问题。要解决行程问题，就一定要迎难而上。解火车过桥问题常用方法：(1)火车过桥时间是指从车头上桥起到车尾离桥所用的时间，因此火车的路程是桥长与车身长度之和；(2)火车与人错身时，忽略人本身的长度，两者路程和为火车本身长度；火车与火车错身时，两者路程和则为两车身长度之和；(3)火车与火车上的人错身时，只要认为人具备所在火车的速度，而忽略本身的长度，那么他所看到的错车的相应路程仍只是对面火车的长度。对于火车过桥、火车和人相遇、火车追及人以及火车和火车之间的相遇等这几种类型的题目，在分析题目的时候一定得结合着图来进行。

例 2.5：一列以相同速度行驶的火车，经过一根信号灯的电线杆用了 9 秒，通过一座 468 米的铁桥用了 35 秒，这列火车长多少米？

分析：

必须考虑车身的长度，假设有一颗速度与火车一样的子弹，那么这颗子弹通过车身的时间为 9 秒，通过车身和铁桥的时间为 35 秒，所以本题轻易地转化成同学们熟悉的行程问题了。

解：

火车的速度：$468/(35-9)=18$，

车长：$18\times35-468=162$。所以，这列火车长 162 米。

例 2.6：两人沿着铁路线边的小道，从两地出发，两人都以每秒 1 米的速度相对而行。一列火车开来，全列车从甲身边开过用了 10 秒，3 分后，乙遇到火车，全列火车从乙身边开过只用了 9 秒，火车离开乙，多少时间后两人相遇？

分析：

根据题意图示如下：A1、B1 分别表示车追上甲时两人所在地点，A2、B2 分别为车从甲身边经过时两人所在地点，A3、B3 分别为车与乙相遇时两人所在地点，A4、B4 分别为车从乙身边开过时两人所在地点。要求车从乙身边开过后甲、乙相遇时间，用 A4 到 B4 之间的路程除以两人速度和即可。

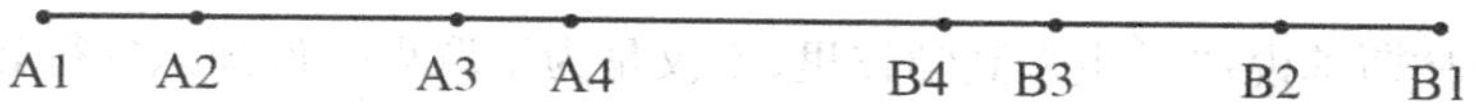

解：

(1)求车速

$(车速-1)\times10=10\times车速-10=车长$

$(车速+1)\times9=9\times车速+9=车长$

比较上面两式可知车速是每秒 19 米。

(2)A3 到 B3 的路程，即车遇到乙时车与甲的路程差，也是甲与乙的距离。

$(19-1)\times(10+190)=3420$（米）

(3)A4 到 B4 的路程，即车从乙身边经过时甲乙之间的路程。

$3420-(1+1)\times9=3402$（米）

(4)车离开乙后，甲、乙两人相遇的时间为

$3402\div(1+1)=1701$（秒）

即火车离开乙 1701 秒后两人相遇。

“问题是数学的心脏”，数学教育的核心是“问题解决”，问题解决靠什么？靠思维方法。以往，我们往往只注重发散思维的养成，实际教学中却需要注意聚合思维与发散思维的协调发展，在问题解决的过程中，对答案的探索从具体到一般的规律，就是一个归纳概括的过程，可见，聚合思维发挥了重要的作用。本文通过对特殊的追及问题、钟面问题、车长问题的探讨，最后归结为一类行程问题，即时间、速度与路程三者之间的运算关系。行程问题归根到底是要回归数学的本质的，也就

是模型构建问题，其中的任何一个量发生改变，都会影响到模型的构建。

求同型聚合思维是一种进行综合、概括的思维形式。如上面的这些实例，像这些形异质同的问题，要引导学生自己总结出：路程÷速度=时间。只有这样，学生才能以不变应万变，解一题会多题，可以起到减轻学生负担的作用。通过训练学生解决形异质同的问题，引导学生自己总结出解决问题的方法。一旦学生掌握了基本方法，就可以使知识系统化、体系化，即使把某些具体的结论忘记了，也可以依靠知识间的联系回忆起来。在这样的基础上，才容易举一反三、触类旁通，才有助于学生用类比、联想、分析、综合、归纳等科学方法灵活运用知识，解决问题，使学生的综合能力得以提高，激发学生的创造性思维。

苏霍姆林斯基说："学生来到学校里，不仅是为了取得一份知识的行囊，而且是为了变得更聪明。"在数学教学中，教师要强调对数学本质的认识，否则会将生动活泼的数学思维活动淹没在形式化的海洋里。心理学家认为，培养学生的数学思维品质是发展数学能力的突破口。发展优化学生的认知结构，有利于发展学生的数学思维能力。教学实践表明：数学知识的学习，如果离开了对其结构的认识和理解就很难有深刻的领会，无法灵活地运用知识解决问题，这种支离破碎的知识是没有生命力的，很快就会被遗忘。

思考与启示

奥林匹克数学并非课堂内容的重复，而是课内所学知识的应用、拓宽与延伸。奥林匹克数学教学，重在阐述思考过程和思想方法，使参与的学生感到它并非高不可攀，使每一个不同层次、基础的学生均能有相应的收获和提高。但是奥林匹克数学不是每个学生都必须学习的，而是"学有余力、学有兴趣"的学生参加的活动，它可以为学生们提供一个展示自己能力的平台，营造一个你追我赶、奋发向上的氛围。课堂教育的目标是以普及性为主要特征的基础教育，而针对个体智力开发的目标，需要依托数学竞赛这样适度的课外活动。数学竞赛仅仅是一项有益于学生数学思维开发和数学能力提升的数学课外活动，家长、社会要以"平常心"来对待它，不应该赋予他太多功能。

学生选择参加奥林匹克数学学习的原因有很多，但是小学生年龄小，往往是家长的教育理念决定着孩子是否参加奥林匹克数学竞赛。笔者通过发放大量的调查问卷，以及采用访谈等方式，发现孩子的学习兴趣和家长的决策成为衡量奥林匹克数学存在价值的最重要的维度，“对奥林匹克数学满怀兴趣，学有余力，家长不带功利性的正确决策”是开展奥林匹克数学教育的初衷。奥林匹克数学作为一种竞赛性质的活动，旨在鼓励热爱数学，有数学天分的人，经过刻苦钻研，不断攻坚数学难题，达到不断完善数学知识体系的目的。因此在课堂教学中，只要我们的教师严格遵守教育教学规律，平时注重学情分析，重视奥林匹克数学中知识及方法的育人价值，奥林匹克数学教育的价值就会得到充分发挥。只要我们合理地利用它，与课堂教学紧密结合，一定会在发展过程中，使越来越多的数学爱好者受益。

实践证明了奥林匹克数学有利于发展学生的思考能力、创造性思维，对数学课堂教学本身有补益作用，对数学课程改革有促进作用，如何正确发挥奥林匹克数学本身的教育价值，如何使奥林匹克数学学习与课堂教学衔接得更好，都是值得继续研究的问题。对于奥林匹克数学所带来的负面问题以及矛盾，我们要以发展的眼光来看待。

对于奥林匹克数学我们应本着科学、理性、辩证的态度来看待，社会、家长和教师都要深入奥林匹克数学的研究中，淡化功利性，还奥林匹克数学的本真。如今生活条件好了，家长对孩子的期望越来越高，也能够自如地为孩子的教育做出合理的规划，会充分尊重孩子的意见。因此要更加注重能力、思维的培养，要让孩子感受到学习、求知是快乐的。“奥数风”的一大原因是它是名校择优的砝码，名校一般历史悠久，办学条件成熟，发展经验丰富，教学资源优质，这就使得更多的学生通过参加奥林匹克数学竞赛来拉开差距，扭曲了奥林匹克数学的精神，所以国家、社会有义务均衡教育资源配置，让学生学习的机会均等。数学知识的融会贯通是一种难能可贵的特长，老师、家长们要鼓励孩子主动学习，善于学习。学生适当阅读数学课外书，接触难度不大的竞赛题，可以扩大知识面，掌握更多的解题技巧。当然，钻研数学竞赛题，首先要打好数学基础知识，否则就会揠苗助长，适得其反。

【参考文献】

[1]刘永生. 数学竞赛与数学思维的发展[D]. 华中科技大学,2004.

[2]湛凤高. 论数学竞赛对中学生数学创新能力的培养[D]. 华中科技大

学,2005.

[3]赵小云,沈陆娟.灵活性和创造性——奥林匹克数学的精髓[J].河北理科教学研究,2003.

[4]蒋顺,李济元.奥林匹克小学数学举一反三[M].西安:陕西人民教育出版社,2003.

[5]冯跃峰.奥林匹克数学教育的理论和实践[M].上海:上海教育出版社,2006.

[6]赵小云.奥林匹克数学引论[M].南宁:广西教育出版社,2001.

[7]沈文选.奥林匹克数学研究与数学奥林匹克教育[J].数学教育学报,2002,(03).

[8]侯小华.对当前数学竞赛培训中一些问题的分析[D].上海师范大学,2004.

第三章　出入相补原理在小学奥数中的应用[①]

韦　宏　叶青梅　魏　娇　王　珍

摘　要:出入相补原理是数学体系中非常重要的方法之一,而在小学奥数里常可以利用这一原理的简单直观性加深学生对一些知识的理解并提供解决相关奥数问题的一种新方法和手段。本文主要从整数运算、平面几何的面积计算两方面阐述出入相补原理在小学奥数中的应用,通过运用这一原理对基础知识进行讲解,再对例题进行分析,从而阐述该原理的基本方法,提高对整数运算、平面几何的面积计算的能力。

关键词:出入相补原理;小学奥数;整数运算;平面几何的面积计算

出入相补原理是我国古代数学的基本原理之一,在早期的《九章算术》《周髀算经》和《算术书》等文献中,利用这一原理就获得了很多有关题目的算法,如勾股定理的推导、"方田"问题、开平方法等,它不仅在几何上应用广泛,且这一原理的直观性有助于我们对代数上一些问题的理解。而小学奥数对于小学生来说是一个特殊的科目,它涉及的知识点范围从小学到大学,甚至更宽泛的知识领域,这对一个小学生来说在现有的课本知识水平上理解和吸收较困难,但如果能将新知识转化为已学知识、将复杂问题简单化,那么就可以让学生克服"学习奥数难"这一心理,从而产生对奥数的学习兴趣,增强解决问题的能力。此外,由于

---

① 原载:《广西教育》2014 年第 4 期,第 16 - 17 页。

出入相补原理简单、直观、自然而高效，利用这一原理将有助于学生对小学奥数有关问题的解决。

所谓出入相补原理，即割补法，引用吴文教授在《出入相补原理》一文中的定义即“一个平面图形从一处移置他处，面积不变。又若把图形分割成若干块，那么各部分面积的和等于原来图形的面积，因而图形移置前后诸面积间的和、差有简单的相等关系。立体的情形也是这样”。

下面，我们将从整数运算、平面几何的面积计算来阐述出入相补原理在小学奥数中的应用。

一、出入相补原理在小学奥数整数运算方面的应用

在近几年小学数学奥林匹克竞赛中，整数运算占了相当重要的地位。对整数运算除了要掌握基本的运算定律、运算性质外，有时要达到简算、巧算，我们还要掌握其他一些简算知识，如平方差公式、公差为1的等差数列求和公式等。由于这些知识点要在初中或高中课本才会涉及，要让小学生能快速牢记这些知识点，我们可通过出入相补原理向学生讲授这些知识的由来，如：

(1)平方差公式：$a^2-b^2=(a+b)(a-b)$

此时 a^2-b^2 可转化为求图3－1阴影部分的面积：

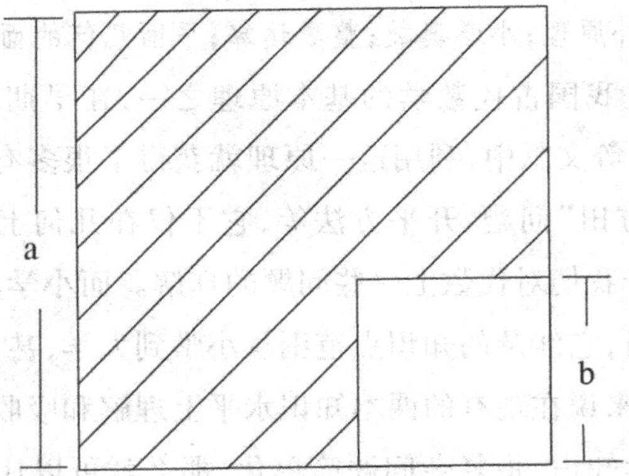

图3－1

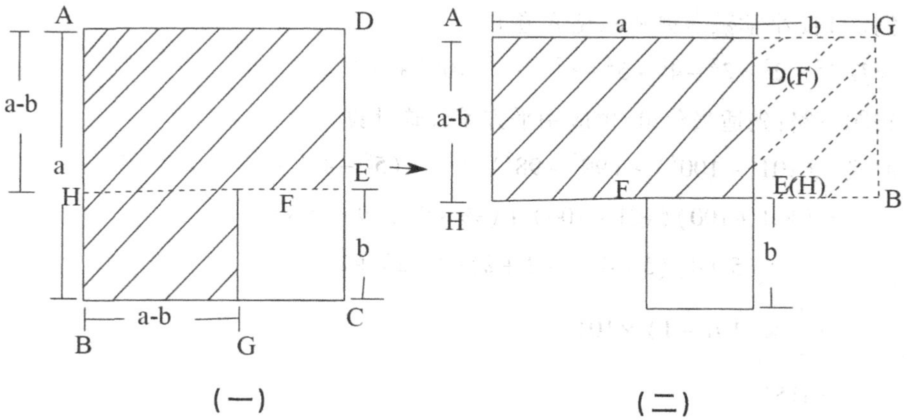

图 3－2

根据出入相补原理，我们可将图 3－2 中的（一）转化为图 3－2 中的（二），且图（二）阴影部分面积为 $(a+b)(a-b)$。由于图（一）和图（二）阴影部分面积是相等的，所以有：$a^2-b^2=(a+b)(a-b)$。

（2）公差为 1 的等差数列求和公式：$1+2+3+\cdots+n=\frac{1}{2}\times(n+1)\times n$。

此时 $1+2+3+\cdots+n$ 可转化为求由边长为 1 的正方形叠加为第一行为 1 个并依次每行比上一行多 1，直至底边长为 n 个正方形的三角形的面积（如图 3－3）。在图 3－3 的基础上添加辅助线得图 3－4，此时图 3－4 图形的面积为：

$$S=\frac{1}{2}\times n\times n+\frac{1}{2}\times n=\frac{1}{2}\times n(n+1)\times n$$

所以 $1+2+3+\cdots+n=\frac{1}{2}\times(n+1)\times n$。

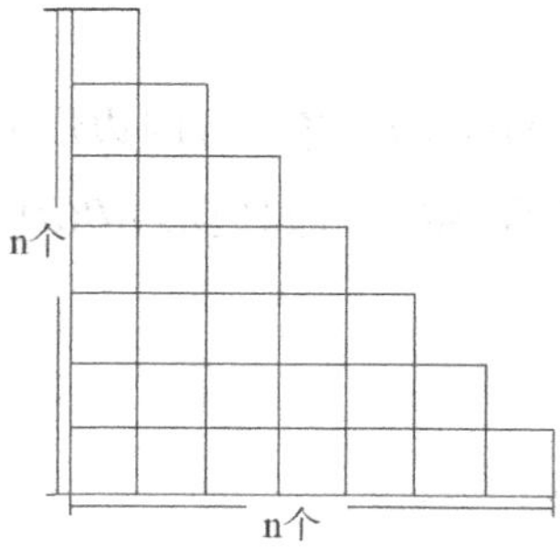

图 3－3

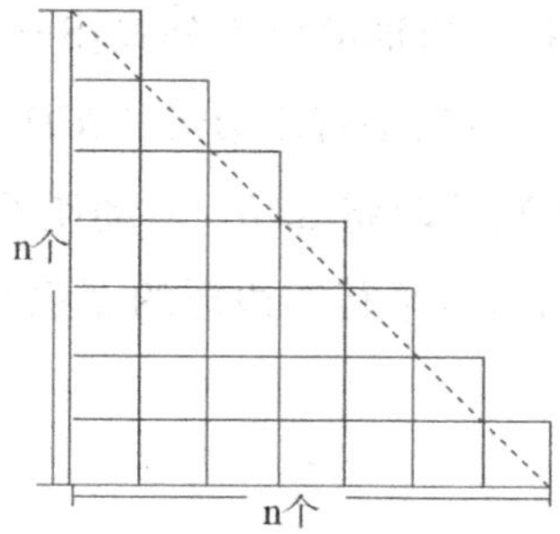

图 3－4

例 3.1:(小学数学奥林匹克 A 卷)

计算 $1^2-2^2+3^2-4^2+5^2-6^2+\cdots-100^2+101^2$。

解题思路:先适当分组,再应用平方差公式计算。

$$\begin{aligned}原式&=(101^2-100^2)+(99^2-98^2)+\cdots+(5^2-4^2)+(3^2-2^2)+1\\&=(101+100)(101-100)+(99+98)(99-98)+\\&\quad\cdots+(5+4)(5-4)+(3+2)(3-2)+1\\&=\frac{1}{2}\times(101+1)\times101\\&=5151。\end{aligned}$$

点评:本题若先计算每个平方数,再进行加减,101 个数将要算很久。此时如果掌握了平方差公式和等差数列求和公式,则可简便运算,可见在小学奥数中也须掌握这两个公式。

二、出入相补原理在小学奥数平面几何方面的应用

试题的命制是奥数的中心环节,而平面几何则可提供各种层次、难度的试题,是奥数的一个方便而丰富的题源,所以平面几何在各个国家、层次的竞赛活动上都占据着重要的地位。那么在我国近几年的小学奥数竞赛中,平面几何常常以求图形面积出现在考生面前。因此,考生须掌握快速求图形面积的方法,以及加深对已知图形的面积公式的理解。那么在已知长方形面积等于长乘以宽的基础上,我们可根据出入相补原理推导出平行四边形、三角形、梯形、圆等的面积公式,加深学生的印象。如:

(1)平行四边形的面积公式:S = 底 × 高。

结合图 3-5,平行四边形 $ABCD$ 作 AD 边上的高 BE,将平行四边形分成 ΔABE 和梯形 $BCDE$,此时将 ΔABE 移动使 CD 和 BA 重合,将平行四边形 $ABCD$ 重组成长方形 $BCE'E$,所以平行四边形的面积 S = 底 × 高。

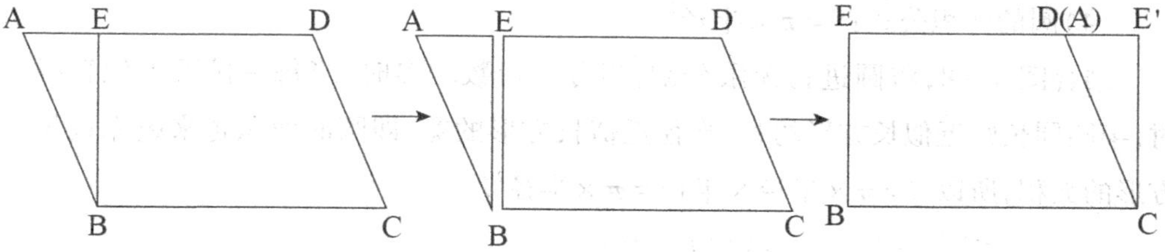

图 3 -5

(2)三角形的面积公式:$S=\frac{1}{2}\times$底$\times$高

结合图 3 -6,在原有 ΔABC 上,再构建一个与 ΔABC 全等的 ΔDEF,移动两个三角形使 AC 和 FD 重合,组成平行四边形 $ABCE$,所以 $S\Delta ABC=\frac{1}{2}\times S_{平行四边形ABCE}=\frac{1}{2}$ $\times$底$\times$高。

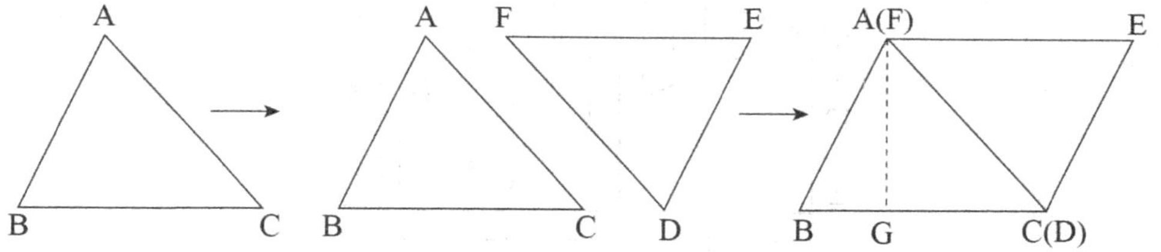

图 3 -6

(3)梯形的面积公式:$S=\frac{1}{2}\times$(上底+下底)$\times$高

结合图 3 -7,在原有梯形 $ABCD$ 上,再构建一个与梯形 $ABCD$ 全等的梯形 $EFGH$,移动两个梯形使 CD 和 EH 重合,组成平行四边形 $ABFG$,所以 $S=\frac{1}{2}\times$(上底+下底)$\times$高。

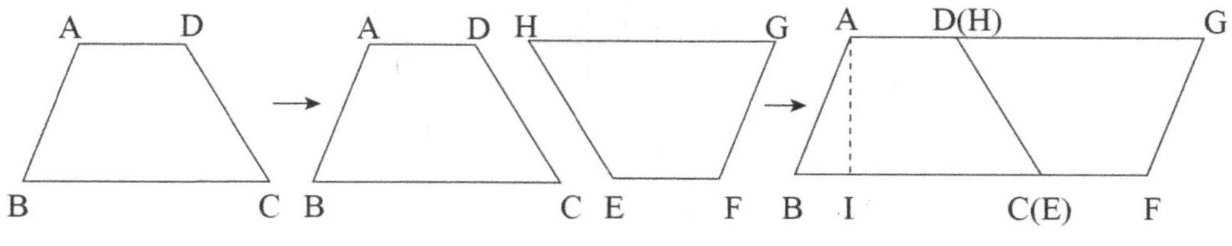

图 3 -7

(4)圆的面积公式:$S=\pi\times$半径^2

结合图 3-8,将圆进行无限分割,当分割份数增多时,当每一份弧近似直线时,半圆周长则近似长方形的长,半径近似长方形的宽,即圆的面积越来越靠近长方形的面积,所以 $S=\pi\times$半径$\times$半径$=\pi\times$半径^2。

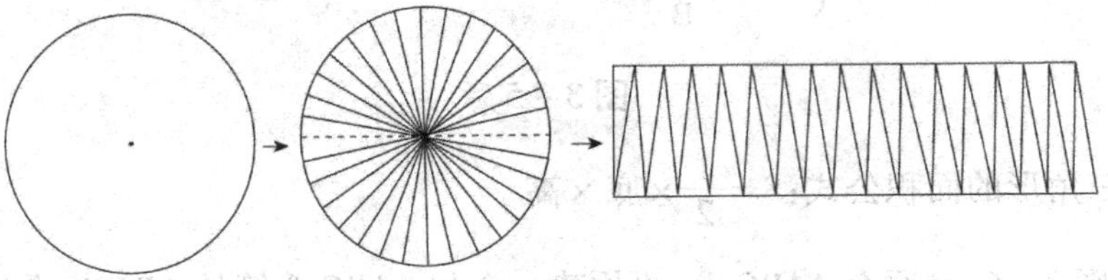

图 3-8

例 3.2:(第九届小学"希望杯"全国数学邀请赛六年级第 2 试)图 3-9 中的阴影部分的面积是__________平方厘米。(π 取 3)

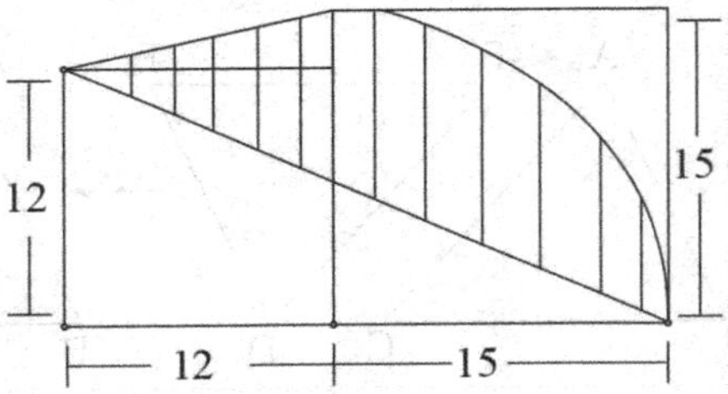

图 3-9

解题思路:此题的阴影部分不是我们常见的规则面几何图形,但我们可以运用出入相补原理,通过分割、添补图形,将其变成我们熟知的平面几何图形,再通过求熟知的平面几何图形的面积,用加、减运算则可得此阴影部分的面积。

方法一:如下图,把阴影部分的面积转为:

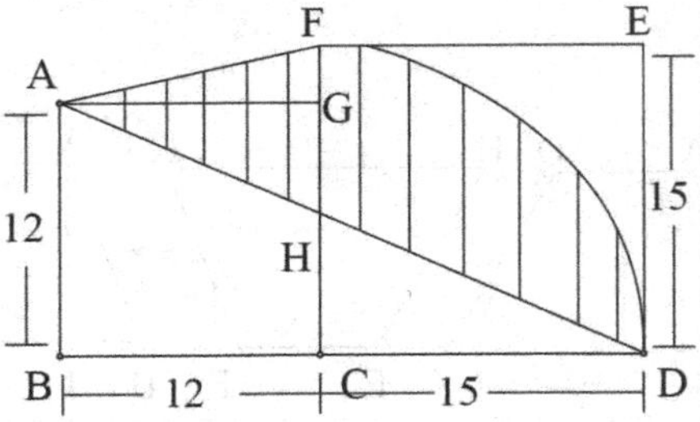

$S_{阴}=$ 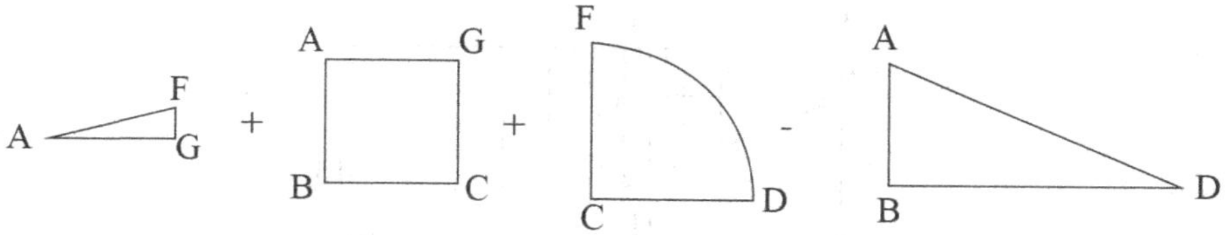

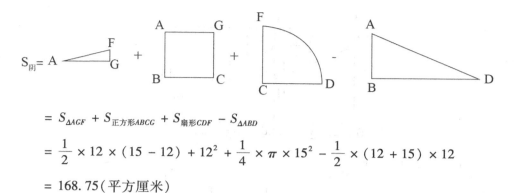

$= S_{\Delta AGF} + S_{正方形ABCG} + S_{扇形CDF} - S_{\Delta ABD}$

$= \frac{1}{2} \times 12 \times (15 - 12) + 12^2 + \frac{1}{4} \times \pi \times 15^2 - \frac{1}{2} \times (12 + 15) \times 12$

$= 168.75$(平方厘米)

方法二:连接 FD、GD,把阴影部分分割成四部分,分别是 ΔADG、ΔAGF、ΔDFG 和弓形 FD 。

则阴影部分面积转化为:

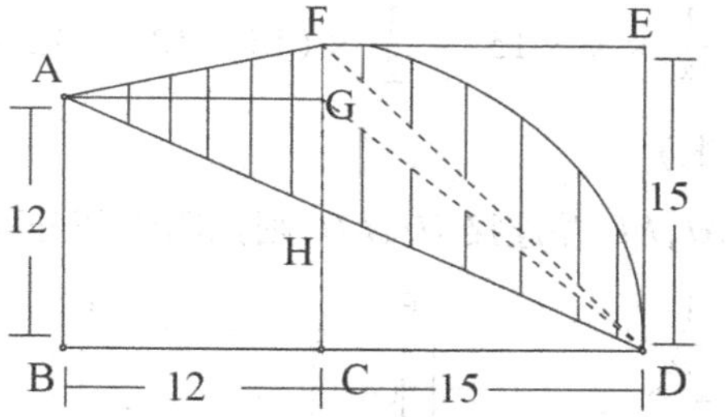

$S_{阴}=$ 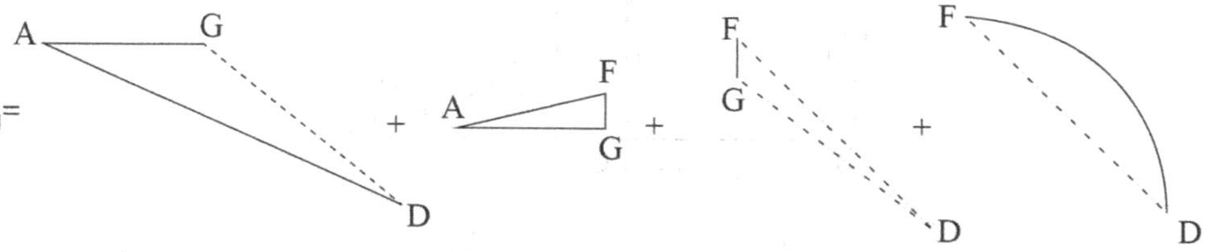

$= S_{\Delta AGF} + S_{\Delta AGF} + S_{\Delta DFG} - S_{弓形FD}$

$= \frac{1}{2} \times 12^2 + \frac{1}{2} \times 12 \times (15 - 12) + \frac{1}{2} \times (15 - 12) \times 15$

$+ (\frac{1}{4} \times \pi \times 15^2 - \frac{1}{2} \times 15^2)$

$= 168.75$(平方厘米)

方法三:作辅助线,如下图,补上一个小三角形,使正方形成为长方形,则有:

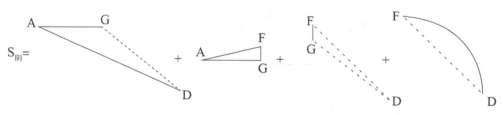

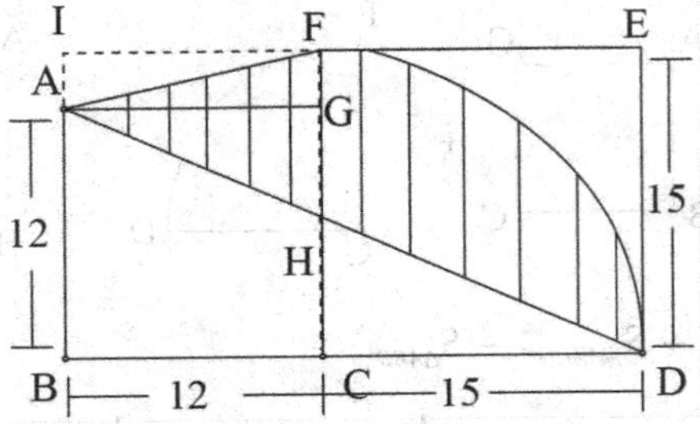

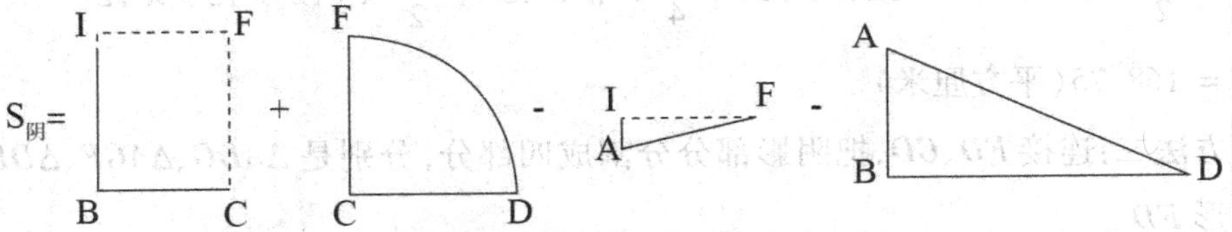

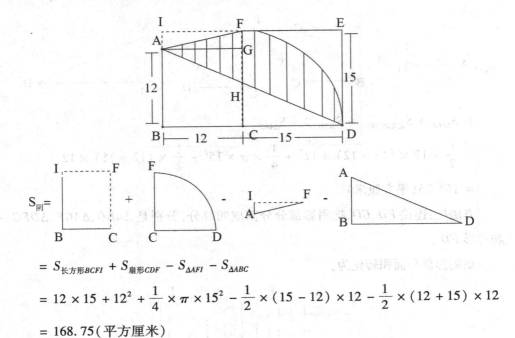

$= S_{长方形BCFI} + S_{扇形CDF} - S_{\Delta AFI} - S_{\Delta ABC}$

$= 12 \times 15 + 12^2 + \frac{1}{4} \times \pi \times 15^2 - \frac{1}{2} \times (15 - 12) \times 12 - \frac{1}{2} \times (12 + 15) \times 12$

$= 168.75$(平方厘米)

方法四:作辅助线 AI, FI,并连接 ID、FD,则把阴影部分面积转化为:

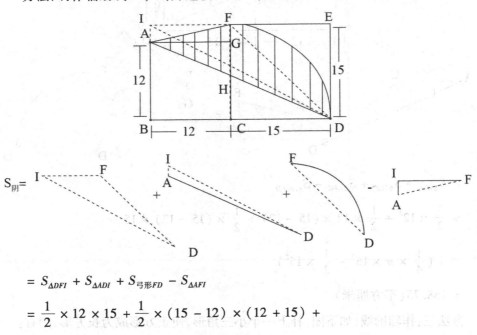

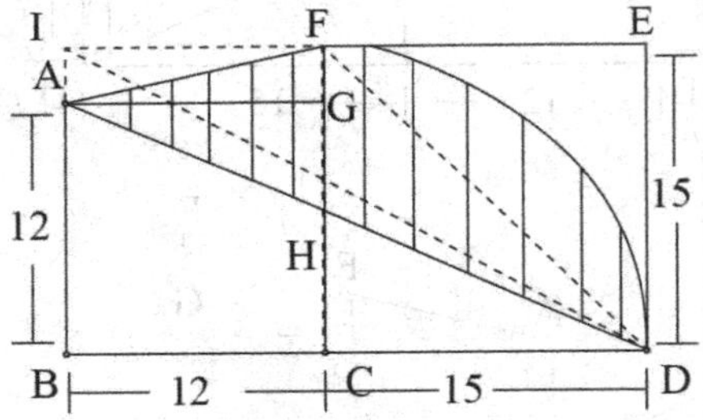

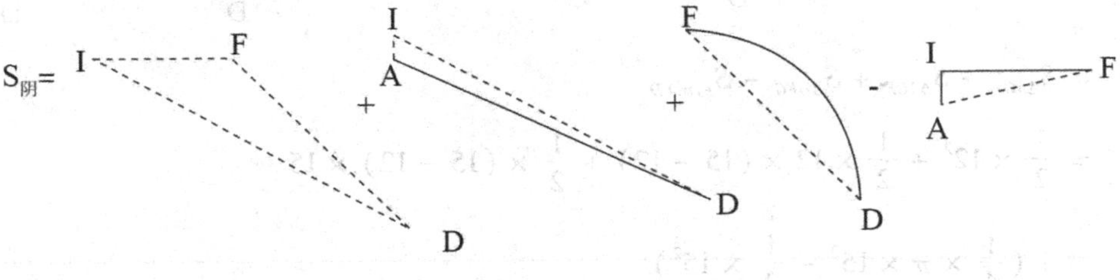

$= S_{\Delta DFI} + S_{\Delta ADI} + S_{弓形FD} - S_{\Delta AFI}$

$= \frac{1}{2} \times 12 \times 15 + \frac{1}{2} \times (15 - 12) \times (12 + 15) +$

$$\left(\frac{1}{4}\times\pi\times15^2-\frac{1}{2}\times15^2\right)-\frac{1}{2}\times(15-12)\times12$$

$=168.75$(平方厘米)

方法五:作辅助线 AI,FI,并连接 FD,则把阴影部分面积转化为:

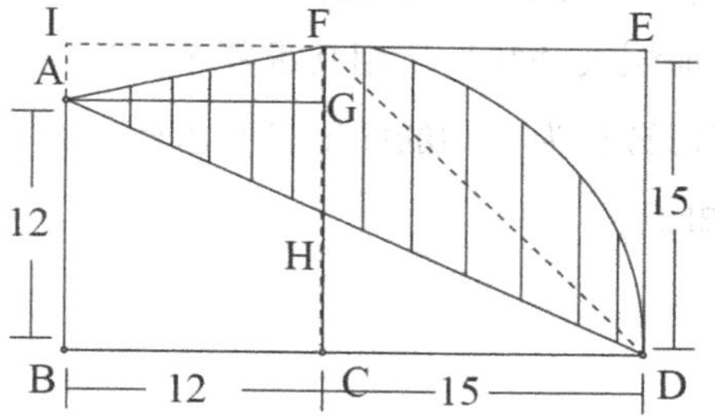

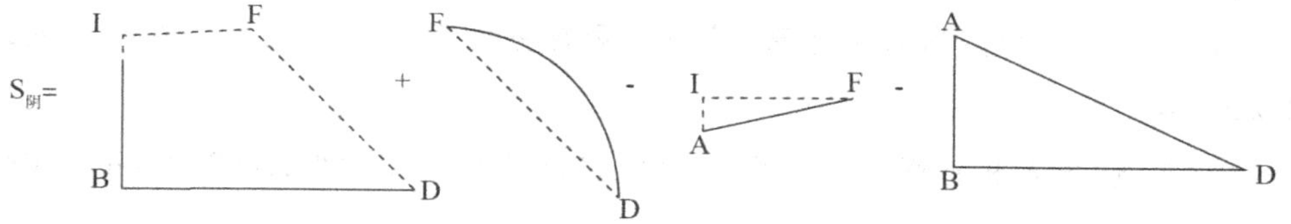

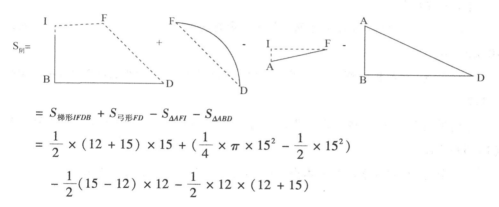

$=S_{梯形IFDB}+S_{弓形FD}-S_{\Delta AFI}-S_{\Delta ABD}$

$$=\frac{1}{2}\times(12+15)\times15+\left(\frac{1}{4}\times\pi\times15^2-\frac{1}{2}\times15^2\right)$$

$$-\frac{1}{2}(15-12)\times12-\frac{1}{2}\times12\times(12+15)$$

$=168.75$(平方厘米)

方法六:连接 AC、FD 且 $AC\ /\!/\ FC$,如下图。因为此时 ΔFAD 与 ΔFCD 面积相等。故原阴影部分就等于半径为15,圆心角为90°的扇形面积:

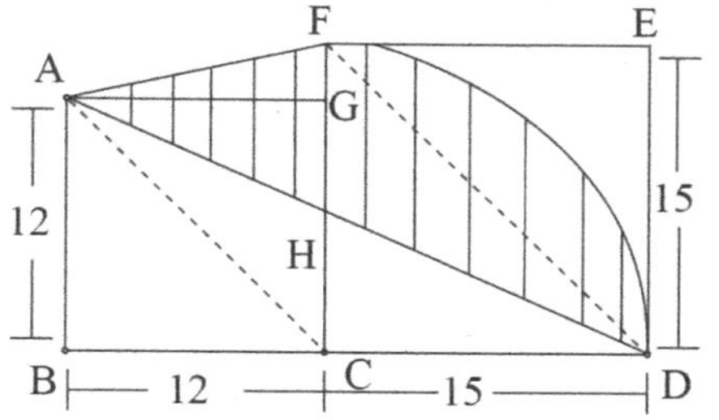

$S_阴=\frac{1}{4}\times\pi\times15^2=168.75$ 平方厘米。

点评：本题主要考察求复杂图形面积的能力，没有公式可以直接进行计算，因此需结合出入相补原理，先对图形进行割补，再求其面积。此小题给出了六种解决方法，有助于训练一题多解的能力，熟悉运用出入相补原理。

出入相补原理的特点在于简单、直观，运用其解代数、几何中的公式，可使公式更加直观，学生理解得更加深入，同时，运用其求复杂图形的面积，可从不同角度考虑添加辅助线，将复杂图形转化为熟知的图形进行求解，且有利于提高学生综合运用平面图形面积计算的知识。

【参考文献】

[1]高仕松.运用“出入相补原理”求阴影部分的面积[J].教育实践与研究，2012，08：46.

[2]彭刚.出入相补原理及其应用[J].四川教育学院学报，2009，25(4)：108－112.

[3]冯艳青.“出入相补原理”的思想方法启示[J].常州师专学报，2001，19(4)：69－71.

[4]姜鸥.小学数学奥赛一本全[M].山西：山西教育出版社，2005.

第四章　八年级函数概念教学设计[①]

魏　娇　韦　宏　李碧荣

一、教材分析

《14.1 变量与函数》是义务教育课程标准实验教科书人教版八年级上册第十四章第一单元，本设计是第2课时，是典型的概念课，这一课时探索量与量之间的函数关系，并用合适的函数表示方法进行描述，引导学生从生活实例中抽象出函数概念——本节课的核心内容。根据教材的内容和学生的实际情况，我们由实例引入函数的概念，根据实际情境列出函数关系式，结合实例了解函数的三种表示方法。

函数是中学数学中最重要的基本概念之一，函数概念抽象性较强，接受并理解它有一定难度，这也是本章的难点。它不仅揭示了数量关系之间相互依存和变化的实质，更是刻画和研究现实世界变化规律的重要模型。方程、不等式、函数是初中数学的核心概念，它们从不同角度刻画一类数量关系。本节课是函数入门课，让学生初步感受现实世界各种变量之间联系的复杂性，同时感受到数学研究方法如何化繁就简。在初中主要研究两个变量之间的特殊对应关系。课本的引例较为丰富，但有些内容学生较为陌生，本设计选取了贴近学生生活实际的例子，把设计的重点放在认识“两个变量之间的特殊对应关系：由一个变量确定另一变量，唯一确定的含义”上。

---

① 原载：《广西教育》2012年第7期，第51－53页。

二、学情分析

函数的概念把学生由常量数学引入变量数学，是学生数学认识上的又一大飞跃。“变量与函数”对学生在认知上和思维上都有较高要求，入门会有一定困难。因而，在本节教学时，我们选择了创设丰富的现实情境，使学生在丰富的现实情境中感知变量和函数的存在和意义，体会变量之间的互相依存关系和变化规律，让他们更好地掌握函数概念。

三、目标和目标解析

在本节教学时，我们根据学生的认知基础，创设丰富的现实情境，使学生在丰富的现实情境中感知变量和函数的存在和意义，体会变量之间的相互依存关系和变化规律，真正发挥组织者、引导者和合作者的作用。在教学过程中，学法采用自主探究与合作交流，教法采用师生互动探究式教学。函数概念的抽象性是常规教学手段无法克服的，为了扫除学生思维上的障碍，本节充分发挥多媒体的声、像、动画特征，使抽象的问题形象化，静态的方式动态化，直观、深刻地揭示函数概念的本质，突破本节的难点。

（一）知识与技能

通过直观感知，能分清常量与变量，领悟函数概念的意义，能列举函数实例，并能写出简单的函数关系式。学生通过对实际问题中数量之间相互依存关系的探索，学会用函数思想去描述、研究其变化规律，逐步学会运用函数的观点观察、分析问题。能从实际问题中确定两变量之间的函数关系，经历探索函数概念的过程，感受函数的模型思想。

（二）过程与方法

通过实践与探索，让学生参与变量的发现和函数概念形成的过程，强化数学的应用与建模意识。引导学生体会函数思想，发展学生的思维，提高分析问题和解决问题的能力。

（三）情感态度与价值观

学生经历对实际问题数量关系的探索，学会合作学习，在解决问题的过程中体会数学的应用价值,在探索活动中获得成功的体验,建立良好的自信。体会有关变量的特点,体验数学与生活的密切联系,培养观察、交流、分析的思想意识,体会函数的实际应用价值。

四、教学重、难点

教学重点：理解和掌握函数的概念,并且能从实际问题中提炼出函数关系式。

教学难点:函数概念本质的理解及从实际问题中提炼出函数关系式。

五、教学过程设计

(一)知识回顾

通过学习“变量”这一节内容,学生对常量和变量有了一定认识,指出下面例子中常量、变量,说出两变量之间有什么关系？给出一个变量的值,另一个变量的值唯一确定吗?

$y = 3000 - 300x$,

$y = x$,

$S = \pi r^2$。

编写意图:通过复习引入,希望达到两个目的:一是巩固旧知识,并引导学生正确的思考方向,二是为本节讲函数定义的核心——一个变化过程,两个变量,唯一对应关系埋下伏笔。

(二)新课引入

例 4.1:同学们,你们知道世界上最高的摩天轮在哪儿吗？告诉你,它就是英国伦敦的“伦敦之眼”,这个摩天轮高 135 米,摩天轮上的某个包厢的位置的高低起伏是怎样变化的呢？下面我们来看一幅关于高度 h 和时间 t 这两个变量关系的图像,观察图 4-1:

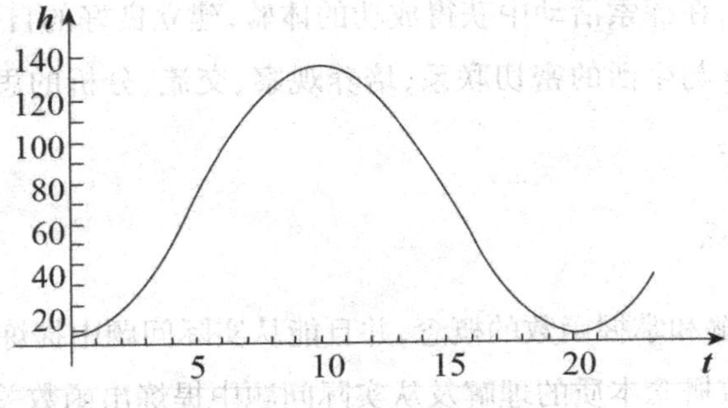

图 4－1

想一想：观察图 4－1，找出题中的两个变量。

当时间 t 取定一个确定的值时，高度 h 的取值是否唯一确定？

高度随时间变化而变化，即 h 随________的变化而变化。

编写意图：用观察图像的方式引出本例，为用图像法表示函数埋下伏笔，设置的问题也紧扣函数概念的三要素，突出重点，使学生初步领会引例的意图。

例 4.2：再来观看下面圆柱的堆垒，从中看出什么规律？

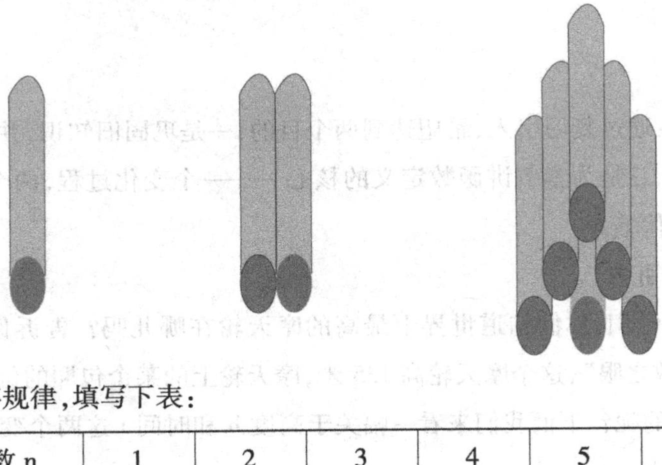

(1) 观察规律，填写下表：

层数 n	1	2	3	4	5	……
物体总数 y						……

(2) 随着层数 n 的增加，物体的总数 y 是如何变化的？

(3) 对于给定的每一个层数 n，物体总数 y 对应几个值？

编写意图：采用列表法，即函数表示的另外一种方式，为进一步学习函数打下坚实的基础。

例 4.3：再观看汽车刹车，如下图，在平整的路面上，某型号汽车紧急刹车后仍将滑行 S 米，一般地有经验公式 $S=\frac{v^2}{300}$，其中 v 表示刹车前汽车的速度(单位：千米/时)。

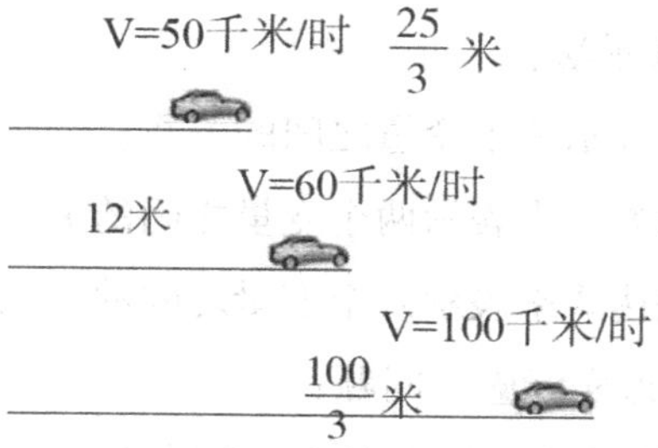

公式中有几个变化的量？计算当 v 分别为 50、60、100 时，相应的滑行距离 s 是多少？给定一个 v 值，你都能求出相应的 s 值吗？

想一想：

(1)上面三个问题的变化过程中分别有几个变量？

(2)每个变化过程中的两个变量之间有什么关系？

编写意图：让学生感受生活中变化的场景与数学息息相关，揭示共同本质属性：各个例子中都有两个变化着的量，若给定其中一个变量的值，相应地确定了另一个变量的值——反映了函数的意义。

由此，我们引出本节课重点——函数定义

一般地，在一个变化过程中，如果有两个变量 x 和 y，并且对于 x 的每一个确定的值，y 都有唯一确定的值与其对应，那么我们就说 y 是 x 的函数(x 是自变量，y 是因变量)。如果当 x = a 时 y = b，那么 b 叫作当自变量 x 的值为 a 时 y 的函数值。

提出注意：两个变量；一个变量的值随另一变量值的变化而变化；特殊对应关系。

对照定义，回归引例：上面的问题反映了不同事物的变化过程，其中有些量发生了变化，有些量始终不变，且它们之间存在着一定的关系。比如，在摩天轮的某一包厢位置高低随时间而改变的图像中，高度 h 可看作是时间 t 的函数；在圆柱的总数随层数的变化中，总数 y 可看作是层数 n 的函数；汽车刹车后的滑行距离问题中 s 可看作是 v 的函数。

编写意图：回归引例，相互照应，紧扣函数概念的三要素，让学生加深理解函数概念的本质。

在上述例子中，我们看到，可以用图像、表格、代数式表示两个变量的函数关系，这是函数常用的三种表示法：

(1)图像法：用图像来表示两个变量之间的关系；

(2)列表法：用表格的方法来表示两个变量之间的关系；

(3)解析法：用代数表达式来表示两个变量之间的关系。

下面我们来看这样一道实际应用问题：

一跳水运动员，从一 10 米高的跳台跳水。其中 h 表示跳水者距水面的距离，s 表示跳水者跳起后与起跳点的水平距离。注意观察：这个图反映了哪两个量之间的关系？它是函数吗？再根据上面的图表填写下面的表格：

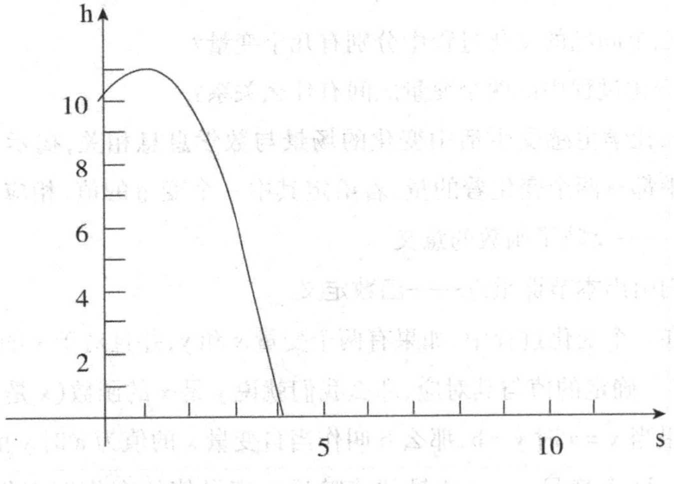

图 4－2

水平距离 s/米	1	2	3	4
高度 h/米	11	10	6	0

（提问：为什么会想到用列表法来表示？这很重要。）

编写意图：让学生感知现实生活中有很多变化着的量，并且两个变化着的量都有各自的数量关系，我们要善于发现这些数量关系，用数学的眼光观察现实世界。

例 4.4：一辆汽车的油箱中现有汽油 50L，如果不再加油，那么油箱中的油量 y（单位：L）随行驶里程 x（单位：km）的增加而减少，平均耗油量为 0.1L/km。

（1）写出函数解析式。

（2）指出自变量 x 的取值范围。

（3）汽车行驶 200km 时，油箱中还有多少汽油？

分析：已知油箱中现有汽油 50L，平均耗油量为 0.1L/km。求函数解析式；自变量 x 的取值范围；行驶 200km 时，油箱中还有多少汽油。

编写意图：引入数学原型，抽象出数学现实，注重揭示两个量间的关系，引领学生经历数学概念的形成过程，让学生对函数概念进行简单的应用。

例 4.5：$y^2=x$ 中对于 x 的每一个值 y 都有唯一的值与之对应吗？y 是 x 的函数吗？

设计意图：学生对概念的理解需要经历一个从模糊到清晰的过程，通过正例与反例的对照，才能准确理解概念的内涵。

课堂检测：

（1）在 $y=3x+1$ 中，如果 x 是自变量，__________是 x 的函数。

（2）下列说法中，不正确的是（　　）

A. 函数不是数，而是一种关系　　B. 多边形的内角和是边数的函数

C. 一天中时间是温度的函数　　D. 一天中温度是时间的函数

（3）在下列关系中，y 不是 x 的函数的是（　　）

A. $y+x=0$　　B. $|y|=2x$　　C. $y=|2x|$　　D. $y=2x^2+4$

（4）已知函数 $y=0.5x-7$，当 $x=1$ 时的函数值是__________

编写意图：当堂检测所学成果，讲练结合，趁热打铁，让学生将书本知识内化为自己的知识。

课后思考：购买一些铅笔，单价 0.2 元/支，总价 y 元随铅笔支数 x 变化，指出其中的常量与变量，并写出函数关系式。

例 4.6：根据所给的条件，写出 y 与 x 的函数关系式。

(1) y 是 x 倒数的 4 倍；(2)等腰三角形顶角度数 y 与底角 x 的关系。

编写意图：实施多层次作业，更有利于学生的全面发展，体现了新课改的要求。

课堂小结：(1)函数概念；(2)函数的判断；(3)求函数关系式。

教学反思

本节课是八年级学生初步接触函数的入门课，函数概念是学生数学认识上的一次飞跃，所以我们根据学生的认知基础，创设一定条件下的现实情境，使学生从中感受到变量与函数的存在和意义，以及数学研究方法的化繁为简，知道在初中阶段主要研究两个变量之间的特殊对应关系。通过设置丰富的引例(这些引例分别涵盖了函数的三种表示方法)，让学生感受到数学源于生活而高于生活，并在引例中设置了两个问题：1. 研究的每个问题中，都出现了几个变量？2. 在两个变量中，对其中一个量每取一个值，另一个量有什么变化？由此理解具体实例中两个变量的特殊对应关系，初步理解函数的概念。然而函数的概念是把学生由常量数学的学习引入变量数学的学习的过程，为了更好地突出重点、突破难点，在处理教学活动的过程中，不失时机地提供一个反例，让学生理解“唯一确定”的准确含义，使学生在反例中深刻理解函数概念的本质。向学生说明，函数的学习是我们数学认识的又一个飞跃。函数概念的教学是一个重点，更是一个难点，本节教学，通过 3 个引例，让学生充分分析、观察、交流、探究，总结出函数的概念，总结规律，根据不同的函数关系式能够熟练地找出常量、自变量，进一步确定使函数式子本身有意义和实际问题中自变量允许的取值范围。

第五章 巧用类比,事半功倍

魏 娇① 韦 宏

摘 要:文章从概念类比、结构类比、模式类比、方法类比、升维类比、关系类比六个维度进行了简单的介绍,并分别通过高考"类比"型试题对其进行了简单分析。

在教学实践中,教师应重视学生类比推理能力的培养,有效培养学生发现问题、提出问题、分析问题、解决问题的能力,这也是新课改关注的内容。

关键词:类比推理;类比;相似性

根据两个或两类对象之间在某些方面存在一些相似或相同,进而推测出它们在其他方面也可能有相似或相同的属性,像这样的推理我们称为类比推理。从已经掌握了的事物的属性,推测人们正在研究的事物的属性,是以学生的原有认知为生长点,类比出新的结果。但要注意,类比推理是由一类对象特征到另一类对象特征的推理,它的一般模式为:A 类事物具有性质 a、b、c、p;B 类事物具有性质 a′、b′、c′,如果 a、b、c 与 a′、b′、c′相似或相同,那么 B 类对象具有性质 p′。然而类比的结果是猜测性的,不一定正确,需要进行试验和验证。但是它在中学数学中的地位不言而喻,在教学中如果能够恰当地应用类比方法,不仅能突出问题的本质,提高教学的效率和效果,而且教育学生学习数学知识的内在本质联系价值远远超过大量学习数学事实本身,对提高学生分析问题、解决问题的能力很有帮助,更能拓展思维的深广度,有利于学生对所学知识融会贯通、有机整合。类比方法既是数学学习的重

---

① 魏娇,女,广东梅州人,南宁市第三十七中学教师,硕士研究生,研究方向为学科教学(数学)。

要方法，也是发现数学的有效方法，其思维作用体现在整理性和探索发现性两个方面。它主要考查学生的判断推理能力、比较分析能力、举一反三能力和日常所积累知识的灵活运用能力。

作为推理方法的一种，类比推理有着其本身独特的作用，并且其有趣及启发式的特性使其逐渐成为命题领域的宠儿。类比既可以开拓学生的视野，激发学生的联想，还能提高学生的创新性。通过类比的课堂教学，也把课堂交给了学生，这正是类比教学的魅力所在。本文结合近些年来各地高考和高考模拟试卷以及调研试题中出现的类比试题进行归类解析，希望对教师的教学有一定的帮助。

一、概念类比

由旧概念产生新概念的类比叫作概念类比。用类比法引入新概念，学生可以更好地理解新概念的内涵与外延，进而更好地解题。

例 5.1：如图，点 P 为斜三棱柱 $ABC-A_1B_1C_1$ 的侧棱 BB_1 上一点，$PM\perp BB_1$ 交 AA_1 于点 M，$PN\perp BB_1$ 交 CC_1 于点 N。在任意△DEF 中有余弦定理：$DE^2=DF^2+EF^2-2DF\cdot EF\cdot\cos\angle DFE$. 拓展到空间，类比三角形的余弦定理，试写出三个侧面面积与其中两个侧面所成二面角之间的关系式，并给予证明。

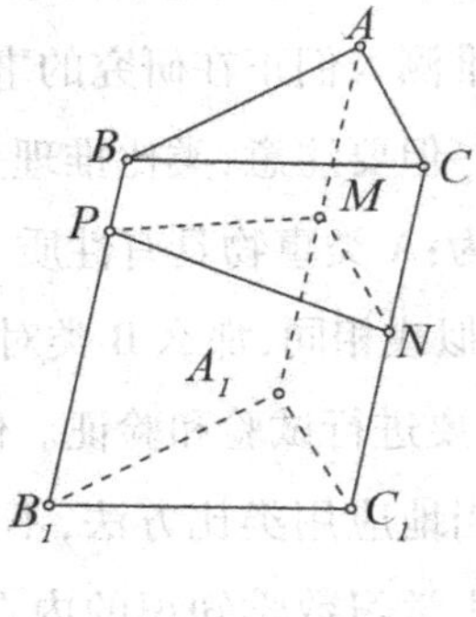

证明：在三棱柱中，有

$$S_{ABB_1A_1}^2=S_{BCC_1B_1}^2+S_{ACC_1A_1}^2-2S_{ACC_1A_1}S_{BCC_1B_1}COS\alpha$$

其中 α 为平面 CC_1B_1B 与平面 CC_1A_1A 所成二面角。容易证 $CC_1\perp$ 平面 PMN，∴ 上述二面角的平面角为∠MNP。在△PMN 中，∵ $PM^2=PN^2+MN^2-2PN\cdot MN\cdot$

$COS\angle MNP$.

$\therefore PM^2 \cdot CC_1{}^2 = PN^2 \cdot CC_1{}^2 + MN^2 \cdot CC_1{}^2 - 2(PN \cdot CC_1) \cdot (MN \cdot CC_1) \cdot COS\angle MNP$。

$\because S_{BCC1B1} = PN \cdot CC_1 \quad S_{ACC_1A_1} = MN \cdot CC_1 \quad S_{ABB_1A_1} = MP \cdot CC_1$

$\therefore S^2_{ABB_1A_1} = S^2_{BCC_1B_1} + S^2_{ACC_1A_1} - 2S_{ACC_1A_1}S_{BCC_1B_1}COS\alpha$

试一试:如果在一个数列中,每一项与它后一项的和都为同一个常数,那么这个数列叫作等和数列,这个常数叫作该数列的公和。已知数列$\{a_n\}$是等和数列,且$a_1=2$,公和为5,则$a_{18}=$______。则这个数列的前n项和计算公式$S_n=$______。

二、结构类比

某些待解决的问题没有现成类比物,但通过观察,凭借结构上的相似性等寻找类比问题,然后通过适当的代换,将原问题转化为类比问题来解决,叫作结构类比。

例5.2:求$y=\dfrac{1+3\sqrt{x+4}}{1-\sqrt{x+4}}$的值域。

分析:

如果我们直接求值域,困难重重,巧做变换,令$\lambda=-\sqrt{x+4}$,将$y\dfrac{1+(-3)\lambda}{1+\lambda}$与我们所学的定比分点公式联系起来,利用$\lambda\leqslant 0$很快求出y的取值范围。显然λ是p(y,0)分有向线段P_1P_2所成的比,其中$P_1(1,0)$,$P_2(-3,0)$,$\therefore \lambda=\dfrac{y-1}{-3-y}\leqslant 0$得到$y\leqslant -3$,或者$y\geqslant 1$。从而函数的值域为$y\in(-\infty,-3)\cup[1,+\infty)$,问题得到解决。

试一试:在平面直角坐标系中,设ΔABC的顶点分别为$A(0,a)$、$B(b,0)$、$C(0,C)$,点$P(0,P)$在线段AO上(异于端点),设a、b、c、p均为非零实数,直线BP、CP分别交AC、AB与点E、F。一同学已正确算出直线OE的方程:

$(\frac{1}{c}-\frac{1}{b})x+(\frac{1}{p}-\frac{1}{a})y=0$,请你求出直线$OF$的方程:(　　)$x+(\frac{1}{p}-\frac{1}{a})$。

三、模式类比

例 5.3：若$f(x+m)=\dfrac{\sqrt{3}+f(x)}{1-\sqrt{3}f(x)}$，对于正常数 m 和 $\forall x\in R$ 都成立，请判断 $f(x)$ 是否为周期函数，如果是，请求出周期；如果不是，说明理由.

分析：观察题目的结构与 $\tan(x+\dfrac{\pi}{3})=\dfrac{\sqrt{3}+\tan x}{1-\sqrt{3}\tan x}$ 相似，而 $y=\tan x$ 的最小正周期 $T=\pi$. 因此，我们可以先猜测 $f(x)$ 为周期函数，其周期为 $3m$。

$\because f(x+m)=\dfrac{\sqrt{3}+f(x)}{1-\sqrt{3}f(x)}$，

$\therefore f(x+2m)=f[(x+m)+m]=\dfrac{\sqrt{3}+f(x+m)}{1-\sqrt{3}f(x+m)}=\dfrac{f(x)-\sqrt{3}}{1+\sqrt{3}f(x)}$，

$\therefore f(x+3m)=f[(x+2m)+m]=\dfrac{\sqrt{3}+f(x+2m)}{1-\sqrt{3}f(x+2m)}=f(x)$，$f(x)$ 是周期为 $3m$ 的周期函数。

试一试：设 $f(x)$ 是定义在 R 上的函数，且函数 $f(x)$ 的图像关于直线 x = a 和 x = b 对称（$a>b$）。请问 $f(x)$ 是否为周期函数，试说明理由。

四、方法类比

已知借助于过去的经验、知识、技能与思想方法而进行的类比，称为方法类比。

例 5.4：设 $f(x)=\dfrac{x^3}{3x^2-3x+1}$，则

$f(0)+f(\dfrac{1}{101})+f(\dfrac{2}{101})+f(\dfrac{3}{101})+\cdots+f(1)=$__________。

分析：

我们通过观察，发现是求函数值之和的问题，可以把它与数列求和进行类比。观察各函数值之中自变量的特点，联想到等差数列求和的方法是倒序求和法，即

$a_1+a_n=a_2+a_n-1=\cdots$，因此对于此题，我们可先将 $f(x)$ 进行恒等变形，再来观察。

$f(x)=\dfrac{x^3}{x^3+(1-3x+3x^2-x^3)}=\dfrac{x^3}{x^3+(1-x)^3}$,$\therefore f(1-x)=\dfrac{(1-x)^3}{x^3+(1-x)^3}$

$\therefore f(1-x)+f(x)=1$,$0+1=\dfrac{1}{101}+\dfrac{100}{101}=\cdots=\dfrac{50}{101}+\dfrac{51}{101}$,共有51个1相加,得到51,所以原式 $=51$。

试一试:设$f(x)=\dfrac{1}{2^x+\sqrt{2}}$,请利用课本中推导等差数列前$n$项和公式的方法,即倒序求和法,可求得$f(-5)+f(-4)+\cdots+f(0)+\cdots+f(5)+f(6)=$ ________

五、升维类比

将平面中对象升级到空间中对象,即低维向高维类比,此种方法即为升维类比。

例5.5:已知O是△ABC内任意一点,联结AO、BO、CO并延长交对边于A'、B'、C',则$\dfrac{OA'}{AA'}+\dfrac{OB'}{BB'}+\dfrac{OC'}{CC'}=1$,这是一道平面几何题,其证明通常采用"面积法":

$\dfrac{OA'}{AA'}+\dfrac{OB'}{BB'}+\dfrac{OC'}{CC'}=\dfrac{S_{\triangle OBC}}{S_{\triangle ABC}}+\dfrac{S_{\triangle OCA}}{S_{\triangle ABC}}+\dfrac{S_{\triangle OAB}}{S_{\triangle ABC}}=\dfrac{S_{\triangle ABC}}{S_{\triangle ABC}}=1$,请思考:运用类比思想,对于空间中的任意一个四面体P—ABC,存在什么类似的结论吗?并用体积法证明。

证明:在四面体P—ABC中,我们任取一点O,联结PO、DO、BO、CO并延长分别交四个面于E、F、G、H点,则$\dfrac{OE}{PE}+\dfrac{OF}{CF}+\dfrac{OG}{AG}+\dfrac{OH}{CH}=1$。在四面体O-ABC与V-ABC中:$\dfrac{OE}{PE}=\dfrac{h_1}{h}=\dfrac{\frac{1}{3}S_{\triangle ABC}\cdot h_1}{\frac{1}{3}S_{\triangle ABC}\cdot h}=\dfrac{V_{O-ABC}}{V_{P-ABC}}$。同理:$\dfrac{OF}{CF}=\dfrac{V_{O-PAB}}{V_{C-PAB}}$;$\dfrac{OG}{AG}=\dfrac{V_{O-PBC}}{V_{A-PBC}}$;$\dfrac{OH}{BH}=\dfrac{V_{O-PAC}}{V_{B-PAC}}$

$$\therefore \frac{OE}{PE}+\frac{OF}{CF}+\frac{OG}{AG}+\frac{OH}{BH}=\frac{V_{O-PAB}+V_{O-PAB}+V_{O-PBC}+V_{O-PAC}}{V_{P-ABC}}=\frac{V_{P-ABC}}{V_{P-ABC}}=1。$$

试一试:在平面几何中,△ABC的内角平分线CE分AB所成线段的比$\dfrac{AE}{EB}=$

$\frac{AC}{BC}$,把这个结论类比到空间:在三棱锥 A—BCD 中(如图所示),而 DEC 平分二面角 A—CD—B 且与 AB 相交于 E,则得到的类比的结论是关系类比________。

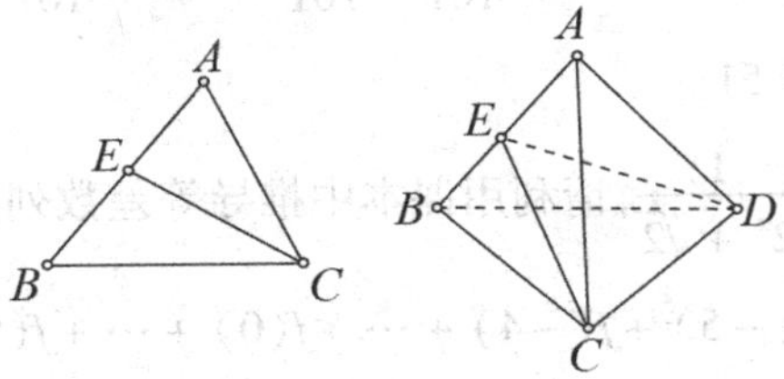

例 5.6:请大家观察下面的两个等式,试归纳出更一般的结论。

$\sin^2 20° + \sin^2 40° + \sin 20° \cdot \sin 40° = \frac{3}{4}$;

$\sin^2 28° + \sin^2 32° + \sin 28° \cdot \sin 32° = \frac{3}{4}$。

分析:

注意到 $20° + 40° = 60°, 28° + 32° = 60°, \cos 60° = \frac{1}{2}, \sin 60° = \frac{\sqrt{3}}{2}$,所以上述两个等式可改写为;

$\sin^2 20° + \sin^2 40° + 2\sin 20° \cdot \sin 40° \cdot \cos 60° = \frac{3}{4} = \sin^2 60°$;

$\sin^2 28° + \sin^2 32° + 2\sin 28° \cdot \sin 32° \cdot \cos 60° = \frac{3}{4} = \sin^2 60°$。

由此猜想出一般结论:

(1)若 $\alpha + \beta = \gamma$,则 $\sin^2\alpha + \sin^2\beta + 2\sin\alpha \cdot \sin\beta \cdot \cos\gamma = \sin^2\gamma$;

(2)若 $\alpha + \beta + \gamma = 180°$,则 $\sin^2\alpha + \sin^2\beta - 2\sin\alpha \cdot \sin\beta \cdot \cos\gamma = \sin^2\gamma$。

综上所述,类比推理是一种从探索问题出发,在解决问题的过程中发现新结果的一种推理方法。随着课程改革的不断深入,类比推理的能力已逐渐成为衡量学生创新思维能力的标度。类比思维的过程不仅是一个推理的过程,更是对思维的高度浓缩的过程。新课标教材在选修课中设置了《推理与证明》这个章节,教师在教学过程中可以充分利用教材,对知识点间可以进行类比处理的素材,进行引导,让学生自己尝试寻找一个合适的类比对象,引导学生明确进行类比的方向和目标,并设置类比性习题,加强类比训练,有意识地营造一个较为开放的学习空间。但是要注意,类比推理并不是一种必然性的正确推理,如果要得到正确的结论,必须经过严格证明。在数学教学中,教师要有意识地引导学生进行仔细分析、比较,逐渐学会透过现象,抓住与所研究的问题相对应的特征,进而选择恰当类比对象,养成自觉掌握和应用类比方法的好习惯,从而达到提高学生思维能力、创新能力的目的。类比试题要以类比思维为轴心,尽可能与数学方法、数学思想和数学基础知识相结合,它对学生的能力和素质的要求也比较高。由于题意新颖,背景独特,思维品质要求高,得分较困难,解答时学生可能存在一定困难,教师和学生要有一定的耐心。

【参考文献】

[1]严运华.重视培养学生类比推理能力[J].基础教育参考,2011,4.
[2]叶顺亚.合理选择视角,正确类比推理[J].中学数学月刊,2010,03.
[3]王朝璇.类比题的类型及解题方法[J].中学数学,2009.

第六章 Further Optimization of the Snowboarder's Halfpipe

叶青梅 林茂栋 蔡楚刁①

Abstract: As a comparatively younger sports event, snowboard has not only the free and graceful character of surfing, but also the excitement and shock of skateboarding's galloping on the snow. As we all know, some factors have great influence on the final effect to a skilled snowboarder, that is, the length, the width, the depth, and the angle between the halfpipe and the horizontal plane, as well as the "vertical air" h and so on. In the paper, we suppose that snowboarder was a mass point and build three models to optimize the course according to balancing the highest verticle flying, the most twist of the body in the air and other factors.

In the first model, we analysize snowboarder's "vertical air" in the halfpipe by utilizing the law of the conservation of energy and the laws of Newtonian mechanics, the snowboarder's highest "vertical air" $h = 7.4603\text{m}$ was obtained by computing the ordinary differential equation model.

In the second model, to obtain the most twist of the body in the air, we need to get

① 林茂栋,男,广东汕尾人,惠州市新湖小学教师,主要研究方向为数学与应用数学;蔡楚刁,男,广东揭阳人,惠州仲恺高新区陈江中心小学教师,主要研究方向为数学与应用数学;叶青梅,女,广东河源人,东莞市厚街镇三屯小学教师,主要研究方向为学科教学(数学)。

the best balance between "vertical air" and the displacement along the edge direction within the air – staying time. Therefore we build up a balancing model about the "vertical air" and the air twist, in which snowboarder's two contiguous entering process was considered as a complete circle skid. This process is combined with the motion in the halfpipe and the equation of projectile motion after out of the halfpipe. Hence the sum displacement X is the combination of the displacement in and out the halfpipe along the edge's direction. By Newton's second law and kinematics the law, we make out the displacement as the athlete move along the halfpipe's edge in the circle, then the total diaplacement along the halfpipe's edge direction is 87. 1619m, and that may be the least value. In fact, the friction coefficient is always an inaccuracies variable. By means of Sensitivity Analysis, the model is pratical.

In the third model, using numerical analysis and the coefficient method, we obtain the model with the course's length and depth's influences. Testing the result of the former models, we found that $\alpha 1 > \alpha 2$, and consequent error analysis also shows our result was reasonable.

Keywords: halfpipe; vertical air; the law of the conservation of energy the laws of Newtonian mechanics; Sensitivity Analysis; error analysis

Introduction:

The snowboard attached to a rider's feet using a special boot set onto mounted binding. The development of snowboarding was inspired by skateboarding, sledding, surfing and skiing. It was ouccured in the U. S. A. in the 1960s to1970s and became a Winter Olympic Sport in 1998.

With the development of snowboarding, it become attractive to more and more people. Therefore, we should improve the halfpipe continuously to help snowboarder to perform better. As we all know, the shape of halfpipe plays an important role in snowboarder's performance. Thus, design the shape of a snowboard course (currently known as a "halfpipe") to maximize the production of "vertical air", which is the maximum vertical distance to the edge of the halfpipe by a skilled snowboarder. When we optimize the half-pipe's shape, we should consider some possible requirements, such as maximum twist in the air, or other trade offs.

Assumption:

We assume the excellent athletes are mass points in the Snowboarding.

The halfpipe is Semi – cylindrical.

All the athletes' starting point on the entry ramp is static.

The frictional coefficient at each places of halfpipe and the entry ramp is the same.

The angle of into the halfpipe is the same

Assume that athletes are of the same technical level .

Model Design

A Primary Model

Step one: Variable Illustration

H refers to the height from the top of the entry ramp to the ground .

R represents the depth of the halfpipe

s the length of entry ramp .

αdenoted as the inclination.

$\beta$the angle between the halfpipe and the horizontal plane.

w_f the work done by the friction the snowboarder suffers when skiing.

h denoted as the production of "vertical air".

$\mu$the frictional coefficient of the course .

N the normal pressure the mass point suffer.

$\theta$the angle between the Gravity and frictional.

Step two: The Foundation of Model

Considering the simple snowboarding process , we assume the halfpipe and the entry ramp are placed slantwise. Therefore, snowboarder slides from the halfpipe's top to its edge, then get into the halfpipe. In this case, we study the situation when the halfpipe is tilted, as follow,

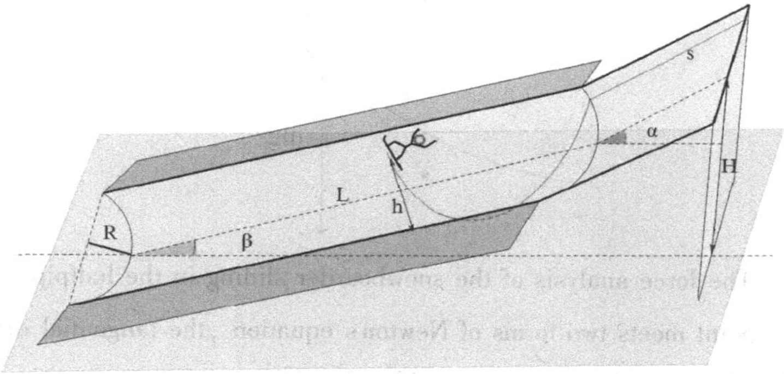

Figure 1. The situation of the snowboarder first into and out the halfpipe According to the Figure 1, we get

$$mg(H - R\cos\alpha - L\sin\beta) = \frac{1}{2}mv^2 + \mu mgs \quad (1)$$

Then the sum of energy into the half pipe is

$$E_2 = \frac{1}{2}mv^2 = mg(H - R\cos\alpha - L\sin\beta) - \mu mgs \quad (2)$$

We can get the culminating point's total energy out the halfpipe such as,

$$E_= mg(h\cos\beta + R\cos\alpha + L\sin\beta) \quad (3)$$

Now we compute the variable h by the Law of Conservation of Energy,

$$E_3 = E_2 - W_f \quad (4)$$

Since the snowboarder would suffer the friction when skiing, the pressure that the half pipe suffers from the snowboarder is common with angle of half pipe's inclination. When the half pipe is set at a horizontal position, the pressure the snowboarder suffers just like Figure 2 shows,

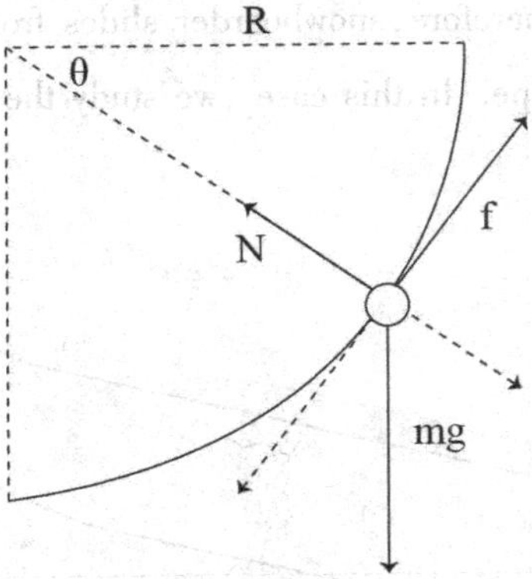

Figure 2. The force analysis of the snowboarder sliding in the halfpipe

The mass point meets two forms of Newton's equation ,the tangential direction and the normal direction(in this case ,we consider $f=\mu N$).

Then, by the Newton second law, we get

$$mg\cos\theta-\mu N=m\frac{dv}{dt} \tag{5}$$

$$N-mg\sin\theta=m\frac{v^2}{R} \tag{6}$$

By formula (2) ,we get the first derivative of the time such as,

$$\frac{dN}{dt}-mg\cos\theta\frac{d\theta}{dt}=\frac{m}{R}2v\frac{dv}{dt} \tag{7}$$

Substituting $v=R\frac{d\theta}{dt}$ and formula (5) into the above formula(7) ,we can get

$$\frac{dN}{dt}-mg\cos\theta\frac{d\theta}{dt}=(2mg\cos\theta-2\mu N)\frac{d\theta}{dt} \tag{8}$$

For simplifying computing fomular (8) ,we get

$$\frac{dN}{d\theta}+2\mu N=3mg\cos\theta \tag{9}$$

Formula (9) is a first order linear equation. Based on Constant variation, we can get its solution

$$\begin{aligned}N&=exp(-\int 2\mu d\theta)\left[\int 3mg\cos\theta exp(2\mu N)d\theta+C\right]\\&=exp(-2\mu\theta)\left[\int 3mg\cos\theta exp(2\mu\theta)d\theta+C\right]\end{aligned} \tag{10}$$

Moreover,

$$\int \cos\theta exp(2\mu\theta)\,d\theta = \frac{\cos\theta}{2\mu}exp(2\mu\theta) + \int \frac{\sin\theta}{2\mu}exp(2\mu\theta)\,d\theta$$

$$= \frac{\cos\theta}{2\mu}exp(2\mu\theta) + \frac{\sin\theta}{4\mu^2}exp(2\mu\theta) - \frac{1}{4\mu^2}\int \cos\theta exp(2\mu\theta)\,d\theta$$

Computing with simplifying the above equation, we have,

$$\int \cos\theta exp(2\mu\theta)\,d\theta = \frac{exp(2\mu\theta)}{4\mu^2+1}(2\mu\cos\theta + \sin\theta).$$

Substitute the formula above into formula (4) and we have,

$$N = \frac{3mg}{1+4\mu^2}(2\mu\cos\theta + \sin\theta) + Cexp(-2\mu\theta).$$

According to the initial condition ,the object is at the top of the arc motionlessly when t = 0, at the meanwhile, . By these values, we get

$$C = -2\mu\frac{3mg}{1+4\mu^2}.$$

Furthermore we have,

$$N = \frac{3mg}{1+4\mu^2}[2\mu\cos\theta + \sin\theta - 2\mu exp(-2\mu\theta)]$$

Thus ,the normal pressure that the halfpipe suffers from the snowboarder is ,

$$N = \frac{3mg}{1+4\mu^2}[2\mu\cos\theta + \sin\theta - 2\mu exp(-2\mu\theta)]\sin\beta.$$

Therefore , we get the friction that snowboarder suffers as sliding, such as,

$$f = \mu N\sin\beta = \frac{3mg}{1+4\mu^2}[2\mu\cos\theta + \sin\theta - 2\mu exp(-2\mu\theta)]\sin\beta.$$

When snowboarder rises to the air at a maximum height, the velocity is equal to 0, so is only determined by the geopotential energy. If we make the "vertical air" higher, consequently would be bigger. Thus we must reduce the value . However, when the snowboarder slides along the semicircle perimeter of the halfpipe, the path is turned to be the shortest. Consequently the work applyed by the frictional force is the least. That is,

$$W_f = \int_a^b f ds_1 = \int_a^b \frac{3\mu mg}{1+4\mu^2}[2\mu\cos\theta + \sin\theta - 2\mu exp(-2\mu\theta)]\sin\beta ds_1.$$

$$= \int_a^b \frac{3\mu mg}{1+4\mu^2}[2\mu\cos\theta + \sin\theta - 2\mu exp(-2\mu\theta)]\sin\beta d(R\theta)$$

$$= \int_0^\pi \frac{3\mu mg}{1+4\mu^2}[2\mu\cos\theta + \sin\theta - 2\mu exp(-2\mu\theta)]R\sin\beta d\theta$$

$$= \frac{3\mu mgR\sin\beta}{1+4\mu^2}[1 + exp(-\pi\mu)].$$

a, b are the beginning and end points of the path S1.

According to the equality, $E_3 = E_2 - W_f$, get ,

$$h = \frac{H - 2R\cos\alpha - 2L\sin\beta + \mu s - \frac{3\mu R\sin\beta}{1+4\mu^2}[1 + exp(-\mu\pi)]}{\cos\beta}. \tag{11}$$

By the above formula, we can get the relationship between the "vertical air" and the corresponding factors, that is, halfpipe's depth variable R, length variable L, and inclination variable , the height variable H from entry ramp to the ground and the frictional coefficient of the course.

Step three : Analysis of the model and Data – computing

According to the references, variables' value range can be acquired respectively such as , $\alpha \in (35°, 45°)$, $\beta \in (15°, 18°)$, $H \in (70, 90)$, $R \in (3.5, 4.5)$, $\mu \in (0.03, 0.2)$, $L \in (120, 150)$, $s \in (10, 15)$

Table 1. Some related data of halfpipe's parameters

α	β	H	R	μ	L	s	h
35	18	90	4	0.15	120	10	7.3117
35	18	90	4	0.15	120	12	6.9963
40	18	90	4	0.15	120	12	7.4430
40	16	90	4	0.12	135	13	7.2992

In line with International Ski Federation , the halfpipe has its various standard limitation. In order to make the vertical air highest , we take each variable's limited value . As the each variable is optimal , the highest vertical air is 7.4603m. Next, we use different courses's parameters to calculate different "vertical air", the result are separately 6.5868m, 12.5603m, 8.7863m, 8.3245m. Through the error analysis, we can draw the conclusion that the "vertical air" is reasonable .

A Complicated Model:

Step one: Variable illustration

v_1 the velocity of the first vertical projectile motion out of halfpipe.

v_2 the velocity of the horizontal motion along halfpipe the first out of halfpipe.

v_3 the velocity of the second vertical projectile motion out of halfpipe.

v_4 the velocity of the second horizontal motion along halfpipe out of halfpipe.

F the object of net force.

s_1 refers to the displacement along the edge's direction from the first enter to first departure .

a refers to the combination of the accelerated velocity along the halfpipe's edge.

x the displacement along the horizontal

y the displacement along the vertical

v_0 the initial velocity of the stant cast movement

γ the angle between the initial velocity and the horizontal

Step two: The Foundation of Model

For the process of the snowboarder's out and into the halfpipe, we can treat the snowboarder as a rigid bod. Therefore , the process is combinated with two motions as follow: first is the snowboarder's stant cast movement relative to the ground, second is the snowboarder's rollover movement relative to himself.

When the snowboarder jumps out the halfpipe and rotate, he must completes a series of standard movements. Thus we can treat the body as different ideal models in different stages. At the time the body change the postures from one to another, we treat the body as a the rigid body, and it will abide the law of conservation of angular momentum. If its abided moment of force is zero , as $l_0\omega_0 = l\omega$. Furthermore , $\omega = \dfrac{2\pi}{T}$ so we can get the $T=\frac{l}{l_0}\frac{2\pi}{\omega}$, means the time of the body rotates in a complete movement.

Actually, the snowboarder can be treated as flex in the process of changing postures. He adapts the postures with his internal force, which will change his rotary inertia. The snowboarder can adapt the circle to keep the $\frac{l}{T}$ stable.

We supposed the snowboarder and the snowboard as an organic whole. Suppose that the snowboarder' s height is L, the halfpipe' s height is H, and the snowboarder roles out the edge with the cast angle α. The body uses his internal force to achieve the normative reverse posture, in the meanwhile, the body rotates around his centroid. The centroid moves ina parabolic trajectory. In addition, the snowboarder use his internal force to unfold within t0into the halfpipe. As shown in the figure, the project is abided by the gravity. According to the particle motion' s characteristics,

$$H-v_0\sin\alpha\cdot t_1-\frac{1}{2}gt_1^2=0. \tag{14}$$

Explain the patern (3), we get. $t_1=\frac{v_0\sin\alpha+\sqrt{v_0^2\sin^2\alpha+2gH}}{g}$. t_1 is the time out the halfpipe and into the halfpipe. Then we can see t_1 and $2t_0$. Therefore, it takes people $t=t_1-2t_0$ to rotate in the air. The frequency of people rotate in the air reach N,

$$N=\frac{t}{T}=\left(\frac{v_0\sin\alpha+\sqrt{v_0^2\sin^2\alpha+2gH}}{g}-2t_0\right)\frac{l_0\omega_0}{2\pi l}. \tag{15}$$

If we consider each adjacency into and out the halfpipe as a integral process, the snowboarder' s competition consists of six. Thus the process into the hal fpipe could be considered as a combination by a movement along the halfpipe edge. That means in the process the snowboarder out and into the halfpipe, andthe time he rotate in the air, we suppose that he has changed gravity only in the vertical direction. Therefore the processhe walked along the horizontaldisplacement of halfpipe is just in two paragraphs, namely reaching the highest point out halfpipe and into halfpipe in the next time. These two processes for each time ist0. Besides, the speed first out the halfpipe and the one into halfpipe in the next time are the same. Here the energy is considered of no loss ,so it is two times of one's the displacement. The speed of horizontal iswhen he moves along the halfpipe's circular. While the out process is considered as a stant cast movement ,it means that it is a combination of a vertical cast movement and a uniform motion. Therefore, the displacement deflection of the two processes is determined by the velocity and the angle.

At the flat plane along the halfpipe,the friction force is applying work along a semi circular. According to the Law of Conservation of Energy,that is,

$$\frac{1}{2}mv_3{'}2-\frac{1}{2}mv_1{'}2=mgs_1\sin\beta-W_f, \tag{16}$$

and $v'_1=v\sin\theta$, $v'_2=v'_1 tan\theta$, $v'_4=v'_3 tan\theta$.

Based on the Newton's second law,the net force along the flat plane can be acquired through the force analysis. The accelerated velocity can be show as follows,

$$a=\frac{F}{m}=\frac{mg\cos\beta-N\cos\beta-f\sin\beta}{m}.$$

By the Kinematics Law we have,

$$v_4'^2-v_2'^2=-2as_1. \tag{17}$$

According to the formula (13),we get,

$$s_1=\frac{-\frac{1}{2}mv^2\tan^2\theta\sin^2\theta+\frac{1}{2}v_1'^2\tan^2\theta+\frac{3\mu mgR\sin\beta}{1+4\mu^2}\tan^2\theta[1+exp(-\pi\mu)]}{mg\tan^2\theta\sin\alpha+mg\cos\beta-N\cos\beta-f\sin\beta}.$$

After soaring into air ,the path of the snowboarder's center of gravity is a parabola. Therefore, we consider the process as a stant cast movement ,which snowboarder first departs from the halfpipe and enter the halfpipe. In the case, the departure velocity is the stant cast movement's initial velocity everytime. And the stant cast movement can be seperated into two moments,a uniform motion along the edge and a vertical cast movement on the tangent plane of the egde. The snowboarder departs the halfpipe six times in the competition, and each departure can be considered as the stant cast movement. According to the principle,the departure velocity can be divided into the vertical and the horizontal velocity. The horizontal accelerated velocity is 0 and the vertical accelerated velocity is g . Therefore the snowboarder is making astant cast movement with a constantly accelerated velocity. As t = 0, we suppose that the mass point was the original point, and vector in the position. At the moment t, the mass point is at the point P and the position vector is r.

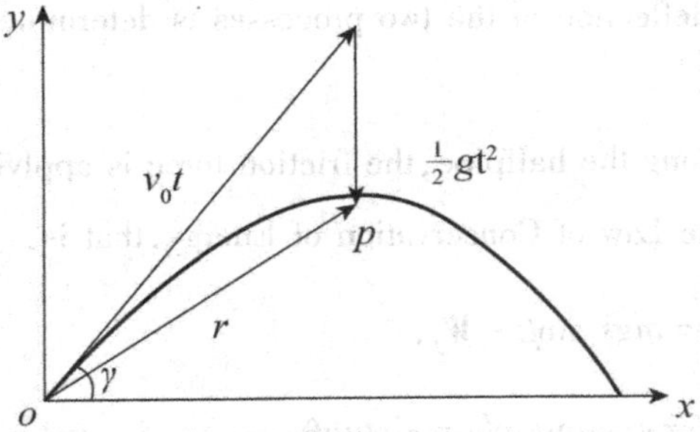

Figure 3. The path of snowboarder to do the first projectile motion out of halfpipe

According to Figure 3, weknow that in a time t, the displacement r of the mass point is the sum of the two vectors. The displacement consists of the uniform linear motion's displacement which includesangle with the Ox axle , and the uniform acceleration linear motion's displacement along Oy axle. Therefore, the equation of stant cast movement is as follows,

$$r = v_0 t + \frac{1}{2}gt^2 .$$

On the basis of the selected coordinate axis and initial conditions , we have the data result at the time t = 0, that is,

$$\begin{cases} x_0 = 0, v_{0x} = v_0\cos\gamma, \\ y_0 = 0, v_{0y} = v_0\sin\gamma, \\ a_x = 0, a_y = -g . \end{cases}$$

Simplifing the above equalities, we have,

$$\begin{cases} x = v_0 t\cos\gamma, \\ y = v_0 t\sin\gamma - \frac{1}{2}gt^2. \end{cases}$$

Eliminate t in the two equations , and we get,

$$y = x\tan\gamma - \frac{g}{2v_0^2\cos^2\gamma}x^2 .$$

The above formula expresses the movement locus of stant cast movement.

As a Summary of the above, we get horizontal displacement that the snowboarder slide into the halfpipe and get to the vertical air in the first time as follows,

$$X = s_1 + x = \frac{-\frac{1}{2}mv^2\tan^2\theta\sin^2\theta + \frac{1}{2}v_1'^2\tan^2\theta + \frac{3\mu mgR\sin\beta}{1+4\mu^2}\tan^2\theta[1 + exp(-\pi\mu)]}{mg\tan g^2\theta\sin\alpha + mg\cos\beta - N\cos\beta - f\sin\beta}$$

$$+ v_0 t\cos\gamma. \qquad (18)$$

Suppose that the displacement the snowboarder first slides into the halfpipe and rise to the air in each time is X. Meanwhile, the times that the athletes rise to the air in the race is six in total, which means the total length of the six horizontal displacements should be bigger than the length of the halfpipe. , as follows,

$$L > 6X . \qquad (19)$$

Step three : Deep analysis of the above result

Substituting the standard parameters into fomular (19), We calculate 6X = 87. 1619m. In fact, the halfpipe is slope so that there is a highly divide between every slot point. Then gravity work makes slot kinetic energy increases, then the velocity out the halfpipe will increase inevitably, that is to say, the displacement will increase constantly along the edge of halfpipe. If highly divide of every slot point is constant, these displacements constitute a contiguous Numbers. The sum of the contiguous Numbers is the actual displacement length. Besides, the last buffer also has a displacement , so the minimum length of the halfpipe should add the horizontal displacement from the last into the halfpipe's point to the snowboarder's stopping point. However, the course's friction coefficient is a uncertain parameter . For the optimisation of the 6X, we add the variable μ, assign them with different values separately 0. 03, 0. 1, 0. 15and 0. 2. Through the sensitivity analysis to test the model's rationality.

An Optimized Model:

Step one : Variable illustration

the depth of standard halfpipe.

the standard halfpipe's length.

the ith halfpipe's depth.

the ith halfpipe's length.

the deviation ratio of the depth and length

Step two: The Foundation of Model

A practical course is influenced by the length, depth , inclination and width. If we disconsider the factor of snowboarder' sskill , we consider that the "vertical air" was influenced only by the halfpipe. By means of searching data , we get the halfpipe's parameters of the international competitions as follow,

Table 2. Some related data of the famous halfpipes in the domestic and international

Halfpipe	Vancouver	Turin	Mountain Jinlong	Yabuli	Standard site
β	18°	18°	18°	18°	18°
R	3.5m	3.5m	6m	3m	3.5m
H	120m	120m	165m	110m	120m
W	15m	15m	15 - 27m	15m	15m

By table 2, we can find out that no matter where the halfpipe is, the width and the inclination are both certain, which means that the influence from above can be ignored. Therefore, the differences of different halfpipes are based on the values of the depth and length. We apply Dd_i and Dl_i to represent the different rate of the width and depth . The rate can be expressed as follows,

$$Dd_i = \left|\frac{d - d_i}{d}\right|, Dl_i = \left|\frac{l - l_i}{l}\right|.$$

Then we can make a comparision about which rate is bigger. That is to illustrate the depth's influence is less than the length's influence. In order to express the different influences from the depth and length to the "vertical air", we define and to measure the factor's influence weights, that is :

$$h = \alpha_1 R + \alpha_2 L(\alpha_1 + \alpha_2 = 1). \quad (20)$$

Combine the formula (20) with the formula(7) ,we get

$$h = \frac{H - 2R\cos\alpha - 2L\sin\beta - \mu s - \frac{3\mu R\sin\beta}{1 + 4\mu^2}[1 + exp(-\mu\pi)]}{\cos\beta}.$$

Then we have,

$$\alpha_1 = \frac{H - 2R\cos\alpha - 2L\sin\beta - \mu s - \frac{3\mu R\sin\beta}{1 + 4\mu^2}[1 + exp(-\mu\pi)] - L\cos\beta}{(R - L)\cos\beta}. \quad (21)$$

$$\alpha_2 = 1 - \alpha_1.$$

In order to explore the weight α_1 and α_2, we collect some datas from the official website of the Vancouver and Torino Olympic Winter Games:

Table 3. Some related data of halfpipe's parameters

α	β	H	L	R	s	μ
40°	18°	77m	120m	3.5m	12.5m	0.1

We substitute the data from the Table 3 into formula (21) ,then get . Therefore, the depth R of the halfpipe has a bigger influence on the snowboarder's "vertical air" .

Step three: Analysis of the Data result

Substitute $\alpha_1 = 0.9669$ and the data from Table 3 into formula (16), and we have

$$h = \alpha_1 R + \alpha_2 L = 3.5 \times 0.9669 + 0.0331 \times 120 = 7.3540.$$

Then we get the result, that is ,h = 7.3540m. It is corresponding with the practical course, which meansis an reasonable value.

Besides we use the above model's data to check the error of the result, consequently we get the following table,

Table 4. the value of corresponding to the value of μ

μ	0.03	0.1	0.15	0.2
α_1	0.9569	0.9669	0.9735	0.9797

From Table 4, when μ is in a rational scope, the value of is stable basically. We draw the conclusion that our result is reasonable.

Conclusions:

Weaknesses

(1) In the article, we idealize the halfpipe to a semi - circle, which is distinguish. The pratical halfpipe's bottom should be a gentle arc, which is a half ellipse with dinky eccentricity. Such design is to prevent the occurance of accidences that the snowboarder rushes out the halfpipe.

(2) We identify the halfpipe's and the entry ramp's frictional coefficient as a same value. Actually, the frictional coefficient is different at different places, which can influence the "vertical air".

(3) In primary model, we just consider the snowboarder rushing out the halfpipe along a semi - circle. However, it's untruthfulness to the ski process. In the actual process, the snowboarder always has displacement along the direction of the edge.

(4) We check the model's result through the internet datas, which the reliability is not strong enough.

Advantage:

(1) In simply model, we abstract and simplify the snowboarder as a mass point, which make our studying object easier to describe and modeling.

(2) We exploit many theories, such as the Theoretical Mechanics and Contact Mechanic to analyze the snowboarde's skiing process.

(3) Each model is built based on the former one, which is a process of optimizing step by step.

Further Discussion:

(1) In Models, weconsider the course's frictioncoefficient as a definite value. However, it is a parameter with range of variation, that is (0.03, 2). Therefore, in order to study the factors influencing the "vertical air" better, we need to consider the course's friction coefficient. This is because the big the course's friction coefficient, the greater the friction work. Thus, according to the fomular (1), it will effect the snowboarder's initial velocity into the halfpipe. Besides, according to fomular (2)(3)(4), the snow-

boarder's "vertical air" h out of halfpipe will get lessened.

(2) In the article, we assume the halfpipe's section as a semi – circle. However, a pratical course must has a part of buffer to prevent the accidence. Thus the halfpipe should be consist of followings, a couple of quadrant with a minimum eccentricity ellipse in the bottom. Therefore, the path of the friction applying work should be changed. Once the friction's applying work change, the energy of the culminating point change as well. This result in the change of the "vertical air" and the displacement along the edge.

[**References**]

[1] I. D. Huntley, D. J. G. James. Mathematical Modeling, A Source book of Case Studies. Oxford University Press, 1990.

[2] D. J. Q. James, J. MeDonald. Case Studies in Mathematical Modeling. New York: Wiley, 1981.

[3] Jiang Qiyuan, Xie Jingxing, Ye Jun. Mathematical Modeling. Higher Education Press, 2003.

[4] Guoye Liang, Jianping Liao. Mathematical Modeling. Metallurgical Industry Press, 2004.

[5] Jie Chen. Matlab Bible. Publishing House of Electronics Industry, 2007.

[6] Yan Hongguang, Liu Ping, Guo Feng. Factors Influencing Velocity Away form Decks in Snowboard Half – pipe. Joumal of Shenyang Sport University, 2009(6): 1 – 3.

[7] Xu Shijun, Ren Xiaoling. Numeral Solution and Analytical Solution of Friction on Object Sliding down on Circular Orbit. Journal of Gansu Education College (Natural Sciences). 1999(7): 1 – 3.

[8] Qi Zhaohui. The Biomechanical Simulation of Skiing Movement. Dalian University of Technology, 2009.

[9] TheInternational Snowboard Competition Rules (ICR). 2009.

[10] Mi Bo, Sun Hongwei. Analysis of the Influencing Factors on the Half—pipe

Snowboarders' Performance. China Winter Sports. 2008.

[11] Sun Ningning, Gao Jun. Research of the Techn i ca l Character isti cs of Ha lf pipe Snowboarding. China Winter Sports, 2009.

[12] Chen Li, Qi Zhaohui. Skiingmechanics analysis based on a multi - rigid - body. Journal of dynamics control, 2004.

[13] http://sports.163.com/special/0005452P/2010vancouver.html.

[14] http://www.beijing2008.cn/spirit/pastgames/winterolympics/torino2006.

第七章 基于卫星无源探测的空间飞行器主动段轨道估计与误差分析

叶青梅 李细妹 黄 威①

摘 要:本文主要根据观测数据与建立数学模型推断出空间飞行器的轨道参数,对空间飞行器在中低轨近圆轨道主动段做出轨道估计与误差分析。

对于问题一,已知零时刻卫星在基础坐标系下的位置和速度 x,y,z,$\dot{x}$,$\dot{y}$,$\dot{z}$,以及观测卫星的简化运动方程(2) $\ddot{\vec{r}}(t)=\vec{F}_e=-\dfrac{G_m}{|\vec{r}(t)|^3}\vec{r}(t)$下,假设卫星的轨迹是以地心为圆心,以初始位移的模为半径的圆,则$|\vec{r}(t)|$是一个定值,再结合函数*ode*45,运用 Matlab 软件,可以得到 $t=50s$ 时,09 号观测卫星在地心坐标系的坐标为 $\vec{r}(50)=(1.77381\times10^6,8.161382\times10^6,4.51670\times10^6)$,同理可得 09 号观测卫星在 100.0s、150.0s、200.0s、250.0s 五个时刻的三维位置。

对于问题二,结合立体几何知识按照逐点交汇定位的思路,因为要由公式(1) $\ddot{\vec{r}}(t)=\vec{F}_e+\vec{F}_T=-\dfrac{G_m}{|\vec{r}(t)|^3}\vec{r}(t)+\vec{v}_r(t)\dfrac{m(\dot{t})}{mt}$ 估计空间飞行器的轨道,而此时公式(1)中的 $\vec{v}_r(t)$ 和 $m(t)$ 均是未知的,但由题目知$\vec{v}_r(t)$大小一般较为稳定,且

---

① 叶青梅(1989.06),女,广东河源人,东莞市厚街镇三屯小学教师,主要研究方向为学科教学(数学)专业;李细妹(1989.2),女,湖北咸宁人,广西师范学院教育硕士,主要研究方向为学科教学(数学);黄威(1990.01),男,广西桂林人,南宁市第三十四中教师,硕士,主要研究方向为应用数学。

根据文献[7]可赋予$\vec{v}_r(t)$一个定值。接着我们根据微分公式和能量守恒定理求出$m(t)$的表达式，于是结合α、β的表达式，求出$\vec{x}(t)$、$\vec{y}(t)$、$\vec{z}(t)$的表达式，即空间飞行器的轨道。然后由于给出的数据缺少从50.0s到170.0s的整点，因此我们根据已知数据进行拟合，求出题中要求的整点的α、β。再结合观测坐标系到地心坐标系的转换矩阵，求出0号空间飞行器在各个采样点的位置和速度及残差。

对于问题三，我们将系统误差分成了当这个坐标系分别绕轴、轴、轴旋转微小角度时，导致的三轴指向误差。此时是根据坐标系间的方向余弦矩阵求出旋转后的α、β，再与原α、β做比较得出误差，对于06号观测卫星，有d(α)=5.22342×10－4，d(α)=8.98458×10－4，d(θ)=4.90667×10－4，对于09号观测卫星，有d(α)=7.36273×10－4，d(β)=2.38532×10－4，d(θ)=3.32229×10－4。

关键词：简化运动方程；轨道；位置；速度；系统误差

一、基本问题

基于卫星无源探测的空间飞行器主动段轨道，是通过红外光学探测器接收红外辐射信息，推断出空间飞行器的轨道参数(包括轨道位置、速度初值和其他模型参数)，此时则需用观测数据建立数学模型与计算方法得出。

本题以中低轨近圆轨道卫星为观测星座对假想的空间飞行器进行仿真观测，生成仿真观测数据，要求利用仿真观测数据，对假想空间飞行器的轨道参数进行估计。问题如下：

在仅考虑随机误差的条件下，我们需要研究下列问题：

(1)观测卫星在任意时刻的位置计算是估计的前提，根据satinfo.txt和观测卫星的简化运动方程$\ddot{\vec{r}}(t)=\vec{F}_e=-\dfrac{G_m}{|\vec{r}(t)|^3}\vec{r}(t)$，计算09号观测卫星在50.0s、100.0s、150.0s、200.0s、250.0s五个时刻的三维位置。结果保留6位有效数字。

(2)在给定的仿真数据下，06号和09号观测卫星对0号空间飞行器形成了立体交叠观测，结合立体几何知识按照逐点交汇定位的思路，给出0号空间飞行器在公式$\ddot{\vec{r}}(t)=\vec{F}_e+\vec{F}_T=-\dfrac{G_m}{|\vec{r}(t)|^3}\vec{r}(t)+\vec{v}_r(t)\dfrac{m(\dot{t})}{mt}$框架下的轨道估计，选取适当

的$\vec{v}_r(t)$和$m(t)$的表示模型。再从50.0s到170.0s间隔10.0s进行采样，计算并列表给出0号空间飞行器在各个采样点的位置和速度，并给出估计残差。结果保留6位有效数字。同时绘制0号空间飞行器的三个位置$t-x$、$t-y$、$t-z$和三个速度$t-vx$、$t-vy$、$t-vz$的曲线示意图。

在同时考虑系统误差的条件下，进一步研究下列问题：

若06和09号两颗观测卫星均有可能带有一定的系统误差，对系统误差进行正确的估计能够有效提高精度。利用上述的逐点交汇方法能否同时对系统误差进行估计？若不能，是否还有其他的思路能够同时估计系统误差与轨道？给出解决方案与估计结果。在报告中除给出与第二问要求相同的结果外，还应分别给出两颗观测卫星的系统误差估计结果，共六个数值，分别是两颗卫星的d_α、d_β、d_θ。

二、基本假设

(1)地球是一个理想的球体，质量均匀；

(2)卫星被视为点质量物体；

(3)卫星仅仅受地球引力场的作用，忽略太阳、月球和其他行星的引力作用；

(4)卫星轨道可以看成是以地球中心为圆心的某个平面上的圆周，卫星在该轨道上用地球引力作为向心力围绕地球做平面匀速圆周运动；

(5)假设产生影响的各个因素互相独立。

三、变量说明

$\vec{r}(t)$：空间飞行器在直角坐标系下的位置矢量。

$\ddot{\vec{r}}(t)$：对时间的二阶导数，也就是加速度。

$m(t)$：空间飞行器的瞬时质量。

$\dot{m}(t)$：质量变化率。

G_m：地球引力常数。

M：地球质量。

$\vec{v}_r(t)$：燃料相对于火箭尾部喷口的喷射速度。

$v(t)$：t 时刻卫星的速度。

α：观测坐标系下 y_s 与 x_s 的比值，记 $\alpha = \frac{y_s}{x_s}$。

β：观测坐标系下 z_s 与 x_s 的比值，记 $\beta = \frac{z_s}{x_s}$。

四、模型建立与分析

本文以中低轨接近于圆轨道的卫星作为观测星座对假想的空间飞行器进行仿真观测，利用仿真观测的数据对空间飞行器的轨道参数进行估计。

(1)问题一模型的建立与求解

据题意，可做出两种模型假设：

由题设知卫星的轨迹是以地心为圆心，以初始位移的模为半径的圆，即卫星轨迹的半径 $|\vec{r}(t)| = |\vec{r}(0)|$。

卫星处于惯性飞行段，绕地心做圆周运动，故其位移与速度均可看成关于时间的连续函数。

据此，根据观测卫星的简化运动方程

$$\ddot{\vec{r}}(t) = \vec{F}_e = -\frac{G_m}{|\vec{r}(t)|^3}\vec{r}(t)$$

及其在给定基础坐标系下的位置和速度初值情况，结合函数即可求得观测卫星在所求时刻的位置。具体过程如下：

$$\begin{aligned}\ddot{\vec{r}}(t) &= (\ddot{\vec{x}}(t), \ddot{\vec{y}}(t), \ddot{\vec{z}}(t)) \\ &= -\frac{G_m}{|\vec{r}(t)|^3}\vec{r}(t) \\ &= -\frac{G_m}{|\vec{r}(t)|^3}(\vec{x}(t), \vec{y}(t), \vec{z}(t)),\end{aligned}$$

展开得

$$\begin{cases}\ddot{\vec{x}}(t)=-\dfrac{G_m}{|\vec{r}(t)|^3}\vec{x}(t),\\ \ddot{\vec{y}}(t)=-\dfrac{G_m}{|\vec{r}(t)|^3}\vec{y}(t),\\ \ddot{\vec{z}}(t)=-\dfrac{G_m}{|\vec{r}(t)|^3}\vec{z}(t),\\ \vec{r}(0)=(2043922.166765,8186504.631471,4343461.714791),\\ \dot{\vec{r}}(0)=(-5379.544693,-407.095342,3516.052656)。\end{cases}$$

利用函数 *ode*45 求解过程如下图 7－1、图 7－2 和图 7－3：

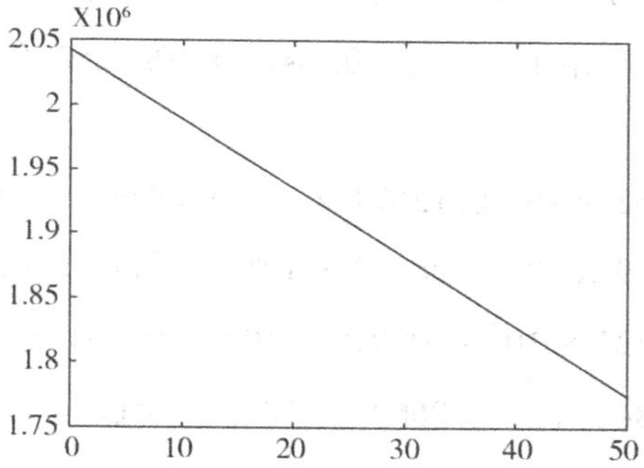

图 7－1　0—50 卫星 $\vec{x}(t)$ 变化图像

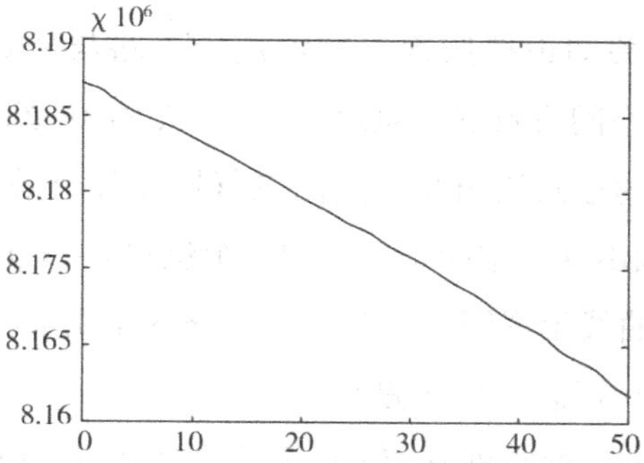

图 7－2　0－50 卫星 $\vec{y}(t)$ 变化图像

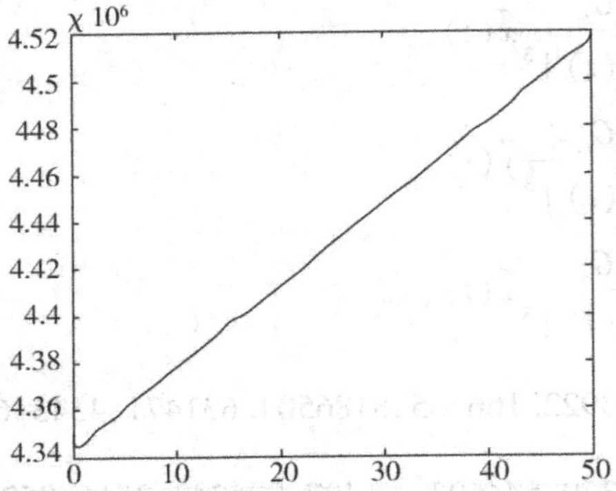

图 7－3　0－50 卫星 $\vec{z}(t)$ 变化图像

由上可得，$t=50s$ 时，$\vec{r}(50)=(1.77381\times10^6, 8.161382\times10^6, 4.51670\times10^6)$。

同理，09 号观测卫星在 100.0s、150.0s、200.0s、250.0s 时刻的三维位置分别是：

$\vec{r}(100)=(1.50162\times10^6, 8.12674\times10^6, 4.68467\times10^6)$，

$\vec{r}(150)=(1.22769\times10^6, 8.08263\times10^6, 4.84718\times10^6)$，

$\vec{r}(200)=(0.952321\times10^6, 8.02910\times10^6, 5.00404\times10^6)$，

$\vec{r}(250)=(0.675844\times10^6, 796621\times10^6, 5.15506\times10^6)$。

(2)问题二模型的建立与求解

本题在给出的 06 和 09 号观测卫星对 0 号空间飞行器的仿真观测得出数据如下，结合立体几何的相关知识按照逐点交汇定位思路与公式(1)，先选取适当的 $\vec{v}_r(t)$ 和 $m(t)$ 表示 0 号空间飞行器的轨道估计，再从 50.0s 到 170.0s 间隔 10.0s 进行采样，计算并以列表的形式给出 0 号空间飞行器在各个采样点的位置和速度以及估计残差。最后绘制出 0 号空间飞行器的三个位置 $t-x$、$t-y$、$t-z$ 和三个速度 $t-vx$、$t-vy$、$t-vz$ 的曲线示意图。因此我们需分下面几步进行求解：

为了让问题更简单，可以有如下假设：

火箭在喷气推动下是做直线运动的，火箭所受的重力和空气阻力可以忽略不计；

在 t 时刻火箭的质量为 $m(t)$，速度为 $v(t)$，而且都是时间 t 的连续可微函数；

从火箭末端喷出的气体相对于火箭本身的速度 $\vec{v}_r(t)$ 是常数，也就是气体相对

于地球的速度是 $v(t)-\vec{v}_r(t)$。

由于火箭在运动过程中不断喷出气体，使其质量不断减少，在 $[t,t+\Delta t]$ 内的减少量可由微分公式表示为

$$\begin{cases} m(t+\Delta t)-m(t)=\dfrac{dm}{dt}\cdot\Delta t+o(\Delta t), \\ v(t+\Delta t)-v(t)=\dfrac{dv}{dt}\cdot\Delta t+o(\Delta t), \end{cases}$$ 即

$$\begin{cases} m(t+\Delta t)=m(t)+\dfrac{dm}{dt}\cdot\Delta t+o(\Delta t), \\ v(t+\Delta t)=v(t)+\dfrac{dm}{dt}\cdot\Delta t+o(\Delta t)。 \end{cases}$$

所以 $m(t+\Delta t)v(t+\Delta t)=[m(t)+\dfrac{dm}{dt}\cdot\Delta t][v(t)+\dfrac{dv}{dt}\cdot\Delta t+o(\Delta t)]$

$$=m(t)v(t)+m(t)\frac{dv}{dt}\Delta t+v(t)\frac{dm}{dt}\Delta t+o(\Delta t),$$

又因为喷出气体相对地球的速度为 $v(t)-\vec{v}(t)$，故由动量守恒定律有

$$m(t)v(t)=m(t+\Delta t)v(t+\Delta t)-[\frac{dm}{dt}\Delta t+o(\Delta t)][v(t)-v_r(t)],$$

即 $m(t+\Delta t)v(t+\Delta t)=m(t)v(t)+[\dfrac{dm}{dt}\Delta t+o(\Delta t)][v(t)-v_r(t)]$

$$=m(t)v(t)+v(t)\frac{dm}{dt}\Delta t-v_r(t)\frac{dm}{dt}\Delta t+o(\Delta t),$$

从而，由 $m(t+\Delta t)v(t+\Delta t)=m(t)v(t)+m(t)\dfrac{dm}{dt}\Delta t+v(t)\dfrac{dm}{dt}\Delta t+o(\Delta t)$

$$m(t+\Delta t)v(t+\Delta t)=m(t)v(t)+v(t)\frac{dm}{dt}\Delta t+v_r(t)\frac{dm}{dt}\Delta t+o(\Delta t)$$

得 $\begin{cases} m\dfrac{dv}{dt}=-v_r(t)\dfrac{dm}{dt}, \\ v(0)=v_0,m(0)=m_0, \end{cases}\Rightarrow\begin{cases} \dfrac{dv}{dm}=-\dfrac{v_r(t)}{m}, \\ v(0)=v_0,m(0)=m_0。 \end{cases}$

则 $v(t)=v_0+v_r(t)ln\dfrac{m_0}{m(t)}$，即 $m(t)=\dfrac{m_0}{e^{\dot{r}(t)-v_0}}$。

在目前技术条件下不妨设相对火箭的喷气速度 $v_r(t)=3\times10^3m/s$。

由材料提供的公式(1)有

$$\begin{cases}\ddot{\vec{r}}(t) = -\dfrac{G_m}{|\vec{r}(t)|^3}\vec{r}(t) + \vec{v}_r(t)\dfrac{\dot{m}(t)}{m(t)},\\ m(t) = \dfrac{m_0}{e^{\frac{\dot{\vec{r}}(t)-v_0}{v_r(t)}}},\\ \dot{m}(t) = \dfrac{m_0 - m(t)}{t},\\ \vec{v}_r(t) = -v_r(t)\cdot\dfrac{\vec{r}(t)}{|\vec{r}(t)|},\\ v_r(t) = 3\times10^3, v_0 = 0, G_m = 3.986005\times10^{14}。\end{cases}$$

$$\Rightarrow \ddot{\vec{r}}(t) = -\frac{G_m}{|\vec{r}(t)|^3}\vec{r}(t) - v_r(t)\cdot\frac{\vec{r}(t)}{|\vec{r}(t)|}\frac{\dot{m}(t)}{m(t)}$$

$$= -\frac{G_m}{|\vec{r}(t)|^3}\vec{r}(t) - v_r(t)\cdot\frac{\vec{r}(t)}{|\vec{r}(t)|}\cdot\frac{\dfrac{m_0 - e^{\frac{\dot{\vec{r}}(t)-v_0}{v_r(t)}}}{t}}{e^{\frac{\dot{\vec{r}}(t)-v_0}{v_r(t)}}}$$

$$= -\frac{G_m}{|\vec{r}(t)|^3}\vec{r}(t) - v_r(t)\cdot\frac{\vec{r}(t)}{|\vec{r}(t)|}\cdot\frac{e^{\frac{\dot{\vec{r}}(t)}{v_r(t)}}\left(1 - e^{\frac{\dot{\vec{r}}(t)}{v_r(t)}}\right)}{t},$$

所以，$\begin{cases}t\cdot|\vec{r}(t)|^3\ddot{\vec{r}}(t) + G_m\cdot t\cdot\vec{r}(t) + v_r(t)\cdot|\vec{r}(t)|^2,\\ \cdot e^{\frac{\dot{\vec{r}}(t)-v_0}{v_r(t)}}\left(1 - e^{\frac{\dot{\vec{r}}(t)-v_0}{v_r(t)}}\right)\cdot\vec{r}(t) = 0\\ v_r(t) = 3\times10^3, G_m = 3.986005\times10^{14}。\end{cases}$

又因为 $\alpha = \dfrac{y_s}{x_s}, \beta = \dfrac{z_s}{x_s}$，即 $y_s(t) = \alpha\cdot x_s(t), z_s(t) = \beta\cdot x_s(t)$，则

$$\vec{r}(t) = (\vec{x}(t), \alpha\cdot\vec{x}(t), \beta\cdot\vec{x}(t))。$$

由于 meadata_i_j. txt 文件缺少从 50. 0s 到 170. 0s 的整点，因此我们根据已知数据进行拟合，得出表 7 - 1 ~7 - 4 的数据：

表 7-1 06 对 00 从 50.0s 到 170.0s 的间隔 10.0s 整点的 α

t	50s	60s	70s	80s	90s
α	0.07431306225	0.08328343896	0.09174137289	0.09968686404	0.10711991241
t	100s	110s	120s	130s	140s
α	0.11404051800	0.12044868081	0.12634440084	0.13172767809	0.13659851256
t	150s	160s	170s		
α	0.14095690425	0.14480285316	0.14813635929		

表 7-2 06 对 00 从 50.0s 到 170.0s 的间隔 10.0s 整点的 β

t	50s	60s	70s	80s	90s
β	0.06402328450	0.07202406892	0.07933054178	0.08594270308	0.09186055282
t	100s	110s	120s	130s	140s
β	0.09708409100	0.10161331762	0.10544823268	0.10858883618	0.11103512812
t	150s	160s	170 s		
β	0.11278710850	0.11384477732	0.11420813458		

表 7-3 09 对 00 从 50.0s 到 170.0s 的间隔 10.0s 整点的 α

t	50s	60s	70s	80s	90s
α	-0.62757275100	-0.62244198348	-0.61806148072	-0.61443124272	-0.61155126948
t	100s	110s	120s	130s	140s
α	-0.60942156100	-0.60804211728	-0.60741293832	-0.60753402412	-0.60840537468
t	150s	160s	170 s		
α	-0.61002699000	-0.61239887008	-0.61552101492		

表 7-4 09 对 00 从 50.0s 到 170.0s 的间隔 10.0s 整点的 β

t	50s	60s	70s	80s	90s
β	0.46238603875	0.47060603060	0.47849381915	0.48604940440	0.49327278635
t	100s	110s	120s	130s	140s
β	0.50016396500	0.50672294035	0.51294971240	0.51884428115	0.52440664660
t	150s	160s	170 s		
β	0.52963680875	0.53453476760	0.53910052315		

假设卫星 P_1 和 P_2，M 为空间飞行器，两卫星连线称为基线 $\vec{P_1P_2}$，简记为 $\vec{l}$，基线长度为 l。视线为由卫星中心指向观测对象的矢量，卫星 P_1 指向目标的视线记为 P_1M，简记作 $\vec{l_1}$，其矢量长度为 l_1；卫星 P_2 指向目标的视线记为 P_2M，简记作 $\vec{l_2}$，其矢量长度为 l_2。视线 l_1 和 l_2 的夹角 θ，称为双星交汇角。三角形视线 l_1 与 l_2 基线的夹角 β_1，称为双星视角。其空间几何关系见下图 7－4：

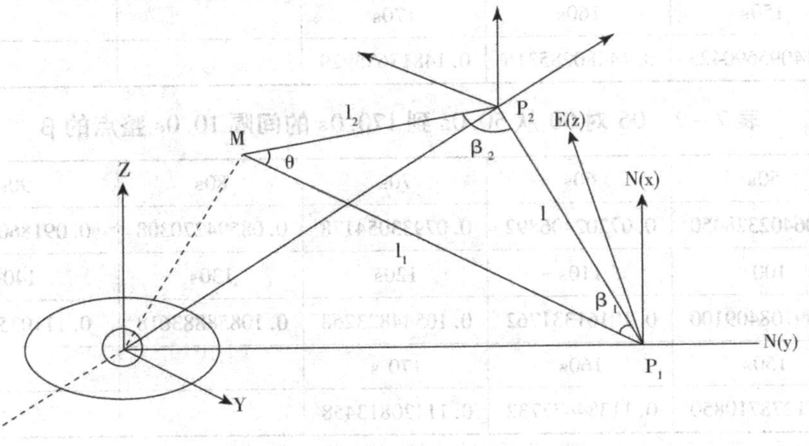

图 7－4　双星定位坐标分析

根据参考文献[2]，我们可以得到观测坐标系到地心坐标系的转换矩阵，即设以 P_1 为中心的 UEN 坐标系 $P_1-X_NY_UZ_E$ 和地心坐标系 O－XYZ，则先将 UEN 坐标系 $P_1-X_NY_UZ_E$ 平移到地心坐标系 O－XYZ 并使两坐标系的原点重合。如图7－5。

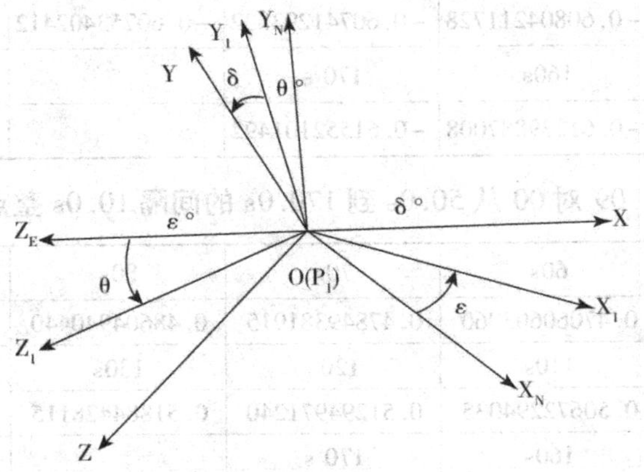

图 7－5　UEN 坐标系和地心坐标系的旋转分析

①第一次旋转

将平移后的 $P_1 - X_N Y_U Z_E$ 坐标系绕坐标轴 $P_1 Z_E$ 逆时针(从 $P_1 Z_E$ 轴正方向看)以角速度 θ 旋转 θ 角得坐标系 $O - X_1 Y_1 Z_E$。为叙述方便,下面将用"$O - X_N Y_U Z_E \to O - X_1 Y_1 Z_E$"表示,如图7.2所示。这样,如果空间任一点在坐标系 $O - X_N Y_U Z_E$ 和 $O - X_1 Y_1 Z_E$ 各轴上的投影分别为(x_s, y_s, z_s)即(x_1, y_1, z_s),那么由图7-5可以写出该点在这两坐标系中坐标间的方向余弦为

$$\begin{pmatrix} x_1 \\ y_1 \\ z_s \end{pmatrix} = M_1(\theta)\begin{pmatrix} x_s \\ y_s \\ z_s \end{pmatrix},\text{其中},M_1(\theta) = \begin{pmatrix} cos\theta & sin\theta & 0 \\ -sin\theta & cos\theta & 0 \\ 0 & 0 & 1 \end{pmatrix}。$$

②第二次坐标旋转

将坐标系 $O - X_1 Y_1 Z_E$ 绕 OY_1 轴逆时针以角速度 δ 旋转 δ 得到新坐标系 $O - X_1 Y_1 Z_1$(即 $O - X_1 Y_1 Z_E \to O - X_1 Y_1 Z_1$)。此时若任一点在 $O - XY_1 Z_1$,则由图7-5可得上述两坐标系间的方向余弦矩阵式为

$$\begin{pmatrix} x \\ y_1 \\ z_1 \end{pmatrix} = M_1(\delta)\begin{pmatrix} x_1 \\ y_1 \\ z_s \end{pmatrix},\text{其中},M_1(\delta) = \begin{pmatrix} cos\delta & 0 & -sin\delta \\ 0 & 1 & 0 \\ sin\delta & 0 & cos\delta \end{pmatrix}。$$

③第3次旋转

将坐标系 $O - XY_1 Z_1$ 绕 OX 轴逆时针以角速度 ε' 旋转 ε 角,使 OY_1 轴与 OY 轴重合,OZ_1 轴与 OZ 轴重合,即可得坐标系 $O - XYZ$(即 $O - XY_1 Z_1 \to O - XYZ$)。这样,若任一点在坐标系 $O - XYZ$ 中的坐标为(x, y, z),则由图7-5可得两坐标系间的方向余弦矩阵关系式为

$$\begin{pmatrix} x \\ y \\ z \end{pmatrix} = M_1(\varepsilon)\begin{pmatrix} x \\ y_1 \\ z_s \end{pmatrix},\text{其中},M_1(\delta) = \begin{pmatrix} 1 & 0 & 0 \\ 0 & cos\varepsilon & 0 \\ 0 & -sin\varepsilon & cos\varepsilon \end{pmatrix}。$$

根据初等变换矩阵关系,很容易得出 $O - XYZ$ 坐标系与 $O - X_N Y_U Z_E$ 坐标系间的方向余弦矩阵关系 $M = M_1(\theta) M_1(\delta) M_1(\varepsilon)$。

因方向余弦转换矩阵 M 为正交矩阵,其转置矩阵等于逆矩阵,即 $M^T = M^{-1}$,故

$$M^T = M_1(\theta)M_1(\delta)M_1(\varepsilon)。$$

$$即\ M^T = \begin{pmatrix} cos\varepsilon cos\delta & -sin\varepsilon sin\delta sin\theta & cos\varepsilon sin\delta cos\theta + sin\varepsilon sin\theta \\ sin\varepsilon cos\delta & sin\varepsilon sin\delta sin\theta + cos\varepsilon cos\theta & sin\varepsilon sin\delta cos\theta - cos\varepsilon sin\theta \\ -sin\delta & cos\delta sin\theta & cos\delta cos\theta \end{pmatrix}。$$

上式即为用欧拉角 ε、δ、θ 表示的 UEN 坐标系 $P_1 - X_N Y_U Z_E$ 和地心坐标系 O - XYZ 间方向余弦矩阵。

在主动段有控制的情况下，欧拉角 ε、δ、θ 均很小，可以认为 $sin\varepsilon \approx \varepsilon, sin\delta \approx \delta$, $sin\theta \approx \theta, cos\varepsilon \approx cos\delta \approx cos\theta \approx 1$，故

$$M^T \approx \begin{pmatrix} 1 & -\varepsilon + \delta\theta & \delta + \varepsilon\theta \\ \varepsilon & \varepsilon\delta\theta + 1 & \varepsilon\delta - \theta \\ -\delta & \theta & 1 \end{pmatrix}$$

模型结果见：

表 7－5　空间飞行器在各个采样点的位置

时间(s)	$X \times 10^6$	$Y \times 10^6$	$Z \times 10^6$
50.0	-2.41706	5.31465	-3.82088
60.0	2.35451	5.33409	-4.18735
70.0	-2.29748	5.35383	-4.47210
80.0	-2.24115	5.37575	-4.74065
90.0	-2.18713	5.39902	-4.97303
100.0	-2.13561	5.42375	-5.16514
110.0	-2.08679	5.44970	-5.31744
120.0	-2.04084	5.47704	-5.42454
130.0	-1.99805	5.50557	5.48571
140.0	-1.95858	5.53536	-5.49689
150.0	-1.92275	5.56641	-5.45448
160.0	-2.26667	5.60413	-4.13336
170.0	-2.32036	5.62987	7.7106

表 7－6　空间飞行器在各个采样点的速度

时间(s)	$v_x \times 10^3$	$v_y \times 10^3$	$v_x \times 10^2$
50.0	2.40899	－5.29692	3.80813
60.0	2.89291	－6.36096	4.57310
70.0	3.37800	－7.42757	5.33992
80.0	3.86444	－8.49717	6.10889
90.0	4.35246	－9.57022	6.88035
100.0	4.84225	－10.6472	7.65461
110.0	5.33403	－11.7285	8.43201
120.0	5.82801	－12.8147	9.21289
130.0	6.32441	－13.9062	9.99760
140.0	6.82346	－15.0035	10.7865
150.0	7.32540	－16.1071	11.5800
160.0	7.83046	17.2177	12.3784
17.0	8.33889	－18.3356	13.1821

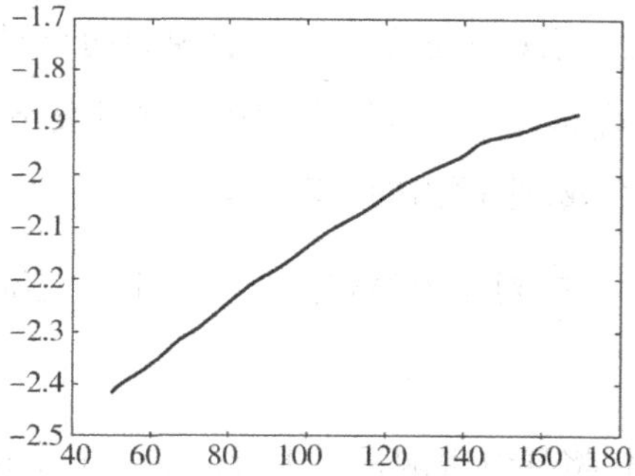

图 7－6　0 号空间飞行器的 t－x 图

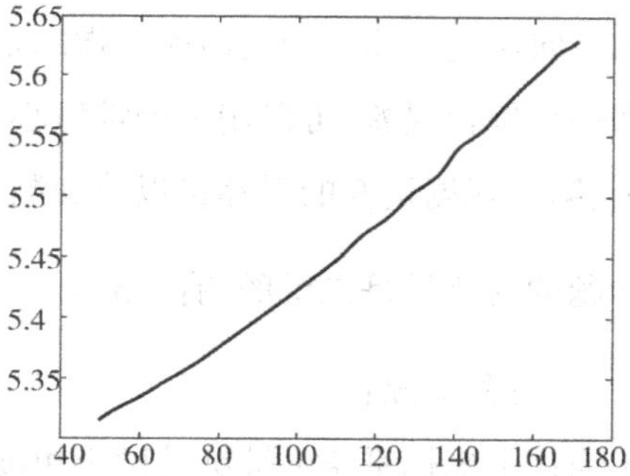

图 7－7　0 号空间飞行器的 t－y 图

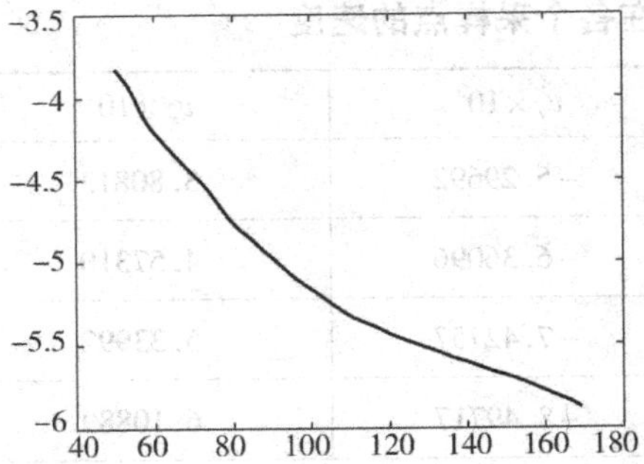

图 7-8　0 号空间飞行器的 t-z 图

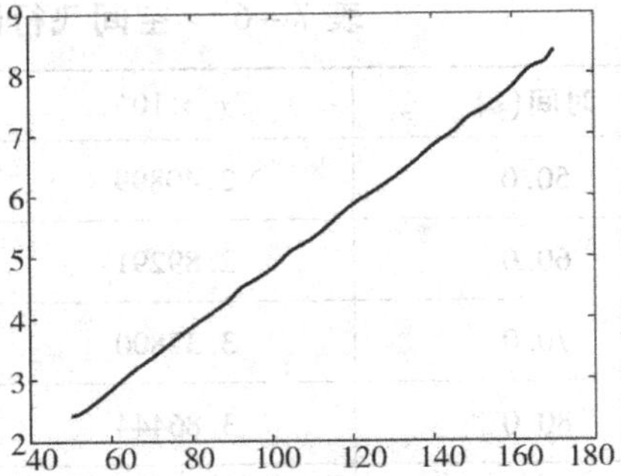

图 7-9　0 号空间飞行器的 t-vx 图

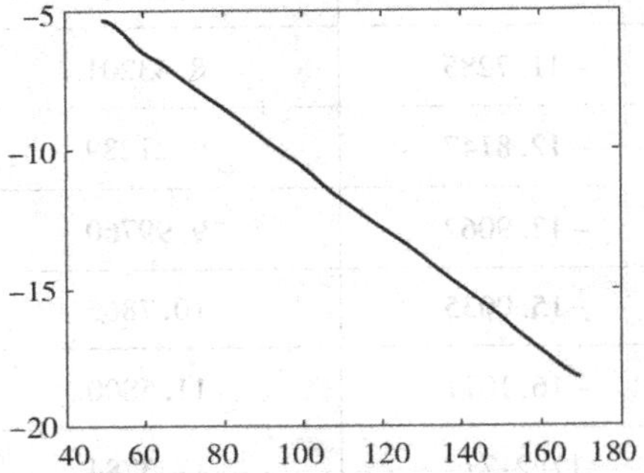

图 7-10　0 号空间飞行器的 t-vy 图

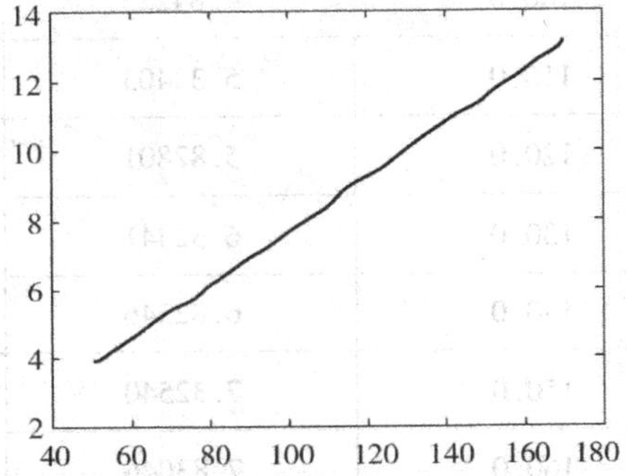

图 7-11　0 号空间飞行器的 t-vz 图

(3)问题三的模型建立与求解

若要估计 06 号和 09 号两颗观测卫星的系统误差，由题意知，本小题只需要考虑三轴指向误差。而三轴指向误差指的是在二维观测数据平面上表现为两个平移误差和一个旋转误差，可以用三个常值小量 d_α、d_β、d_θ 来分别表示第一观测量 α 的平移量、第二观测量 β 的平移量以及观测量在 $\alpha\beta$ 平面内的旋转量。

本题的观测量是二维的，有$\frac{y}{x}\alpha = \frac{y}{x}, \beta = \frac{z}{x}$对于卫星观测坐标系下的三维坐标而言，有三种情况：

①当这个坐标系绕 y 轴旋转微小角度时，将导致观测量产生近似的上下平移；

②当这个坐标系绕 z 轴旋转微小角度时，将导致观测量产生近似的左右平移；

③当这个坐标系绕 x 轴旋转微小角度时，将导致观测量产生绕二维观测量平面原点的旋转。

由上面的三种情况，可以把三轴指向的误差，近似地看成是二维观测量平面内的平移和旋转。可分为以下讨论：

设空间飞行器在未旋转前坐标系的坐标为(x,y,z)，第 i 种旋转情况下的坐标为(x_i,y_i,z_i)，二维观测量为 α_i、β_i。

(1)当这个坐标系统绕 Y 轴旋转微小角度时，即 X 轴旋转角度由 ε 到 X，Z 轴旋转角度由 ε 到 Z，如下图：

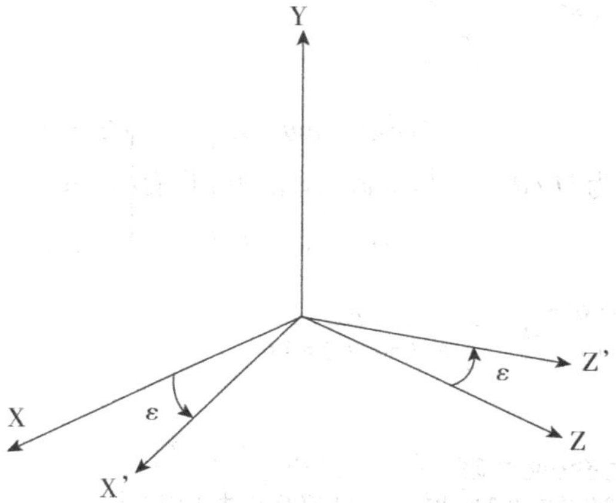

此时方向余弦矩阵为 $M_2(\varepsilon)=\begin{pmatrix}\cos\varepsilon & 0 & -\sin\varepsilon\\ 0 & 1 & 0\\ \sin\varepsilon & 0 & \cos\varepsilon\end{pmatrix}$，即有 $\begin{cases}x_1=x\cos\varepsilon-z\sin\varepsilon,\\ y_1=y,\\ z_1=x\sin\varepsilon+z\cos\varepsilon。\end{cases}$

此时 $\alpha_1=\dfrac{y}{x\cos\varepsilon-z\sin\varepsilon}$，$\beta_1=\dfrac{x\sin\varepsilon+z\cos\varepsilon}{x\cos\varepsilon-z\sin\varepsilon}$。

所以，

$$\alpha-\alpha_1=\frac{y}{x}-\frac{y}{x\cos\varepsilon-z\sin\varepsilon}=y\frac{x(\cos\varepsilon-1)-z\sin\varepsilon}{x(x\cos\varepsilon-z\sin\varepsilon)},$$

$$\beta-\beta_1=\frac{z}{x}-\frac{x\sin\varepsilon+z\cos\varepsilon}{x\cos\varepsilon-z\sin\varepsilon}=\frac{-\sin\varepsilon(x^2+z^2)}{x(x\cos\varepsilon-z\sin\varepsilon)}。$$

(2)当这个坐标系统绕 Z 轴旋转微小角度时，即 X 轴旋转角度由 θ 到 X'，Y 轴旋转角度由 θ 到 Y'，如下图：

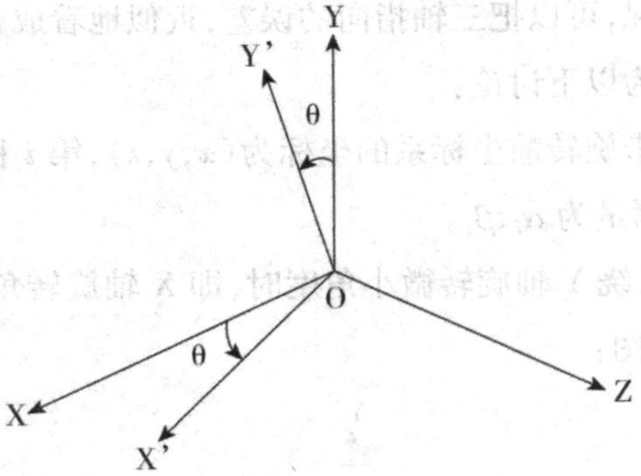

此时方向余弦矩阵为 $M_2(\theta)=\begin{pmatrix}\cos\theta & \sin\theta & 0,\\ -\sin\theta & \cos\theta & 0\\ 0 & 0 & 1\end{pmatrix}$,即有 $\begin{cases}x_2=x\cos\theta+y\sin\theta,\\ y_2=-x\sin\theta+y\cos\theta,\\ z_2=z。\end{cases}$ 此时

$\alpha_2=\dfrac{-x\sin\theta+y\cos\theta}{x\cos\theta+y\sin\theta},\beta_2=\dfrac{z}{x\cos\theta+y\sin\theta}$。

所以,

$$\alpha-\alpha_2=\frac{y}{x}-\frac{-x\sin\theta+y\cos\theta}{x\cos\theta+y\sin\theta}=\frac{\sin(x^2+y^2)}{x(x\cos\theta+y\sin\theta)},$$

$$\beta-\beta_2=\frac{z}{x}+\frac{z}{x\cos\theta+y\sin\theta}=z\frac{x(\cos\theta-1)+y\sin\theta}{x(x\cos\theta+y\sin\theta)}。$$

(3) 当这个坐标系绕 X 轴旋转微小角度时,即 Y 轴旋转角度由 φ 到 Y',Z 轴旋转角度由 φ 到 Z',如下图:

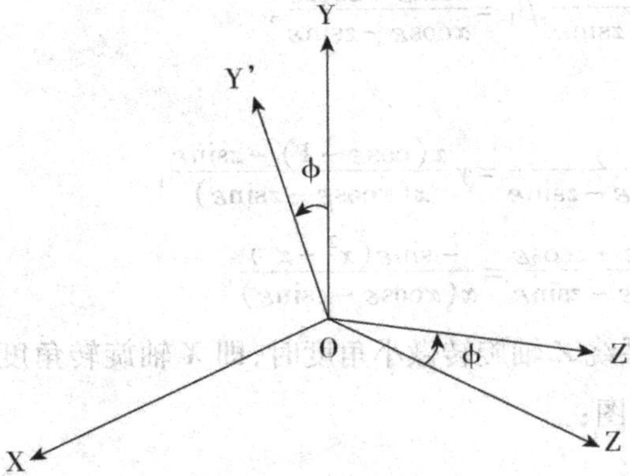

此时方向余弦矩阵为$M_2(\varphi)=\begin{pmatrix}1 & 0 & 0\\ 0 & \cos\varphi & 0\\ 0 & -\sin\varphi & \cos\varphi\end{pmatrix}$,即有$\begin{cases}x_3=x,\\ y_3=y\cos\varphi,\\ z_3=-y\sin\varphi+z\cos\varphi。\end{cases}$此时

$\alpha_3=\dfrac{y\cos\varphi}{x},\beta_3=\dfrac{-y\sin\varphi+z\cos\varphi}{x}$。

所以,

$$\alpha-\alpha_3=\frac{y}{x}-\frac{y\cos\varphi}{x}=\frac{y}{x}(1-\cos\varphi),$$

$$\beta-\beta_3=\frac{z}{x}-\frac{-y\sin\varphi+z\cos\varphi}{x}=\frac{z(1-\cos\varphi)+y\sin\varphi}{x}。$$

(4)模型求解

对于06号观测卫星,有

$d(\alpha)=5.22342\times10-4,d(\beta)=8.98458\times10-4,d(\theta)=4.90667\times10-4$

对于09号观测卫星,有

$d(\alpha)=7.36273\times10-4,d(\beta)=2.38532\times10-4,d(\theta)=3.32229\times10-4$

五、模型评价

(1)模型的优点

结合几何图形分析坐标的变换,形象直观。

对各种影响因素进行了较合理的取舍与处理,符合理论与现实的需要。

(2)模型的缺点

在建立模型二的时候,没有考虑随机误差与白噪音,误差较大。

建立模型三只估计出系统误差。

【参考文献】

[1]王志刚,施志佳.远程火箭与卫星轨道力学基础[M].西北工业大学出版社,2006.

[2]张毅,肖龙旭,王顺宏.弹道导弹弹道学[M].国防科技大学出版社,2005.

[3]中国人民解放军总装备部军事训练教材编辑工作委员会.外弹道测量数

据处理[M].国防工业出版社,2002.

[4]王正明,易东云.测量数据建模与参数估计[M].国防科技大学出版社,1996.

[5]科普托夫.弹道式导弹设计和试验[M].国防工业出版社.

[6]周红进,许江宁,李方能.GPS卫星位置计算及精度鉴定方法研究[J].计算机测量与控制,2005,13(11).

[7]闻关东,三级火箭发射卫星模型.http://wenku.baidu.com/view/ac764dd176eeaead1f33088.html,2012.9.23.

[8]袁伟,金学军.双星定位的三参数方法及其精度分析[J].中国空间科学技术,2003,10(5).

[9]秦瑞锋,由变质量运动方程到火箭的运动方程.http://wenku.baidu.com/view/ab8132c6bb4cf7ec4afed0b0.html,2012.9.23.

(本文荣获第九届“华为杯”全国研究生数学建模竞赛三等奖)

第八章 玉米营养品质的快速鉴定

叶青梅 黄 威 李细妹①

摘 要:本文主要采用了聚类分析、偏最小二乘回归分析以及小波分析等方法对玉米营养品质的快速鉴定进行了深入探讨。本文先用 SPSS20.0 软件对玉米粉的光谱响应数据和蛋白质的生化检测值进行作图分析,得出玉米粉的光谱响应数据在波长为 4130~6910cm-1 段差异较大,且蛋白质的含量也有差异。

对于问题 1,本文先用 Matlab 将前 100 个样品按照 3:1 的比例随机分成样品集 1(N=75)和样品集 2(N=25),其中样品集 1 用于定标,样品集 2 用于外部验证,再将所有样品合并组成全集 3(N=100),再次定标。用聚类分析将样品集 1 的 390 个波长归结为 7 类,最终选定波长分别为 9010、7160、7110、5290、5180、4550、4040 时得到的光谱响应数据为 7 个自变量。因变量为蛋白质的生化检测值,根据偏最小二乘回归分析模型建立自变量与因变量的关系式:

$y=10.8+62.169x_1-268.911x_3+135.993x_4+41.309x_5-20.8x_6+11.391x_7$。

最后进行交互验证和外部验证,结果较为理想。

对于问题 2,在问题 1 的基础上考虑到异常数据和噪声的影响,首先用 EXCEL 剔除用于定标的样品集中的异常数据,并应用改进型格拉布斯准则法进行剔除。

① 黄威,男,广西桂林人,南宁市第三十四中教师,硕士,主要研究方向为应用数学;李细妹,女,湖北咸宁人,广西师范学院教育硕士,主要研究为学科教学(数学);叶青梅,女,广东河源人,东莞市厚街镇三屯小学教师,教育硕士,主要研究方向为学科教学(数学)。

其次，用小波变换消噪预处理光谱数据。最终得出的样品数据，按照问题1中建立自变量与因变量关系式的步骤进行，得出

$$y = 9.459 + 4.595x_1 - 2.468x_3 + 5.746x_4 - 2.733x_5 - 41.966x_6 + 31.345x_7。$$

最后比较蛋白质的生化检测值与对应的预测值，发现预测较好。

对于问题3，直接运用问题2的模型预测其余26个样品的蛋白质含量。

对于问题4，先用SPSS22.0通过绘图剔除异常数据，再利用问题1的模型即可求解。

关键词：聚类分析；偏最小二乘回归分析；小波分析

一、基本问题

玉米是生态农业的关键农作物之一，玉米中富含蛋白质、纤维素、脂肪、水溶性多糖和糖醇类等多种生理活性物质。玉米的营养品质是指玉米中所含的各种营养成分(蛋白、纤维素、脂肪等)。为了实行优质玉米的培养，需要实现玉米营养品质的快速鉴定。

玉米营养品质的鉴定需要对主要营养成分的含量进行检测。光谱检测法是能够检测物质成分含量的快速分析方法，它可以根据物质的光谱响应特征来鉴别物质并确定化学组成和相对含量，具有测定时间短、非破坏性、多指标同时测定等优点，能够实现在线、实时、原位的定量分析与监测。光谱检测分析首先需要根据常规生化检测数据结合光谱响应数据完成合理的定标与矫正过程，建立合适的数据分析模型，进而实现对物质成分的快速检测。由于光谱测量受到实验环境、仪器参数配置、光散射效应等其他因素的影响，光谱响应数据中除了包含样品成分的信息，同时还有各种噪音的干扰，这些噪音的存在会直接影响模型的信噪比，如何提高建模数据的信噪比是模型优化的一个重要方面。

本次试验共有126个玉米样品，经过物理方法加工为粉末状。采用Fourier近红外光谱分析仪进行光谱数据的采集，同一种样品对不同频率的光产生不同的反应，光波长变化范围是10000～4000cm－1(其中cm－1为光波长单位)，从而得到所有样品的光谱响应数据。为完成光谱建模实现快速检测，采用常规生化方法检测前100个玉米样品的蛋白、纤维素和脂肪的成分含量值。

根据试验所得数据，建立相应的数学模型解决下列问题：

1. 据前 100 个样品的光谱响应数据和蛋白含量的生化检测值得知，建立单一成分的光谱分析模型；拟定模型评价指标，并讨论模型的适用范围。

2. 提出合适的模型优化方案，提高光谱分析模型的准确度。

3. 根据所建立的数学模型，估算其余 26 个玉米样品（编号 101 ~ 126）的蛋白含量。

4. 结合玉米的光谱响应数据和蛋白、纤维素、脂肪三种营养成分的生化检测值，设计合理的玉米营养品质快速检测方案建立数学模型；进一步利用模型估算其余 26 个玉米样品中蛋白、纤维素、脂肪三种营养成分的含量。

二、基本假设

1. 样品的粒度大小、颜色、水分含量及其分布基本一致；

2. 样品光谱响应数据与生化检测值只受噪声影响；

3. 实验过程中信噪比保持不变。

三、变量说明

N：样本容量。

x_{ij}：附件 1 中第 i 行第 j 列数据。

$\vec{x}_j$：附件 1 中第 j 列数据的平均数。

d_{ij}：各个样本之间的欧氏距离。

x_i：第 i 个自变量，$i = 1,2,\cdots,7$。

y：因变量。

a_{ij}：指标观测值。

u_i：自变量组第 i 个主成分。

四、模型建立与分析

根据附表 1 用软件 SPSS20.0 做出玉米粉的光谱图，如下图 8 - 1：

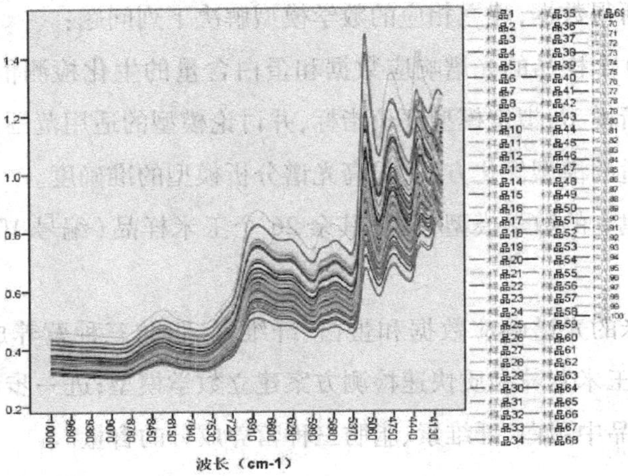

图 8 – 1　玉米粉的光谱图

由图 8 – 1 可见，由于玉米样品产地、品种不同，因此每个样品的光谱图差异较大，尤其是在波数为 413 ~ 61910cm^{-1}段差异较大，这说明在该段存在很大的噪声。

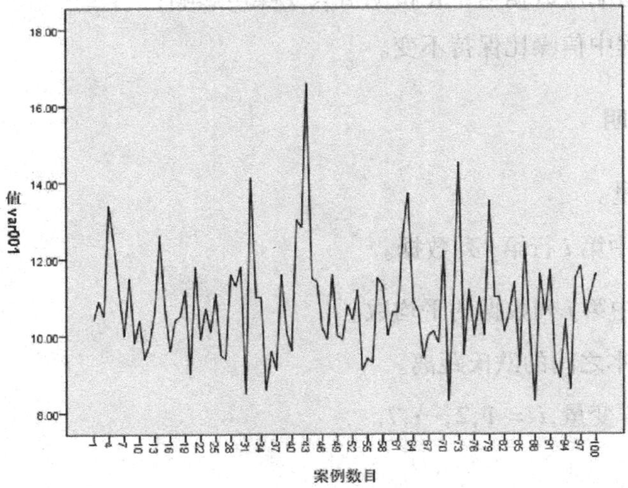

图 8 – 2　前 100 个玉米样品蛋白质的生化检测值

由图 8 – 2 可见前 100 个玉米样品蛋白质的含量大部分接近，但也有部分样品的蛋白质含量差异较大。

(1) 问题一模型的建立与求解

样品选择是指在某一群体中，选择若干有代表性的样本用于校正。本文是将前 100 个样品按照 3:1 的比例随机分成样品集 1(N = 75)和样品集 2(N = 25),其中样品集 1 用于定标,样品集 2 用于外部验证。为了考查样品数量对预测效果的影响,所有样品合并组成全集(N = 100),再次进行定标。

分样:

利用 Matlab 将前 100 个样品随机分成两个样品集,分别为:

表 8-1 用于定标的样品集 1

样品 1	样品 2	样品 4	样品 5	样品 6	样品 7	样品 8	样品 9
样品 11	样品 12	样品 14	样品 16	样品 18	样品 19	样品 20	样品 21
样品 22	样品 23	样品 24	样品 25	样品 26	样品 27	样品 28	样品 30
样品 31	样品 32	样品 33	样品 34	样品 35	样品 36	样品 37	样品 38
样品 39	样品 40	样品 42	样品 43	样品 44	样品 45	样品 46	样品 48
样品 49	样品 50	样品 51	样品 52	样品 53	样品 55	样品 56	样品 57
样品 58	样品 59	样品 60	样品 64	样品 65	样品 66	样品 67	样品 68
样品 69	样品 70	样品 71	样品 72	样品 73	样品 75	样品 77	样品 78
样品 79	样品 81	样品 83	样品 84	样品 85	样品 86	样品 89	样品 90
样品 95	样品 99	样品 100					

表 8-2 用于外部验证的样品集 2

样品 3	样品 10	样品 13	样品 15	样品 17	样品 29	样品 41	样品 47
样品 54	样品 61	样品 62	样品 63	样品 74	样品 76	样品 80	样品 82
样品 87	样品 88	样品 91	样品 92	样品 93	样品 94	样品 96	样品 97
样品 98							

聚类分析模型:

由(1)得出的样品集 1 的理化指标有几十种之多,在众多指标中,有些指标可以归为相同的一类。然而,在本题中,我们并不能仅仅从给出的数据中看出哪些指标可以进行归类。然而聚类分析作为一种定量的方法,将要从数据分析的角度出发,给出一个更准确、细致的分类工具。

R 型聚类分析

步骤 1:选取聚类指标,通过计算可知,对于样品集 1 中有 75 个样品,如表 8-

1 所示。另外附件 1 的光谱响应数据是根据 390 个不同波长而获取的，因此我们需要对这 390 个波长进行聚类分析。

步骤 2：聚类计算。用 SPSS 软件进行聚类计算，具体的计算过程如下：

①在众多的聚类对象中，不同要素的数据通常有不同的单位和量纲，其数值的变化可能是很大的，这就会对分析结果产生一定的影响。因此，当分类对象的要素确定以后，在进行分类之前，先要对聚类要素进行数据的处理。用标准差标准化方法对上述 390 项原始数据进行处理，公式为：

$$x_{ij}^{l}=\frac{x_{ij}-\vec{x}_j}{s_j}(i=1,2,\cdots,390;1,2,\cdots,75)。$$

其中

$$\vec{x}_j=\frac{1}{390}\sum_{i=1}^{390}x_{ij},s_j=\sqrt{\frac{1}{75}\sum_{i=1}^{75}(x_{ij}-\vec{x}_j)^2}。$$

由该标准化方法得到的新数据 x_{ij}^{l}，对各个要素的平均值为 0，标准差为 1，即有

$$x_j=\frac{1}{390}\sum_{i=1}^{390}x_{ij}{}^{l}=0,s_j=\sqrt{\frac{1}{75}\sum_{i=1}^{75}(x_{ij}{}^{l}-\vec{x}_j{}^{l})^2}=1。$$

② 距离是事物与事物之间差异性的度量，若差异性越大，则相似性越小，故距离是系统聚类分析的依据和基础。当聚类要素的数据处理工作完成之后，就要计算分类对象之间的距离，并且依据距离矩阵的结构进行聚类。采用欧氏距离测度 75 个玉米样本之间的距离，公式为：

$$d_{ij}=\sqrt{\sum_{k=1}^{75}(x_{ik}-x_{jk})^2}(i=1,2,\cdots,7;j=1,2,\cdots,75)。$$

③ 在系统聚类分析中计算类间距离时有多种计算方法，结合本题的特点并进行深入分析后，选用最远距离聚类法计算类间的距离，并对样品进行归类。计算公式如下：

$$d_{rk}=max\{d_{pk},d_{qk}\}(k\neq p,q)。$$

经过上述计算步骤，可以得到指标的聚类图，如图 8－3：

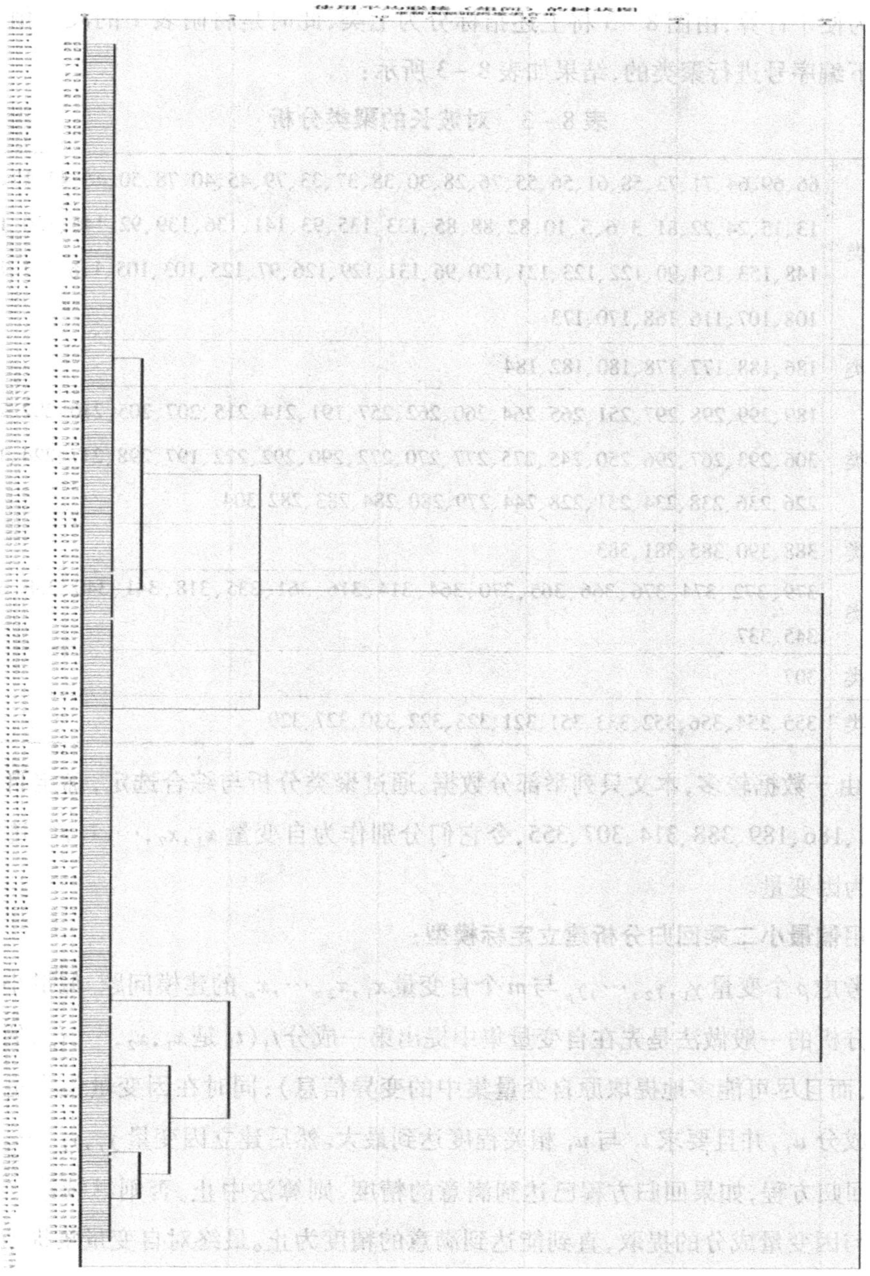

图 8－3 聚类分析图

为便于计算，由图 8－3 将上述指标分为七类，此时是将附表 1 的波长值按从上往下编序号进行聚类的，结果如表 8－3 所示：

表 8－3　对波长的聚类分析

第 1 类	66、69、64、71、73、58、61、56、55、76、28、30、38、37、33、79、45、40、78、50、48、47、18、17、13、15、24、22、81、3、6、5、10、82、88、85、133、135、93、141、136、139、92、145、156、151、148、153、154、90、122、123、121、120、96、131、129、126、97、125、103、105、118、111、110、108、107、116、168、170、173
第 2 类	186、188、177、178、180、182、184
第 3 类	189、299、298、297、251、265、264、260、262、257、191、214、215、207、205、210、202、212、306、293、267、296、250、245、275、277、270、272、290、292、222、197、298、217、224、196、226、236、238、234、231、228、244、279、280、284、283、282、304
第 4 类	388、390、385、381、383
第 5 类	379、372、374、376、366、365、370、364、314、316、361、335、318、341、340、338、336、345、337
第 6 类	307
第 7 类	355、354、356、352、333、351、321、323、322、330、327、329

由于数据较多，本文只列举部分数据。通过聚类分析与综合选定，确定自变量为：66、186、189、388、314、307、355，令它们分别作为自变量 $x_1, x_2, \cdots, x_7$，并选定蛋白质为因变量。

用偏最小二乘回归分析建立定标模型：

考虑 p 个变量 $y_1, y_2, \cdots, y_p$ 与 m 个自变量 $x_1, x_2, \cdots, x_m$ 的建模问题。偏最小二乘回归分析的一般做法是先在自变量集中提出第一成分 t_1（t_1 是 $x_1, x_2, \cdots, x_m$，的线性组合，而且尽可能多地提取原自变量集中的变异信息）；同时在因变量集中也提取第一成分 u_1，并且要求 t_1 与 u_1 相关程度达到最大。然后建立因变量 $y_1, y_2, \cdots, y_p$ 与 t_1 的回归方程，如果回归方程已达到满意的精度，则算法中止。否则继续第二对自变量与因变量成分的提取，直到能达到满意的精度为止。最终对自变量集提取 r 个成分 $u_1, u_2, \cdots, u_r$，然后再表示为 y_p 与原自变量 x_m 的回归方程式，即偏最小二乘回归方程式。

根据(2)，我们确定基本理化指标为:66、186、189、388、314、307、355，令它们分别作为自变量 $x_1, x_2, \cdots, x_7$，并选定蛋白质为因变量。

模型的基本步骤如下：

步骤1:数据的处理

根据附表1的数据，我们应用 *excel* 基本知识对其多组测量的数据进行求平均，然后提取作为应用。

自变量的观测数据矩阵记为 $A = (a_{ij})_{75\times7}$，因变量的观测数据矩阵记为 $B = (b_{ij})_{75\times1}$。

步骤2:求相关系数

x_i 为第 i 个自变量，即 $x_1 = 66, x_2 = 186, x_3 = 189, x_4 = 307, x_5 = 355, x_6 = 314, x_7 = 388$，此时用 *SPSS*20.0 软件可得出下表8－4、8－5的数据：

表8－4　系数a

模型	非标准化系数		标准系数	t	Sig.
	B	标准误差	试用版		
1	（常量）	10.800	1.617	6.680	.000
var001	62.169	18.538	1.453	3.354	.001
var003	－268.911	55.330	－10.670	－4.860	.000
var004	135.993	51.950	8.244	2.618	.011
var005	41.309	12.107	3.363	3.412	.001
var007	11.391	4.164	.851	2.736	.008
var006	－20.800	11.854	－2.378	－1.755	.084

a. 因变量：var008

表8－5　Anovaa

模型	平方和	df	均方	F	Sig.
1　回归	64.298	6	10.716	8.353	.000[b]
残差	87.242	68	1.283		
总计	151.539	74			

a. 因变量：var008

b. 预测变量：（常量），var006，var007，var001，var005，var003，var004。

由表 8－5 我们可以发现 Sig 对应的值小于 0.05，此时说明所建立的回归方程具有统计学意义，即自变量和因变量之间存在线性关系。所以根据表 8－4 我们可以得出自变量与因变量的关系式为：

$y = 10.8 + 62.169x_1 - 268.911x_3 + 135.993x_4 + 41.309x_5 - 20.8x_6 + 11.39x_7$。

用样品集 2 验证偏最小二乘回归分析模型：

由(1)得样品集 2，此时共有 25 个样品的光谱响应数据，将这些数值代入关系式 $y = 10.8 + 62.169x_1 - 268.911x_3 + 135.993x_4 + 41.309x_5 - 20.8x_6 + 11.391x_7$，将得出对应的 25 个样品中蛋白质的预测值，再与附件 2 中对应序号蛋白质的生化检测值，可得数据如表 8－6 所示：

表 8－6　样品集 2 中蛋白质的真实值与预测值

样品序号	3	10	13	15	17
预测值	10.76640857	10.22149096	10.35118507	10.88419006	10.84787674
真实值	10.5	10.4	10.6	10.7	10.4
样品序号	29	41	47	54	61
预测值	10.27737512	12.78473288	10.94711696	9.870771028	11.26252034
真实值	11.3	13	9.9	9.1	10.6
样品序号	62	63	74	76	80
预测值	10.09152524	11.07654658	10.36870292	10.39008484	11.68288269
真实值	12.6	13.7	9.5	10	11
样品序号	82	87	88	91	92
预测值	10.5359322	11.19617509	10.55469505	10.19821951	9.974360891
真实值	10.1	10.1	8.3	11.7	9.3
样品序号	93	94	96	97	98
预测值	9.756695457	9.586285191	9.870294084	10.7025005	11.5587165
真实值	8.9	10.4	11.5	11.8	10.5

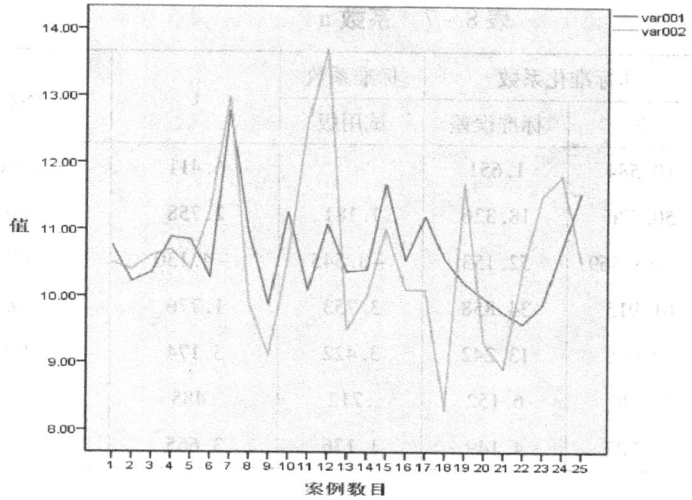

图 8－4 样品集 2 中蛋白质的真实值与预测值的对比图

由表 8－6 和图 8－4 可知，用偏最小二乘回归分析模型预测蛋白质的含量与生化检测的蛋白质含量前半部分较为接近，后半部分波动较大，初步估计原因是一开始我们在选择数据建立模型的时候没有剔除异常数据，这个问题将在问题 2 模型的建立时得到更好的处理。

模型的验证：

为了考查偏最小二乘回归方程模型的精度，我们将对模型进行以下验证：

我们对基于校正集（样品集 1，N＝75）建立的定标模型进行了步长为 15 的交互验证（即将定标集分成 5 个交互验证组），得出最高交互验证决定系数（1－VR）为 0.636，最小交互验证标准误差（SECV）为 0.897，定标效果不是很理想。定标模型对验证集（N＝25）的验证标准误差为 1.0162，使用样本全集 3（N＝100）所建立的模型的校正标准误差为 1.136。整体来说，模型的定标和验证效果不是特别理想，预测性能有待提高。

（2）问题二模型的建立与求解

由问题一用偏最小二乘回归分析定标时可以发现变量 6 的 p 值大于 0.05，存在差异，故将此时的变量 314 调整为所在的第 5 类数据中的 379，用同样的方法得到数据如表 8－7、8－8 所示：

表 8 - 7　系数 a

模型		非标准化系数		标准系数	t	Sig.
		B	标准误差	试用版		
1	（常量）	10.584	1.651		6.411	.000
	var001	50.536	18.326	1.181	2.758	.007
	var003	-215.369	52.153	-8.545	-4.130	.000
	var004	61.915	34.858	3.753	1.776	.080
	var005	42.035	13.242	3.422	3.174	.002
	var006	2.986	6.152	.212	.485	.629
	var007	15.207	4.149	1.136	3.665	.000

a. 因变量：var008

表 8 - 8　Anovaa

模型		平方和	df	均方	F	Sig.
1	回归	60.662	6	10.110	7.565	.000b
	残差	90.877	68	1.336		
	总计	151.539	74			

a. 因变量：var008

b. 预测变量：（常量），var007、var005、var001、var006、var003、var004。

由表 8.7、表 8.8 我们可以知道，此时自变量与因变量的关系式变为：

$y = 10.584 + 50.536x_1 - 215.369x_3 + 61.915x_4 + 42.035x_5 + 2.986x_6 + 15.207x_7$。

随着自变量的更换，自变量与因变量的关系式发生了变化，可见问题一模型建立时存在一定的局限性。又由图 8 - 1 可知，由于玉米样品产地、品种的不同，因此每个样品的光谱图差异较大，尤其在波数 4130 ~ 6910cm^{-1} 段差异较大，这说明在该段存在很大的噪声。所以在优化模型的时候，需要提供模型的信噪比以及对异常数据的剔除。

（1）剔除异常数据

为了提高模型的准确性，用 EXCEL 剔除用于定标的样品集中的异常数据，并应用改进型格拉布斯准则法进行剔除，方法如下：

求出拟似异常值。设重复测定数据为$(x_1, x_2, \cdots, x_n)$，其数据个数为 n，最大值为 x_{max}，最小值为 x_{min}，中位数为 M_e，标准差为 s，则拟似最大异常值 G_{max} 和拟似最小异常值 G_{min} 为：

$$G_{max} \frac{x_{max} - M_e}{s}, G_{min} = \frac{M_e - x_{min}}{s}。$$

查出格拉布斯临界值 $G_{(\alpha,n)}$。设显著性水平为 α（常设 α 为0.05或0.01（相当于置信度为95% 或99%））时，则通过下表查出数据个数为 n 时的格拉布斯临界值 $G_{(\alpha,n)}$ 如表8－9所示。

表8－9　格拉布斯临界值表

n	α＝0.01	α＝0.025	α＝0.05	n	α＝0.01	α＝0.025	α＝0.05
3	1.15	1.15	1.15	17	2.78	2.62	2.47
4	1.49	1.48	1.46	18	2.82	2.65	2.50
5	1.75	1.71	1.67	19	2.85	2.68	2.53
6	1.94	1.89	1.82	20	2.88	2.71	2.56
7	2.10	2.02	1.94	21	2.91	2.73	2.58
8	2.22	2.13	1.03	22	2.94	2.76	2.60
9	2.32	2.21	2.11	23	2.96	2.78	2.62
10	2.41	2.29	2.18	24	2.99	2.80	2.64
11	2.48	2.36	2.23	25	3.01	2.82	2.66
12	2.55	2.41	2.29	30	3.10	2.91	2.75
13	2.61	2.46	2.33	35	3.18	2.98	2.81
14	2.66	2.51	2.37	40	3.24	3.04	2.87
15	2.71	2.55	2.41	50	3.34	3.13	2.97
16	2.75	2.59	2.44	100	3.60	3.38	3.21

异常数据的识别与剔除。比较 G_{max} 和 G_{min} 与 $G_{(\alpha,n)}$，如果 $G_{max} > G_{(\alpha,n)}$ 或 $G_{max} > G_{(\alpha,n)}$，则对应的 x_{max} 或 x_{min} 为异常数据，应剔除。

重复识别与剔除常数数据。对剔除异常数据后的数据重复之前的步骤，直至余下数据的最大值或最小值小于格拉布斯临界值为止。

由上述方法可剔除样品4、5、14、32、41、42、43、62、63、70、73、79、86。

(2)光谱预处理

采用小波变换消噪预处理光谱。在小波分析中把对信号$f(t)$的积分变换记为：

$$Wf(a,b)=\int_R f(t)\bar{\psi}_{ab}(t)dt。$$

其中$\psi_{ab}(t)=\sqrt{a}\psi(at-b)$，是由$\psi(t)$经平移和放缩的结果。

通过推导可以得到公式：

$$\int_R\left[\int_R W_f(a,b)\psi_{ab}(t)db\right]\frac{1}{a}da=C_\psi f(t)，其中 C_\psi=\int_R\frac{|\hat{\psi}(W)|^2}{w}dw。$$

在小波变换定义中，小波函数是窗函数$\psi_{ab}(t)$，它的时频窗表现了小波变换的时频局部化能力。记t^*为时窗中心，Δt为时窗半径，w^*为频窗中心，Δ_w为频窗半径，则关于窗函数$\psi_{ab}(t)$，有

$$\begin{cases}t^*=\dfrac{1}{\|\psi_{ab}(t)\|_0^2}\int_R t|\psi_{ab}(t)|^2dt,\\ \Delta_t=\dfrac{1}{\|\psi_{ab}(t)\|_0}\left\{\int_R(t-t^*)^2|\psi_{ab}(t)|^2dt\right\}^{1/2},\\ w^*=\dfrac{1}{\|\hat{\psi}_{ab}(t)\|_0^2}\int_R w|\hat{\psi}_{ab}(w)|^2dw,\\ \Delta_w=\dfrac{1}{\|\hat{\psi}_{ab}(t)\|_0}\left\{\int_R(w-w^*)^2|\psi_{ab}(w)|^2dw\right\}^{1/2}。\end{cases}$$

从小波函数$\psi_{ab}(t)$的参数选择中可以看出，当a较大时，频窗中心$aw_\psi{}^*$自动地调整到较高频率中心的位置，而且时频窗形状自动地变为“瘦窄”状。由于高频信息在很短的时域范围内的幅值变化很大，频率含量很高，所以这种“瘦窄”时频窗正符合高频信息的局部时频特性。同理，当a较小时，频窗中心$aw_\psi{}^*$自动地调整到较低的位置，而且时频窗的形状自动地变为“扁平”状；由于低频信号在较宽的时域范围内仅有较低的频率含量，故这种“扁平”状的时频窗正符合低频信号的局部时频特性。

由此，我们可得图 8－5 的分析结果：

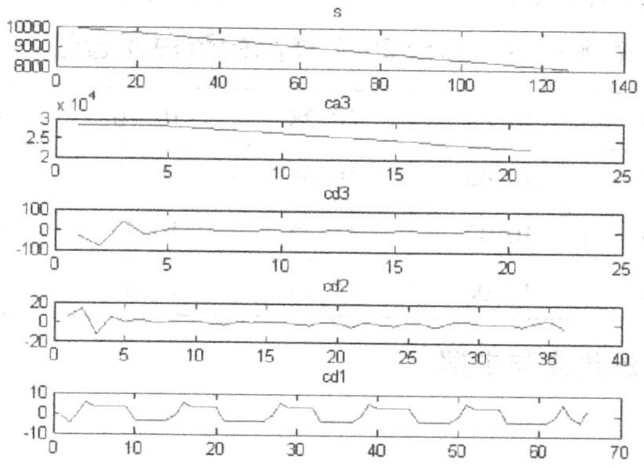

图 8－5　小波分析图

(3)结果分析

由 4.2.1 可知 100 个样品剔除了 13 个样品，则按问题一中的解法剩下的 87 个样品也按 3∶1 的比例随机分成样品集 1(N＝65)和样品集 2(N＝22)，其中样品集 1 用于定标，样品集 2 用于外部验证。最终所有样品合并组成全集(N＝87)，再次进行定标。此时，按照问题一的解法得自变量与因变量的关系式为：

$$y = 9.459 + 4.595x_1 - 2.468x_3 + 5.743x_4 - 2.733x_5 - 41.966x_6 + 31.354x_7。$$

并对蛋白质的生化检测值与对应的预测值做比较，如下图 8－6 所示，其中系列 1 为预测值，系列 2 为真实值，此时可以看出本次优化模型所得蛋白质的预测效果较好。

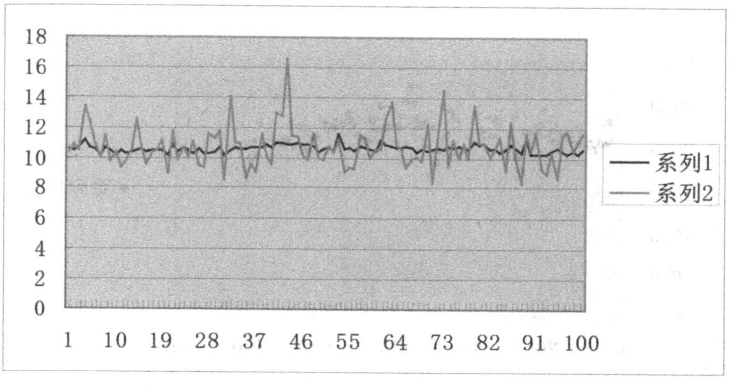

图 8－6　蛋白质的真实值与预测值

(3)问题三的求解

根据问题二所得优化模型可预测其余26个样品的蛋白质含量(见表8－10):

表8－10　其余26个样品的蛋白质含量

10.43	10.43	10.39	10.28	10.76	10.67	10.25
10.58	10.46	10.45	10.36	10.29	10.42	10.34
10.64	10.38	10.47	11.25	10.49	11.72	10.8
10.45	11.48	11.08	10.63	10.61		

(4)问题四模型的建立与求解

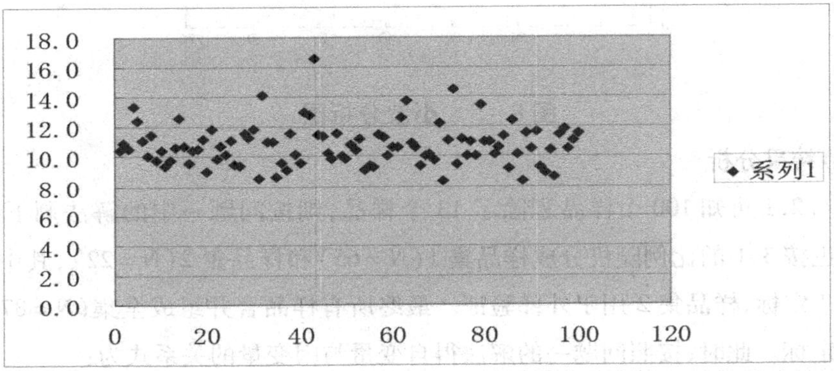

图8－7　蛋白质含量图

由图8－7可知,样品4、5、14、32、41、42、43、62、63、70、73、79、86偏离较大,可认为异常值,故剔除。

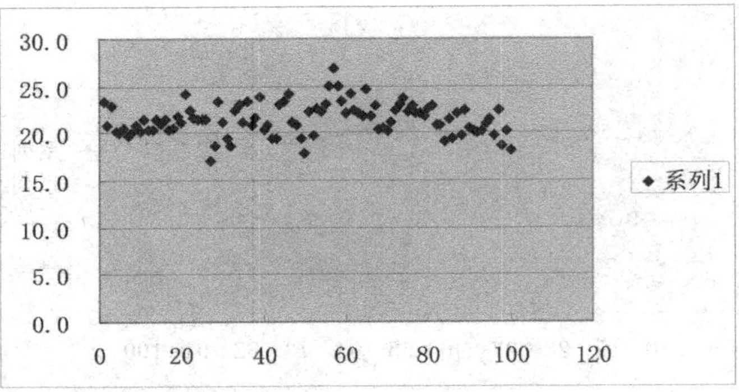

图8－8　纤维含量图

由图 8－8 可知，样品 27、50、100、57、98、28、32 偏离较大，可认为异常值，故剔除。

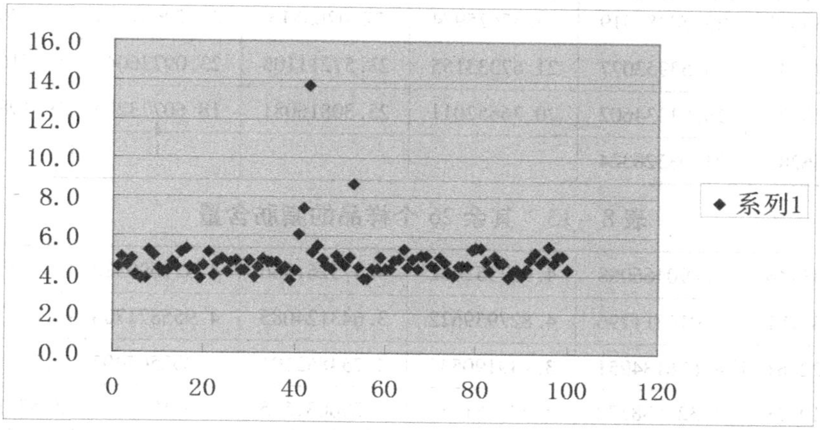

图 8－9　脂肪含量图

由图 8－9 可知，样品 41、42、43、53 偏离较大，可认为异常值，故剔除。

由蛋白质、纤维、脂肪含量的散点图可剔除一些异常值，再结合小波分析对数据进行降噪处理，最终选出样本，再按解决问题 1 建立的模型求出自变量分别关于蛋白 y_1、纤维素 y_2、脂肪 y_3 的关系式：

$$\begin{cases} y_1 = 13.843 - 23967x_1 + 30.603x_2 - 0.62x_3 + 29991x_4 - 7.172x_5 - 38.91x_6, \\ y_2 = 22.318 - 21.274x_1 + 15.392x_2 - 3.858x_3 + 46.691x_4 + 29.872x_5 - 71.871x_6, \\ y_3 = 4689 - 19.387x_{+}16.884x_2 - 1.911x_3 + 27.654x_4 + 33.097x_5 - 56.278x_6 。\end{cases}$$

利用上述关系式预测其余 26 个玉米样品中蛋白、纤维素、脂肪的营养成分含量（见表 8－11，8－12，8－13）：

表 8－11　其余 26 个样品的蛋白含量

10.22	10.02	10.25	10.27	10.27	10.35	10.13
10.29	9.98	10.26	10.05	9.84	10.11	10.37
10.19	10.4	10.22	9.98	9.85	10.29	10.02
10.21	10.39	10.29	10.19	10.05		

表 8－12　其余 26 个样品的纤维素含量

23.62802336	23.3189675	23.82403315	23.28339652	22.74290991	22.79320875
23.57450482	23.70281019	23.57475974	22.0763513	23.70637089	23.39680741
23.34570533	23.53953077	21.67333155	23.57211105	23.09726045	19.51636744
23.774072	16.91334602	20.36652011	23.30816081	18.60773203	19.19837209
22.61566282	21.98528324				

表 8－13　其余 26 个样品的脂肪含量

4.748343446	4.490466088	4.957752032	4.475261966	4.321690322	4.363797862
4.772147181	5.016311796	4.827959622	3.643124085	4.955871706	4.671782549
4.494522461	4.676134951	3.449190549	4.754852591	4.202507407	4.216889669
4.778419128	4.321888378	4.441451354	4.226631535	3.311012717	3.579390965
3.955664091	3.978893821				

五、模型评价

(1) 模型优点

偏最小二乘回归分析可以了解玉米各成分之间、各成分与波长的关系密切程度，结果可为玉米营养品质分析提供依据。

聚类分析可以有效地区分不同来源和品质的玉米，反映各样品的相似性，并依据光谱波长特点进行分类。

本文采用了多种统计学方法，这些统计学方法应用于玉米营养品质分析与评价中，可以为玉米的营养品质预测、控制提供一种有效的途径。

在问题 1、2 解决的过程中，对每一模型的建立与求解后，都会进行模型验证，这使结果的精确性更加有说服力。

(2) 模型缺点

在问题 1 中，没有考虑到其他因素对数据的影响，以致在数据的筛选上出现了些许问题，最后导致模型预测的蛋白质含量与实际测得的含量差异较大。

在进行聚类分析模型的时候，只选取了七个指标，仅进行了一次聚类，得到的结果的可信度不高。

【参考文献】

[1]姜启源，谢金星，叶俊. 数学模型（第三版）[M]. 北京：高等教育出版社. 2003.

[2]周良娟，张丽英，张恩先，隋连敏. 近红外反射光谱快速测定玉米 DDGS 营养成分的研究[J]. 光谱学与光谱分析，2011，31(12)：3241－3244.

[3]衣申艳，陆国权. 甘薯黄酮含量近红外反射光谱分析模型的建构及其应用[J]. 光谱实验室，2013，30(2)：860－864.

[4]魏良明，严衍禄，戴景瑞. 近红外反射光谱测定玉米完整籽粒蛋白质和淀粉含量的研究[J]. 中国农业科学，2004，37(5)：630－633.

[5]王铁固，刘新香，库丽霞，魏良明，吴连成，陈彦惠. 近红外反射光谱测定玉米完整籽粒蛋白质和淀粉含量的校正模型[J]. 玉米科学，2008，16(3)：57－59，63.

[6]郭咏梅，李华慧，李少明，段延碧，黄平，涂建. 糙米蛋白质含量与矿质元素含量的相关分析及 NIRS 模型的建立[J]. 植物遗传资源学报，2013，14(1)：173－178.

[7]甘莉，孙秀丽，金良，等. NIRS 定量分析油菜种子含油量、蛋白质含量数学模型的创建[J]. 2003，36(12)：1609－1613.

[8]吴建国. 作物种子品质研究中近红外光谱分析模型的创建和应用[D]. 浙江大学，2003.

[9]陈国林. 油菜籽饼粕氨基酸含量的近红外模型创建及发育遗传研究[D]. 浙江大学，2010.

[10]杨燕宇，陈社员. 油菜品质近红外反射光谱分析建模及应用研究进展[J]. CROP RESEARBH，2007，(2)：152－156.

（本文荣获广西区第三届研究生数学建模竞赛一等奖）

后 记

本书历经4年撰写,终成现稿,集思广益,体系日臻完整。其中,下辑的主要参与者如下:叶青梅(第一章、第二章、第三章、第六章、第七章、第八章),魏娇(第一章、第二章、第三章、第四章、第五章),李细妹(第七章、第八章)、黄威(第七章、第八章),王珍(第三章),李碧荣(第四章),林茂栋(第六章),蔡楚刁(第六章)。钟琪对全书进行了校对。此外,龙海英、陈静、秦萍英、郭荣姬、封焕对本书的资料收集、整合等工作细心投入,韦家朝博士对本书修改提出宝贵建议并积极参与有关工作。在本书即将付梓之际,谨对大家的辛勤付出表示诚挚感谢!对本书的不足之处,敬请读者不吝批评、指正。

作 者

2016 年 3 月